国家社科基金"十三五"规划教育学
一般课题（BJA200094）研究成果

教育学学科新进展丛书
崔景贵 曹雨平／主编

JIJI XINLIXUE
JIAOYU FANSHI DE XINGDONG YANJIU

积极心理学：
教育范式的行动研究

崔景贵／主　编　赵晓川／副主编

知识产权出版社
全国百佳图书出版单位
——北京——

图书在版编目（CIP）数据

积极心理学：教育范式的行动研究/崔景贵主编. —北京：知识产权出版社，2021.10

（教育学学科新进展丛书）

ISBN 978-7-5130-7692-0

Ⅰ.①积… Ⅱ.①崔… Ⅲ.①普通心理学 Ⅳ.①B84

中国版本图书馆 CIP 数据核字（2021）第 177825 号

内容提要

积极心理学是当今世界心理科学发展的新范式、新趋向。本书介绍积极心理学的基本原理与基础理论，如幸福感、社会心理服务、学校心理辅导、心理治疗范式等，从积极认知与思维方式、积极情绪与情感体验、积极自我与人格特质、积极关系与人际交往、积极投入与卓越成就等方面，探讨积极心理学的团体辅导技术与实践应用方案，阐释积极心理学在生命教育、心理教育、道德教育、学习教育、家庭教育和职业教育中的"三全"育人理念与创新行动策略。为积极而教、与积极同行，育积极之人、更积极育人，是积极心理学应用于现代教育的专业信念与实践之路。

责任编辑：冯　彤	责任校对：潘凤越
封面设计：杨杨工作室·张冀	责任印制：孙婷婷

积极心理学：教育范式的行动研究

崔景贵　主　编

赵晓川　副主编

出版发行	知识产权出版社 有限责任公司	网　　址	http://www.ipph.cn
社　　址	北京市海淀区气象路 50 号院	邮　　编	100081
责编电话	010-82000860 转 8386	责编邮箱	fengtong@cnipr.com
发行电话	010-82000860 转 8101/8102	发行传真	010-82000893/82005070/82000270
印　　刷	北京九州迅驰传媒文化有限公司	经　　销	各大网上书店、新华书店及相关专业书店
开　　本	787mm×1092mm　1/16	印　　张	23.5
版　　次	2021 年 10 月第 1 版	印　　次	2021 年 10 月第 1 次印刷
字　　数	360 千字	定　　价	119.00 元
ISBN 978-7-5130-7692-0			

出版权专有　侵权必究

如有印装质量问题，本社负责调换。

目　　录

第一部分　基础理论

第一章　积极心理学与教育 (3)
  第一节　积极心理学的教育意蕴 (3)
  第二节　积极心理学的教育范式 (9)
  第三节　积极心理学的教育实践 (18)
  本章小结 (27)

第二章　积极心理学与幸福感 (28)
  第一节　幸福感的基本模型 (28)
  第二节　幸福感的测量方法 (35)
  第三节　幸福感的提升策略 (38)
  本章小结 (43)

第三章　社会心理服务的积极策略 (45)
  第一节　社会心理服务概述 (46)
  第二节　心理危机现象的积极应对 (53)
  第三节　职业倦怠现象的积极应对 (60)
  本章小结 (67)

第四章　学校心理辅导的积极实践 …………………………………（68）
　　第一节　心理教师发展的积极之道 ………………………………（69）
　　第二节　心理课程建设的积极之策 ………………………………（80）
　　第三节　心理教学改革的积极之路 ………………………………（88）
　　本章小结 ……………………………………………………………（99）

第五章　积极心理治疗的范式建构 …………………………………（101）
　　第一节　积极心理治疗范式的主张 ………………………………（102）
　　第二节　积极心理治疗范式的特征 ………………………………（114）
　　第三节　积极心理治疗范式的评价 ………………………………（118）
　　本章小结 ……………………………………………………………（122）

第二部分　团体辅导

第六章　积极认知与思维方式 ………………………………………（125）
　　第一节　积极心理学的认知理论 …………………………………（125）
　　第二节　学会积极认知的基本策略 ………………………………（133）
　　第三节　积极思维方式的团体心理辅导 …………………………（140）
　　本章小结 ……………………………………………………………（146）

第七章　积极情绪与情感体验 ………………………………………（147）
　　第一节　积极心理学的情绪情感理论 ……………………………（147）
　　第二节　积极情绪与情感体验的基本策略 ………………………（154）
　　第三节　积极情绪与情感的团体心理辅导 ………………………（158）
　　本章小结 ……………………………………………………………（169）

第八章　积极自我与人格特质 ………………………………………（170）
　　第一节　积极心理学的人格理论 …………………………………（170）
　　第二节　积极人格养成的基本策略 ………………………………（177）
　　第三节　积极人格塑造的团体心理辅导 …………………………（185）
　　本章小结 ……………………………………………………………（194）

第九章　积极关系与人际交往 (195)

- 第一节　积极心理学的关系理论 (195)
- 第二节　积极关系建构的基本策略 (201)
- 第三节　积极人际交往的团体心理辅导 (209)
- 本章小结 (214)

第十章　积极投入与卓越成就 (216)

- 第一节　积极投入与成就的基本理论 (216)
- 第二节　积极投入和成就的基本策略 (225)
- 第三节　积极投入与成就的团体心理辅导 (231)
- 本章小结 (240)

第三部分　教育行动

第十一章　积极生命教育 (245)

- 第一节　积极生命教育的心理意蕴 (245)
- 第二节　消极生命教育的理性反思 (251)
- 第三节　积极生命教育的行动策略 (254)
- 本章小结 (262)

第十二章　积极心理教育 (264)

- 第一节　积极心理教育的基本意蕴 (265)
- 第二节　消极心理教育的问题反思 (271)
- 第三节　积极心理教育的行动策略 (278)
- 本章小结 (283)

第十三章　积极道德教育 (284)

- 第一节　积极道德教育的心理意蕴 (284)
- 第二节　消极道德教育的问题反思 (288)
- 第三节　积极道德教育的行动策略 (294)
- 本章小结 (299)

第十四章　积极学习教育 …………………………………………（300）
第一节　学习教育的积极心理意蕴 …………………………（300）
第二节　消极学习教育的问题反思 …………………………（306）
第三节　积极学习教育的行动策略 …………………………（310）
本章小结 …………………………………………………………（314）

第十五章　积极家庭教育 …………………………………………（315）
第一节　积极家庭教育的心理意蕴 …………………………（315）
第二节　消极家庭教育的问题反思 …………………………（320）
第三节　积极家庭教育的行动策略 …………………………（327）
本章小结 …………………………………………………………（338）

第十六章　积极职业教育 …………………………………………（340）
第一节　积极职业教育的时代意蕴 …………………………（340）
第二节　积极职业教育的实践转向 …………………………（345）
第三节　积极职业教育的行动策略 …………………………（350）
本章小结 …………………………………………………………（353）

主要参考文献 ………………………………………………………（354）

后　　记 ……………………………………………………………（365）

第一部分 基础理论

第一章

积极心理学与教育

积极心理学是世纪之交兴起的心理学研究新领域，它与传统心理学主要关注消极、病态心理不同，积极心理学是利用心理学目前已经比较完善和有效的实验方法与测量手段，来看正常人性，关注人类美德、力量等积极品质，研究人的积极的情绪体验、积极的认知过程、积极的人格特征以及创造力和人才培养等。积极心理学被喻为现代心理学领域的一场革命，也是人类社会发展史中的一个新里程碑，成为当今世界教育创新发展的一种新的思潮和范式。

第一节 积极心理学的教育意蕴

积极心理学是一门从积极视角研究心理学的新兴科学。21世纪以来，社会各界普遍关注人的"幸福感"，教育作为一项极其重要的社会事业更要实现这一使命。积极教育是在积极心理学的框架下对传统教育范式的重构和补充，它注重在教育过程中让师生获得积极的情绪体验，培养学生积极的人格品质。积极教育所倡导的让师生获得幸福感，正是现代教育努力实现的，符合人本主义立场的教育思想，与当今社会人们追求更美好生活的需要相契合。因此，现代教育创新发展，要善于从积极心理学的视角，树立积极教育的新理念，推进积极教育的校本实践，进一步加强对积极教育范式建构的深入研究。

一、积极心理学的基本主张

积极心理学的研究，可以追溯到20世纪30年代Terman关于天才和婚姻幸福感的探讨以及荣格关于生活意义的研究。20世纪60年代，人本主义心理学和由此产生的人类潜能研究奠定了积极心理学发展的基础。但是，由于第二次世界大战的影响，积极心理学的研究几乎中断，战争及战后心理学的主要任务变成了治愈战争创伤、治疗精神疾患、研究心理或行为以找寻治疗和缓解的方法，心理学对人的积极性研究似乎被遗忘了。消极心理学模式在整个20世纪占据了心理学发展的主导地位。20世纪末西方心理学界兴起了一股新的研究思潮——积极心理学的研究。这股思潮的创始人是美国当代著名心理学家马丁·塞利格曼（Martin E. P. Seligman）、谢尔顿（Kennon M. Sheldon）和劳拉·金（Laura King）。他们的定义道出了积极心理学的本质特点——积极心理学是致力于研究普通人的活力与美德的科学。积极心理学主张研究人类积极的品质，充分挖掘人固有的潜在的具有建设性的力量，促进个人和社会的发展，使人类走向幸福，其矛头直指过去传统的"消极心理学"。

积极心理学是人类社会发展史中的一个新里程碑，它质疑了"二战"后消极心理学以病理性研究作为主要的研究方向，提倡以人的积极品质、潜能和美德作为研究对象，主张"一个中心、三个基本点"。一个中心即以人的幸福感为研究中心，三个基本点是主观层面上的积极体验研究、个体层面上的积极人格特质研究、群体层面上的积极社会组织体系研究。积极心理学不是对传统心理学进行完全的批判否定，而是对其进行完善和补充，它的出现并不是要把以问题为核心的病理性心理学排挤出心理学的阵营，而是对病理心理学的一种补充。这种补充的最大意义在于使心理学从不平衡到平衡❶。

---

❶ 任俊. 积极心理学［M］. 上海：上海教育出版社，2006：336，132-134.

积极心理学倡导心理学的积极取向，以研究人类的积极心理品质、关注人类的健康幸福与和谐发展为主要内容，试图以全新的理念、开放的姿态诠释并实践心理学。积极心理学的研究领域涉及有价值的体验，如幸福感、满足和满意（对过去而言）、希望和乐观（对未来而言）、充盈和快乐（对现在而言）。在个体层面上涉及积极的人格品质，如爱与召唤能力、勇气、人际交往技巧、审美观、韧性、宽容心、创造性、对未来的憧憬、洞察力、天才和智慧。在群体层面上涉及公民道德和推动个体更好地发展社会机能，如责任、教养、利他、礼貌、适应、容忍力和职业道德，以寻求人文关怀为宗旨，致力谋取人类幸福和社会繁荣。也就是说，积极心理学以积极的价值观来解读人的心理，试图激发人类内在的积极力量和优秀品质，帮助个体最大限度地挖掘自己的潜力并获得美好的生活。

正如塞利格曼所言："当一个国家或民族被饥饿和战争所困扰的时候，社会科学和心理学的任务主要是抵御和治疗创伤；但在没有社会混乱的和平时期，致力于使人们生活得更美好则成为他们主要使命。"在2009年第一届国际积极心理学大会上，塞利格曼提出了两个"51"的积极心理学纲领，即力求2051年让全世界51%的人口达到精神充实、有意义和幸福的人生积极境界，让大多数人不仅享有富裕的生活，而且享有丰富的情感和友善的人际关系，使人们不仅追求成功，而且掌握追求幸福生活的手段和方法。

积极心理学从形成至今仅二十多年时间，目前正处于快速发展的阶段，对其做出全面的评价还为时过早，但值得关注。积极心理学是一种全新的研究方向，是对心理学的一种新的理论建构。通过对主流心理学的纠正，给现存的心理学内容与形式以补充。从长远看，积极心理学的重要性，可能不在于其提出的任何特定的假设和规则，而在于为心理学乃至整个社会提供了以新方法看待人类生存和问题的解决，而新方法、新思维的出现则是一门学科向前发展的动力之一。可以肯定的是，不论积极心理学是否遭遇和人本主义心理学一样的命运，它必将推动心理学不断向前发展。

拓展积极心理学的研究领域，有以下几个发展趋势值得关注。

第一，以主观幸福感为核心的积极心理体验。Daniel Kahneman 指出，目前体验的快乐水平是积极心理学的基本建构基础。包括主观幸福感、适宜的体验、乐观主义和快乐等，正如著名积极心理学家迪纳（Ed Diener, 2000）所言：虽然人们已经对幸福的产生与发展过程有了相当的了解，但幸福主题本身仍然存在众多值得研究的地方。特别在我国，幸福感研究刚刚起步，有待开拓。

第二，塑造积极的人格品质。这是积极心理学的基础，积极心理学要培养和造就健康人格，个体的人格优势会渗透在人的整个生活空间并产生长期的影响。这种研究途径的共同要素是积极人格、自我决定、自尊、自我组织（Self-organizing）、自我定向（Self-directed）、适应、智慧、成熟的防御、创造性和才能。

第三，必须把人的素质和行为纳入整个社会生态系统进行考察。即应该注意到人的体验、人的积极品质与社会背景的联系性，因此，积极心理学需要综合考察良好的社会、积极的社区以及积极的组织对人的积极品质的影响，社会背景建构人的素质，社会关系、文化规范与家庭背景在人的心理发展中具有重要影响。因此，不能脱离人们的社会环境而孤立地研究积极心理，必须在社会文化生态大系统中进行考察。

第四，积极心理学将成为心理学理论新的增长点。积极心理学与传统主流心理学并不是相对立的，它使传统心理学长期被忽视的两个使命又重新得到重视，是对传统心理学的一种补充，它拓展了心理学的研究领域，并使具有片面性的心理学变得更完整、更平衡。积极心理学为心理学的发展注入了新的活力，使心理学的许多研究领域转向人的积极层面，形成了一场积极心理学的运动，改变了人们在传统意义上把心理学认为仅仅是解决心理问题、治疗心理疾病的错误认识。积极心理学的本质与目标就是寻求人类的人文关怀和终极关怀，这也是心理学的最终归宿。随着神经生理学、脑科学、基因生物学等学科的进展，积极心理学将成为心理学理论新的增长点。

二、积极心理学的教育目的

积极心理学的基本理论和主张，正广泛应用于教育实践，而学校教育与积极心理学有着诸多相通之处，两者最终目的都是促进人的积极成长、全面发展。积极心理学的教育应用主要在三个方面：一是纠正人们的缺点，帮助有问题的人分析问题，并使他们得到应有的自主发展；二是使人更具有生产性和道德性，从而使生物意义上的人具有一定的社会技能和道德意识；三是在鉴别人的基础上使天才得到充分的发展❶。积极心理学与学校教育相融合，为现代教育的进步和发展提供了重要的价值理念。根据积极心理学所倡导的价值观，大力开展积极教育实践，有助于促进学生的健康和谐发展。

塞利格曼将积极教育定义为传授技能与传递幸福的教育。积极心理学力求倡导以其先进的理论作为指导思想，以积极的态度重新诠释教育，同时让学生在学习过程中提高自己的幸福感。积极心理学认为每个人自身都有潜在的积极品质。积极教育注重学生积极的情绪体验以及积极人格特质的培养。从积极教育的角度出发，我们需要突破传统教育的局限性，注重发展学生的潜在积极品质，引导学生树立积极的人格特质，并使其获得幸福感。由此看来，积极教育是一种强调学业提升和人格发展并重的教育。

从积极心理学的角度出发，教育要注重学生的幸福感以及积极人格特质的培养。积极人格需要积极教育，积极教育能够促进学生积极人格的形成和健全。积极人格可以帮助个体更好地面对困难，采取有效的应对策略，迎接未来的各种挑战❷。心理学家对一些比较有成就的人和普通人进行对比研究，发现他们之间的差异是由人格品质不同所导致的。积极心理学的研究取向就是关注积极的人格特质，诸如自我决定、爱的能力、勇

---

❶ 任俊. 积极心理学 [M]. 上海：上海教育出版社，2006：336，132－134.
❷ 陈振华. 积极教育论纲 [J]. 华东师范大学学报（教育科学版），2009，27（3）：27－39，68.

气、智慧、创造性等，积极的人格品质正是中小学生心理健康的基石。❶每个人都有积极的心理潜能和向上拼搏的能力，积极教育就是让学生的内在潜能得到发展，帮助个体实现更好的发展。

三、积极心理学的教育理念

积极心理学的教育理念，就是将其研究成果进行拓展并应用到学校教育中，形成积极的教育理念，采取积极的教育行动。积极教育可以改善学生的学习体验，弥补传统教育中的一些缺陷，让学生在学习的同时体会幸福和快乐。因此，基于积极心理学的教育理念，是新时代教育理论与实践创新发展的重要内容。

1. 教育的根本目的是人类的幸福

2014年3月，国际积极教育联盟提出了"教育的根本目的是人类的幸福"的口号。积极心理学认为，幸福源自个体自身主动的选择，它是一种积极的情感，通过个体主观经验获得，并不来自外界。以往的研究发现，积极的家庭和学校环境更有助于个体的成长，并且在社交技能和学校表现也会更有优势。因此，积极心理学提倡用其相关理论知识，让学生在课堂中获得积极的情绪体验，促进其学习和人格的全面发展。积极教育认为，教育要使学生在学习中感受到幸福，通过教学向学生传递积极的思想，让课堂学习变成一段快乐的体验，并能通过学习获得自我效能感的提高以及成就感的满足。教师在这种积极的教学活动中也会感受到自我满足和职场幸福。

2. 让教育回归积极人性

我国著名教育家蔡元培曾说过：教育者，养成人性之事业也。当前，急功近利的教育遏制了学生的个性。人性发展需要因人而异，每个人的天赋不同，教育需求自然不同，我们要去发现学生的天赋、潜能和优势。积极心理学强调对人性优点和价值的研究，在教育过程中要主动识别受教育

---

❶ 张金福，刘翠兰. 积极心理学对中小学生心理健康教育的启示［J］. 山东教育学院学报，2007（3）：25-26.

者本身所固有的潜在积极品质，使其得到充分发展，并将其品质作为解决问题的资源加以利用。积极教育倡导对学生积极品质的培养，让教育回归本真、回归积极人性，减少教育中的功利化心态，使教育闪现更多的人性光辉，让教育实现真正的人性自由。

3. 让教育过程成为积极的求知过程

传统教育过程中，学生大多是被动接受枯燥无趣的知识灌输。在获取知识方面，积极教育与消极教育扮演着截然不同的角色，积极教育会提高个体主动性，让学生主动求知，而消极教育培养的学生被动性比较大。主动的人具有行动的内驱力，会合理安排自己的学习生活，想办法应对环境中的困难。与之相反，被动的人在学习生活等方面往往都需要外界环境的刺激，他们自身没有想法和设计，不会自我选择、自主行动，一切事情都等着他人的督促。被动的人自身并不认为有什么事情需要解决，只会在外力的推动和作用下按着既定的方向去做。学生的学习要靠自己的主动求知，教师不能越俎代庖。因此，积极教育主张把教育过程变成培养学生积极主动的求知过程。

以积极心理学为导向的积极教育强调以学生为本，发展学生自身潜在优势，注重培养师生的积极情绪体验，增强师生的幸福感。积极教育重视师生的主观体验，让师生发现自身的价值和意义，更让师生的积极品质得到进一步的培养和发展。积极心理学的教育实践意义，并不在于它做出了特定规则和假设，而在于它提供了一种全新的教育视角、观念和行动，开辟了一条为构建人类命运共同体和社会和谐发展服务的教育新路径。

第二节 积极心理学的教育范式

积极心理学为教育提供了更有价值的指导思想，弥补传统教育的不足，符合新时代中国特色社会主义教育的价值导向。积极教育是教育范式的变革，突破了传统教育只注重知识技能获得而忽视学生幸福感的局限性。积极教育就是为了建立更理想更美好的中国教育，而传统教育，需要积极教育的有力支持。积极教育突破了传统教育过度重视知识技能的局限性，但积极教育并不是对传统教育的完全批判或彻底否定，而是顺应时代发展趋势对传统教育进行必要的补充和转型，为新时代教育改革、创新发展提供了新视角、新思维和新路径。学校教育应是一种面向人人、服务人生幸福的积极教育。积极教育的实施还面临许多问题和困难，需要深入反思与探索。

一、传统教育的问题症结与反思

传统教育认为，学校的主要任务是以提高学生的学业成绩为标准，学生取得好的成绩、掌握好的技能，才会有好的发展前景。而积极教育关注点在于让学生获得幸福感。有教育者认为，积极教育是缺乏科学依据的，与传统教育或教育现实是相冲突的。可见，一些学者对积极教育存有误解和偏见，这导致积极教育的实施面临巨大的挑战。

长期以来，传统学校教育以矫正问题为主要任务。教育工作者习惯于关注学生的问题错误，对学生进行批评教育，以纠正学生各种明显或潜在的缺点、不足为教学目标。教育价值观的单调性，使教育工作者对"优秀"的学生显得无所适从，不知道如何让学生得到进一步的提高与发展，这导致了教育的失衡。传统教育目标的单调性，使教育工作者眼里只有问题而没有学生，这种模式的传统教育表现出了典型的非人性化。因此，在这种情况下，学生对学习产生一种消极体验，降低了学生对幸福感的体验。传统教育问题性的价值观，也导致了教育问题的增加。学生的一些问题在无形中被教育者放大和关注，导致学生认为学校就像一个医院，他们身上的各种问题只能被动地等待教育者去诊断、纠正，这减少了学生的自我价值观和成就动机所带来的幸福感和获得感。同时，学生与教师之间的关系也产生了不可逾越的鸿沟，导致教师的职业认同感日益弱化，职场倦怠感明显增加。

传统教育以环境决定论为指导思想，认为学习的决定条件是外部刺激，外部刺激是可以控制的，给予个体适当的外部刺激，个体就会在外界的驱动下达到提升自己、发展自己的教育效果。所以，传统教育更多地关注教育的即时性和支配性，也强调教育工具的价值，采用病理学范式来矫正个体问题以提高学生的整体素质，在短时间内可能会产生一定的作用。但由于传统教育关注的学生问题多是外在的、非本质的，而学生长期被动地接受教育的灌输，并不能获得持久发展的内在动力。

传统教育以"分数、升学、文凭、论文、帽子"为追求的主要目标，忽视了学生的个体差异。如今，加德纳多元智力理论已得到广泛的应用和普及，但现实的教育实践中，对学生个体差异忽视的现象却比比皆是。由于学校固定的教学目标和课程进度的要求，教师总是要在规定时间内完成一定知识内容的讲授工作。这就使一些可以让课程增加闪光点的内容，在繁重的教学任务下有所缺失，使教学形式变得单一无趣。学生也渐渐习惯了参加各种学科的考试，每天会有无休止的习题和家庭作业，课外辅导班剥夺了他们快乐的童年和闲暇时间。师生每天在这种机械的教学环境下，很难获得幸福感的积极体验。长此以往，学生会养成被动的性格，丧失探求知识的热情。在我国，传统教育更多的是"抓两头、促中间"，教师会把更多的精力放在学困生和优等生身上，在面对学困生时就会产生比对待优等生更多的消极情绪，教师会认为成绩差的就是"问题学生"，也担心成绩好的学生会出现"问题"，进而导致消极学生观的产生并忽视对中等学生群体的关注。

二、当今教育创新的重要变革——走向积极

我国目前正处于社会转型时期，用改革的办法推动教育高质量的发展，改革过程中所面临的主要问题不同，发展的重点和方向也不同，教育必须与时俱进，要不断赋予其新内涵。在积极心理学的影响下，当今教育关注的重点不再只是学生自身的问题，而是让学生在学习中获得幸福感，培养学生积极的人格。这也是新时代教育应该追求的核心价值。读懂积极心理学，才能够更懂中国教育梦；教育改革取得成功，必须做到方向积极适合、路径科学合理。做新时代"四有"好教师，就要树立为积极而教、与积极同行的理念，理解和把握积极教育与学生发展的关系，做更加适合、更为优质的积极教育。

积极教育的理念符合我国基本国情的要求。党的十九大指出，我国社

会主要矛盾已经转化为人民日益增长的美好生活需要和不平衡不充分的发展之间的矛盾。国家发展的重点，是在满足人民物质生活需要的基础上，满足人民多样化个性化、精神性权利性的需要，对教育而言，应在继续发展的基础上由高速增长阶段转向高质量发展阶段❶。21世纪以来，传统教育已经不能满足人民对美好生活的需求，积极心理学的出现给传统教育开辟了一条新道路，倡导教育的目标是让师生获得幸福感。现代教育应将教育与积极心理学相结合，建构一种符合新时代中国特色的积极教育。积极教育就是为了更美好的中国教育——教育要为每个学生提供公平的人生出彩机会，教育要为每个学生成为最好最优的自己奠基助力，教育要为每个学生的健康快乐幸福而导航。

　　党的十八大报告首次提出把立德树人作为新时代教育的根本任务。以立德树人铸就教育之魂，只有充分认识70多年中国教育发展的历史成就，才能牢牢把握新时代教育的初心与使命。立德树人已成为中国特色社会主义教育评价的重要依据。2020年10月，中共中央、国务院印发《深化新时代教育评价改革总体方案》提出，要坚决克服唯分数、唯升学、唯文凭、唯论文、唯帽子的顽瘴痼疾。2021年3月，国家"十四五"规划发展纲要提出深化新时代教育评价改革，建立健全教育评价制度和机制，发展素质教育，更加注重学生健康人格培养。教育评价不是目标、目的，而是激励和引导学生积极地自主成长。新时代教育评价要基于积极心理学视野，科学建构学生发展评价积极范式，借鉴积极心理学的基本策略，着眼于服务心理需求、增强心理资本、挖掘心理潜能、彰显心理优势、促进心理发展。将积极教育理念融入新时代教育，增强师生幸福感，培养学生积极的人格特质，提升学生综合素质，促进全面和谐的发展，加快构建高质量的现代教育体系。

　　百年大计，教育为本，当今教育正在走向积极，去消极存积极、少消极多积极，从消极为主导转向积极为主导，已成为教育改革创新发展的大

---

❶ 曾辰. 积极教育的缘起、现状及前景展望：基于积极心理学的视角[J]. 盐城师范学院学报（人文社会科学版），2018，38（2）：107–110.

势所趋。只有打破传统教育的消极面，才能促进教育范式的积极创新。教育应是一种幸福的教育，教师不仅要向学生传授知识、树立良好的行为规范，还要培养学生积极的品质，注重幸福感的获得，促进学生认知与情感的协调发展。积极教育符合新时代向往更美好幸福生活发展的需要，它能正确解释和解决当前教育实践中的危机、矛盾、冲突和困惑。积极教育是顺应国家时代发展的教育，我们应当坚定执着地走向它。

三、建构积极教育范式的基本策略

新时代需要建构积极教育范式。新时代积极教育的研究和发展要以实践为主，落实校本研究，要大力推进积极教育范式的实践研究，在校本化行动中深刻思考、深入研究，在系列化研究中创新行动、改进行动。我们要把积极心理学的研究成果与学校教育相结合，为推进"三教"改革提供积极心理学依据；要以增强师生幸福感为核心，引领和助推教育教学改革创新的积极转向；要发挥教育的积极力量，科学系统地建构富有中国特色、中国风格和中国气派的积极教育范式。

（一）推进积极教育的校本实践

校本实践探索是成就或改变教育人生的有效途径和最佳路径。只有真实的教育创新行动，才会取得理想积极教育实践的成功。"在校研究"是校本实践的基本要求，校本研究是基于解决学生问题和促进学校发展的研究。它以解决学生问题、改进教学工作、优化教学质量、提高教学经验为直接目的，以转变教育观念、增强理性意识、端正研究态度、提高科研能力为间接目的，以促进学生、教师和学校的共同发展为终极目的。因此，学校要全力支持以学生为中心、学习为基础的实践研究，促进积极教育的发展，利用校园环境资源，结合中国文化背景，将积极教育理念与学校各项教学活动有机组合，逐步建构符合我国国情、可操作可实践的积极教育框架。

1. 积极生命教育

积极心理学认为每个人都蕴含一定的潜能，学校生命教育的开展要从学生的积极潜能出发。积极生命教育不仅是对传统生命教育消极方面的批判和反思，同时也是对生命教育进行的一种创新和变革。学校是生命教育实施的主体并发挥着重要作用，因此，要在学校的文化建设、教学活动等方面体现积极生命教育的理念，让青少年在潜移默化中体会到积极生命教育的理念和价值，掌握积极生命教育的方法和技能，并将其内化到自己的日常行为当中❶。

2. 积极道德教育

培养积极品质有助于促进道德认知的形成，并且推动道德行为的践行。学校要有效利用积极情感体验的实践，通过开展系列道德相关宣讲和活动，如优秀表彰大会、榜样学习交流会等积极示范活动，让学生接受正能量洗礼，在积极情绪体验的过程中，增强道德意识，培养道德行为❷。从而让学生通过参加校园教学活动来实现道德教育的目标并获得幸福感和满足感。

3. 积极心理健康教育

近年来，心理健康教育变得更加重要。然而，学校心理健康教育大多从传统心理学出发，研究解决各类心理问题。这促使学校注意预防和纠正学生的心理健康问题，却忽视了学生幸福感的获得及积极人格的培养，导致心理健康教育工作的实效性大大降低。而积极心理学的出现为心理健康教育提供了新思路，拓展了大中小学校心理健康教育的内容与形式❸。心理健康教育课程作为心理健康教育的主要部分，能够更多地涉及积极心理学的核心内容并提供积极的课堂环境，培养学生自身的主观幸福感、快乐体验、自我决定性、乐观、自尊、自信、慷慨等积极的人格品质❹。

4. 积极家庭教育

家庭塑造人，家庭是人生的第一所学校。家是生命之源，能量之源，

---

❶ 郝永贞. 生命教育的反思与建构：基于积极心理学的诠释［J］. 中国德育，2019（11）：29-32.

❷ 谌雷元. 积极心理学对新时代高职院校学生道德教育的启示研究［J］. 黄冈职业技术学院学报，2020，22（4）：57-59.

❸ 周友焕，李春兰，冯晟. 积极心理学在心理健康教育中的实践探索［J］. 桂林师范高等专科学校学报，2014（1）：152-153.

❹ 郑伟. 积极心理学在我国的应用研究综述［J］. 吉林省教育学院学报，2013，29（6）：148-149.

幸福之源。如同家长不可代替老师一样，学校也永远不能代替家庭。学校要注重家校合作，家校合作实质上是联合了对学生最具影响的两个社会系统——家庭和学校的力量。通过定期开展家长座谈会，帮助家长了解孩子的在校情况，引导家长正确教育孩子，注重调动家庭对子女教育的积极性，发挥家庭教育的积极作用。

（二）着力培育学生的积极核心素养

积极教育是积极心理学的教育应用实践，是符合人类大脑活动规律的科学教育，是新时代社会发展所追求的幸福教育。我们要以立德树人、服务需求、提高质量、追求卓越为主线，助推积极教育的创新发展，指导积极育人实践，引领教育范式变革。

1. 提高学生的积极学习力

积极教育理念是让学生获得幸福感，学生可以体验到不同于传统教育的快乐学习。积极情绪的"扩展－建构"理论证明，在积极情绪中将会扩大个体在特定情境下的行为倾向，有利于个体建构持久的发展资源，产生更多的创造性[1]。积极教育注重让学生获得积极的情绪体验，有助于乐观型解释风格的形成。此外，其所强调的获得感也有助于个体进一步增强自我效能感，使学生提高积极学习力。

2. 激发学生的内驱力

根据罗森塔尔效应，教育过程应激励、鼓励学生。该理论认为，在教师的教育期待下，学生会朝着教师所期望的方向发展。在课堂上，教师营造好的课堂气氛，对学生的回答给予赞扬，承认他们通过努力所取得的成绩，学生会觉得受到教师的重视，进而更加努力以达到教师的期望。根据期待价值理论，个体完成某一任务的动机强度，是由他对完成这一任务成功可能性的期待所决定的。教师对学生表现出一定的期望，有助于增强学生的自信心和自尊心，给予学生前进的动力，让学生不断进步，在积极成长中逐步体验到幸福。

---

[1] FREDRICKSON B L, COHN M A, COFFEY K A, et al. Open hearts build lives: positive emotions, induced through loving - kindness meditation, build consequential personal resources [J]. Journal of Personality and Social Psychology, 2008, 95 (5): 1045.

3. 健全学生的积极人格

塞利格曼曾提出一个著名的公式,即"总幸福指数=先天素质+后天环境+个体能主动控制的心理力量"[1]。其中这种心理能量指的是个体自我实现的需要,可以激发个人的积极力量和卓越品质。在日常教学活动中,教师可以通过学生自身的积极力量培养和发展他们的优势,这些积极的优势和特质是人类赖以生存和发展的基本要素。积极心理学提出了 24 种积极人格品质,教师帮助学生进行自我探索,挖掘学生自身的积极人格品质,并在教学中注重人格的培养,帮助学生形成健全稳定的积极人格。

(三) 全面提高教师的积极教育素养

教师是学生成长、成人、成才过程中的主要引导者,教师的一言一行对学生都会产生潜移默化的影响,对学生的成长和发展起着重要作用,所以,要全面提高教师的积极教育素养,使他们能够充分发挥潜力做好新时代"三全育人"的工作。

1. 提升教师的积极教育力

教师要善于发现自己和学生身上的优点、长处,同时要以宽容的态度对待学生存在的缺点,以积极的方式引导学生改进不足,改变以成绩作为评价学生标准的传统教学。在教学中教师要调适情绪,避免不良情绪带给学生的消极影响。学校可以组织各种活动使教师获得积极教育力,例如,评选优秀教师、交流经验、展示优秀的教学教案等。让教师在各项活动中发现自身教育优势,增强自我信心,提升积极的教育力。

2. 提高教师的同理心

同理心又称共情,指站在对方角度设身处地为他人着想的一种方式。根据科赫特的自我对象关系理论,在镜像性自我对象的关系中,科赫特强调自我对象的同理心,合宜的反应能够帮助学生建立自我的内聚感、整合感,提高其内在动机[2]。如果教师能够很好地了解学生的情绪和想法,从学生的角度去处理问题,会让学生觉得受到了尊重和理解,也有助于学生

---

[1] 闫黎杰. 积极心理学对教育实践的启示 [J]. 教育探索, 2008 (7): 124-125.

[2] 席居哲, 叶杨, 左志宏, 等. 积极心理学在我国学校教育中的实践 [J]. 华东师范大学学报 (教育科学版), 2019, 37 (6): 149-159.

自信心的提高。因此,积极教育需要提高教师的同理心。通过一些相关的培训课程,使教师在教学过程中充分理解学生、尊重学生、信任学生。

3. 建立积极的师生关系

当代教育背景下,如何培养良好的师生关系成为教育者思考的一个重要问题。积极心理学的相关内容,为师生关系的建立带来了一些新思路。积极心理学倡导的师生观是和谐、民主和平等。教师以更开放、更欣赏、更长远的眼光去看待学生的潜力和才能,既要注重学生的共性培养,又不能忽视学生的个性发展。在良好的师生关系条件下,学生能感受到来自社会支持的力量,体验到人际交往的安全感与归属感,从而减少孤独、无助等消极情绪,增加快乐与勇敢等积极心态❶。因此,在教书育人的同时,教师要培养良好的师生关系,在思想、情感上和学生产生共鸣,要发现学生的积极人格品质,对学生探求知识所付出的努力给予肯定。在这种建设性的赞赏中,学生会获得积极的自我认同,师生间的关系也会变得和谐融洽。

4. 关注教师的心理建设

教师心理健康是学生心理健康的前提和保障。学校注重学生的心理健康,但容易忽视教师群体的心理健康。最近大量研究表明,我国教师职业倦怠的现象越来越严重,主要表现为:①情绪倦怠;②非人性化;③成就感降低❷。我们需要将积极心理学的价值理念融入教师学习培训中,让每位教师都能发现自己积极的一面,挖掘自己的优势和潜能,养成积极的心态、认知和思维方式,并使每位教师都能体验到职业幸福感、生活满意感、事业成就感,自主追求专业卓越的幸福教育人生。

大力开展积极教育,就是要让学生因积极教育而健康快乐、乐观幸福,让教师因积极教育而自信幸福、专业卓越,让学校因积极教育而充满活力、更加美好。因此,就更需要我们在理论上深入探讨,在实践中砥砺前行,争做积极教育范式的先行者和开拓者,争做积极教育范式的思想者和研究者。

---

❶ 杨晓萍. 积极心理学及其在课堂教学中的应用[J]. 南昌高专学报, 2008 (5): 92-94.
❷ 刘翔平, 曹新美. 给心理健康教育注入积极心理学因素[J]. 教育研究, 2008 (2): 90-94.

第三节 积极心理学的教育实践

21世纪初,西方社会出现了一场由积极心理学思潮引发的教育改革运动,积极教育在全世界兴起了创新变革的浪潮。2014年,国际积极教育联盟宣告正式成立,标志着积极心理和幸福科学的教育国际化战略正式启动。与此同步,中国教育领域出现积极取向的改革创新,积极教育的理念和实践也应运而生。

一、积极心理学在教育领域的应用

作为一种国际教育的前沿理念,积极教育具有科学性、有效性和本土性,能够为当代教育提供可资借鉴的科学理论和有效方法,培养学生具有更多的美德、优势和力量等积极品质,有助于落实立德树人的根本任务,是值得提倡和推广的现代教育新理念。

积极教育(Positive Education)的"积极"(Positive)一词具有"正向的""主动的"意思,也有拉丁文Positum所指的"实际而具有建设性的"意思。作为一种教育方式,它主张采取积极的教育行动,激发和引导学生积极求知并获得积极的情感体验,培养学生积极的人格品质与人生态度,充分挖掘人固有的、潜在的、具有建设性的力量,促进个人和社会的积极发展,使人类走向幸福。目前,世界很多国家都将积极教育作为教育改革和提升国民幸福指数的重要途径。澳大利亚是首个倡导积极教育的国家,英国、美国和北欧等一些国家和地区也在推广积极教育方面进行了有益的探索和尝试。

积极教育被定义为促进人类全面发展的积极心理品质教育,是积极心理学研究成果在教育领域中的应用,其目标是帮助改善学生的幸福感和学业成绩,并探讨两者间相互增强的机制。2014年3月21日,由美国心理学会前主席、积极心理学创始人、宾夕法尼亚大学心理学教授塞利格曼教授倡议,来自各大洲的积极心理学领军人物在美国纽约成立了一个全球组织——"国际积极教育联盟"(the International Positive Education Network,

IPEN),决定把推动"品格与学业并重"的积极教育作为一个全球教育改革运动并在世界范围内推广。国际积极教育联盟的宗旨是:在致力于科学知识教育的同时,对学生进行幸福教育和品格教育,认为积极心理品格教育能够有力地促进学生对科学知识的掌握和学业能力的提升。在这次会议上,国际积极教育联盟提出了"教育的根本目的是人类的幸福"(The End of Education is Human Flourishing)的思想。

2016年7月18日至20日,首届世界积极教育大会在美国达拉斯市举行,来自世界40多个国家和地区近千名专家学者和教育工作者围绕积极教育这一国际新理念及其实践进行了深入交流和探讨,旨在推动积极心理学和幸福科学在学校、家庭和社会的广泛应用,以及如何在全世界推动一场新时代的教育改革。国际积极教育联盟秘书长詹姆斯·欧索纳斯(James O'Shaughnessy)和国际积极心理学会秘书长詹姆斯·鲍威斯基(James Pawelski)参加了"中国论坛"的开幕式。他们在讲话中特别提到,中国代表团的参会是对世界积极教育运动的伟大贡献。欧索纳斯特别指出:当中国教育工作者希望学习国际的教育理念和积极教育在世界各地的实践时,国际积极教育界也希望看到中国的积极教育实践,希望从中国人民的教育实践中得到智慧、灵感和具体可行的方法。

塞利格曼在演讲中曾表示,积极教育注重以积极的价值观来解读人的心理,激发人类内在的积极力量和优秀品质,帮助个体最大限度地挖掘潜力并获得美好生活。积极教育有三个核心主题:一是发现和培养人的优势、潜能和美德;二是关注人的幸福感和满意度,倡导追求幸福美好的现代生活;三是助力建设健康和谐的社会和团体,让每个人都能充分发挥自身的主体性和创造性。塞利格曼一直强调"学校是积极教育运动的主要阵地"。美国在学校范围内实施积极行为支持(Positive Behavior Support, PBS)就是其中一种富有前景的教育改革尝试,在学校教育实践领域颇为盛行。这一模式将积极教育的内容渗透到各个学科,让所有的学生生活在积极教育的阳光下。在教育思想上最为突出的特点是"防患于未然"胜于"亡羊补牢",采用的干预方法不是反应性的惩罚而是积极的强化。

国际上对积极教育的实践探索始于 21 世纪初，大致可以分为两个阶段。第一阶段主要关注针对性训练及具体能力的提高，其代表性成果包括宾夕法尼亚心理弹性项目（The Penn – esiliency Program，PEP）和施特拉斯港积极心理学课程项目（The Strath Haven Positive Psychology Curriculum）。第二阶段以全面推行积极教育为标志，最具代表性的是澳大利亚吉朗文法学校的积极教育实践。第一阶段是试点探索，第二阶段可谓系统实践。未来研究要为积极教育在学校、家庭和社会的推广提供更有说服力的逻辑论证与实证数据，以消除当前存在的对积极教育的争议与疑虑，为积极教育改革提供进一步的科学指导。积极教育学者们的未来研究主要围绕四个问题展开：第一，积极教育的内涵问题，构建一个能被普遍认可的积极教育科学；第二，实现积极教育的问题，要绘制通往积极教育的路径图；第三，测量积极教育效果的问题，结合本土实际，开发信度、效度良好的积极教育成绩量表；第四，积极教育的社会和经济回报问题，明确积极教育带来的社会与经济回报，进一步证明积极教育的存在价值，为教育管理者提供可靠的决策依据。

积极教育在全世界范围内掀起了一片浪潮。大量实践证明，积极心理学理论应用于教育，将使学生提高学业兴趣、热爱学校、减少抑郁。美国作为积极心理学浪潮的发源地，十几年来，已经有大量的中学推广、实施积极教育并取得了丰硕的成果。近年来，国际上一些发达国家将积极教育作为教育改革和提升学生幸福感的一条有效路径并大力推行。从国际上一些发达国家进行的积极教育实践成效来看，积极教育能有效地融入德育课堂，渗透到日常教学、师生交往和同伴交往之中，显著提高学生的学业成绩，有效地预防和减少儿童抑郁、焦虑情绪的出现，减少学生的缺课率和退学率，并能提升学生的幸福感和快乐感。

在中国，2015 年 7 月 3 日，由清华大学和中国儿童少年基金会主办的第三届中国国际积极心理学大会暨第二届亚太应用正向心理学大会在北京开幕，主题为"积极心理学与中国梦：本土化的探索与贡献"。2015 年 11 月 8 日，以"做教育改革的奋进者"为主题的明德教育论坛暨第十四届全国基础教育学习论坛在北京国家会议中心隆重开幕，1300 多名来自全国各地的教育局局长、中小学校长，与数十位全国著名教育家、教育厅厅长共同参与"积极教育"的探索与实践——积极教育圆桌论坛。2017年8月25日至27日，第四届中国国际积极心理学大会暨2017国际积极教育研讨会在深圳召开，大会主题是"健康中国，积极教育：面向21世纪的可持续幸福工程"。2019年6月27日至28日，首届全国积极教育大会在清华大学召开，围绕"积极教育，心智发展"主题，针对中国积极教育的应用进行深入探讨，旨在推动中国积极教育理念的实践进程，实现青少年心理安全教育的普及与传播。会议设置了三个分论坛，以"积极教育在中小学校的实践""积极学习系统建构与教学应用""积极教育科技"为主题，来自清华大学社科学院、清华大学积极心理学研究中心、清华幸福科技实验室、海淀区教育科学研究院、全国中小学幼儿园、教育局等教育一线工作者根据自己的研究和经验，做了精彩的主题报告，引起了与会代表们的热烈讨论。为了进一步推进积极教育的发展，从更广阔的范围、更深入的层次造福更多的中国师生和家长，全国积极教育大会组委会开启"积极教育领军计划"，旨在让更多的学校和区域充分认识积极教育的重大意义，并通过一系列教育活动、学习考察、共享资源的手段加入积极教育的实践中。

近年来，中国大陆各类学校也陆续开展积极教育，把"提升幸福感"作为教育的目标之一并纳入学校、教师考核体系。最具代表性的是积极教育六大模块，指通过对幸福感有重大影响的六大自我与社会因素的理论与方法的学习，全面掌握提升自我幸福感和人生成就的方法，具体包括积极自我、积极情绪、积极投入、积极关系、积极意义、积极成就。积极教育六大模块针对教育心理学的特点，在PERMA的5要素基础上增加了一个非常重要的模块，即"积极自我"。研究者认为，稳定的自信心、对自己的积极评价在遇到挫折、自我遭受打击的情况下是至关重要的。研究者提出，积极自我是幸福教育的基础，一个心理未完全发育成熟的青少年在未来的人生中是否能拥有幸福的能力，稳定的自信心是最重要的要素。根据有关研究以及对照组的数据比对显示，积极教育项目已经在提高中国学生和教师的幸福感方面取得了显著成效。目前，有的学校已经卓有成效地开展了积极教育的实践探索，对实验组和对照组的比较研究发现，实验组的学生幸福感显著提升，在朋友关系、师生关系、学业成绩和自我积极体验等方面的满意度显著提高；在自我接纳度、积极主动感、目标意义感、勇气和毅力、人际关系能力和个人成长能力方面显著高于对照组。

积极心理学处于刚刚起步的阶段，专门的实证研究和实际应用在国内和国外都比较少。目前，中国部分学者将积极心理学的理论扩展整合至学校教育、家庭教养、人力资源开发、思想政治教育、心理健康教育等实践性较强的领域，开拓了新的视角和理念。虽然这些理念大部分尚未系统性地付诸实践，但为积极心理学将来的实证研究与实际应用打下了基础。由于我国积极心理学研究起步较晚，大部分实践项目在整体上仍然倾向于借鉴国外的研究成果，缺少将积极教育全面推广到整个学校的、持续性的项目，或者与学校文化环境结合得不甚紧密，甚至出现积极教育实验与学校主流教学方法、内容之间的矛盾。目前大部分研究始终关注积极教育在学生个体层面上的应用，缺乏具有整体框架的综合性实践项目。特别需要建构符合我国文化背景的可操作性实践框架。鉴于这些现状，在学校文化情境下，结合国际积极心理学与积极教育发展的趋势、经验与成果，系统研究我国学校积极教育实践就显得十分重要而迫切。

二、新时代中国积极教育范式的实践建构

新时代是一个需要倡导积极教育的时代，也是一个能够推动教育积极创新变革的时代。我们要充分认识新时代教育的新特征，把握新时代教育改革的新要求，落实新时代教育发展的新部署，推动新时代积极教育的新实践。做教育思想解放破冰的"先行者"，当助推教育高质量发展的"实干家"，这样才能奏响"为积极而教、与积极同行"的时代乐章。

积极教育是在积极心理学的启发下，在反思教育现实和传统观念的基础上建构的一种教育理念和范式。从积极心理学的视角理解，幸福就是健康快乐而有意义地活着。现代教育的根本目的是人类的幸福。教育的实践逻辑通常是，我们要获得教育的幸福，就要用心把握并建构给人以健康快乐幸福与生命意义的积极教育。从积极教育范式的基本内涵追溯其心理

学、教育学的渊源，可以清晰地看到，积极教育是在继承和借鉴积极心理学、积极心理治疗、积极心理教育、积极教育和现代教育诸方面思想和实践的基础上提出来的，具有历史发展的必然性和坚实的理论基础。积极教育是积极心理学、教育学等思想与现代教育发展相结合，是中国教育创新发展和世界积极教育基本趋势相适应的产物。作为一个全新的教育概念，积极教育主张以挖掘学校学生积极潜能、优势和美德为出发点，以增强学生的积极心理体验、培养学生个体层面和集体层面的积极人格为目标。积极教育更加强调现代人性、人品、人力、人格和人生的教育，其主要目的在于促使人的积极品质不断增长，并使人具有的积极力量，如潜力、乐观、善良、同情、理想、创造、幸福等得到充分发挥。积极教育也基于积极的视角关注教育存在的各种问题，帮助学校师生自主解决困扰自身发展的心理问题，如自卑无助、抑郁悲观、紧张焦虑、厌烦倦怠等。大量调查和实践证明，积极心理学理论应用于教育教学，将促进学生增强学业兴趣、提高技能水平、热爱班集体、减少抑郁、提高幸福感。积极教育是把心理学的科学方法与现代教育密切结合，强调科学理性、富有成效，同时又符合人类追求幸福愿景的一种教育范式。

改革创新是新时代教育发展的"风向标"和"指南针"。明确方位才能找准方向，把握大势才能赢得未来。新时代对教育发展意味着什么？最重要的是教育实践逻辑的转型——从教育的"饥饿逻辑"转型为教育的"小康逻辑"，必须有适应新时代教育逻辑转型的教育"供给侧结构性改革"。这不同于某些技术的改造或改良，应当是一次教育思想与实践的根本变革，其突出特征乃是教育本体性功能的回归、教育品质的提升。但是，若不能在实质上促进教与学的积极建构、引导学生在教育生活中获得学习愉悦和真实的人生意义，所有时髦技术的应用都不会被视为真正意义上的教育改革。提出积极教育，是当今教育改革创新发展的必然要求，也是学校改革自身教育体系、创新人才培养模式最受欢迎的一种需求和选择。现代教育改革创新要致力于追求积极的变化，更加注重改革目标的顶层设计。只有以积极作为价值取向和发展导向，教育才能成为有效高效、优质高质和公平公正的现代教育。如果教育改革创新的方向和路径不对，一切努力和行动就可能是白费，最后只会南辕北辙、事与愿违。在学校，越来越多的教育工作者认识到，传统的教育方式并不适合现在的学生，教学与管理成效低下、收效甚微。当代青少年学生成长在和祖辈父辈完全不同的时代和世界，他们面对一系列来自社会转型期经济、文化、科技、教育和互联网的巨大挑战；而以积极认知、积极情感、自我统合、健康个性、职业精神和关键能力为核心素养目标的积极教育，则能帮助学生加强心理建设、增进心理素质、提升心理修养，更好地应对他们这一代人所面临的诸多压力、困惑和挑战，把握人生的发展机遇。

为积极而教是积极教育的基本理念。教育是一种信任、信念和信仰。教育是一种有情怀的梦想，可作为的理想。积极教育就是一种可以托付的理想教育，一种值得追求的教育理想。积极教育是教育范式的重构。作为积极范式的学术共同体，我们都是教育理想之路上的奔跑者、践行理想教育的追梦人，我们都是有理想、有情怀、有特质、有担当的教育人、积极人。新时代积极教育"三问"的理想与信念，就是为积极而教、育积极之人、更积极育人。其理想目标就是"7H"人生幸福的积极人：Hand（动手）——崇尚实践，Head（思维）——思想洞见，Heart（心灵）——心智成熟，Health（健康）——身心健康，Happiness（快乐）——快乐生活，Harmony（和谐）——人格和谐，Hope（希望）——相信未来。积极教育是要让每个学生心中有理想、眼中有光亮、前方有明灯、脚下有道路；让每个学生都能够成长成人成才、成功实现自我、成就卓越人生；让每个学生都能够知行合一、手脑并用、德技兼修、身心和谐。

与积极同行需要倡导积极教育的校本实践。积极范式是教育实践创新的系统建构，知行合一是积极教育的实践逻辑。理性认识积极教育范式的实践功能，在积极与消极教育之间保持实践张力。积极教育不应该是唯一的教育范式，也不可能是最好最优的教育范式，更不会是万能不变的教育范式。协同推进积极教育范式的行动研究，在校本化行动中深刻思考、深入研究，在系列化研究中创新行动、改进行动。学做起而行之的行动者，赓续不懈奋斗、实干苦干的精神，我们定能交出无愧于新时代积极教育使命、无愧于教育实践者初心的答卷。我们所倡导践行的积极教育研究理念，就是真心做实实在在的研究，实实在在地做真正的研究，研究真实的积极教育问题。

教育积极变革是需要务实去做的学问，是使命与担当。优秀教师之所以优秀，并不是因为他们曾获得优秀教师的称号，或拥有许多外在的光环，而是他们在工作中所创造的独特业绩和教育智慧。他们与一般教师相比，"特别有爱心，特别有智慧，特别有艺术，特别有方法，特别有耐心"。教育不会自动走向积极，我们需要坚定自觉地向积极教育走去。建构和践行积极教育，我们能够做到，我们必须做到，我们也应该尽快做到位。如果教育教学拒绝改变，那么我们就要努力聚力改变教育教学；如果教育教学不转向积极之路，我们就要引领和助推教育教学改革创新的积极转向。

积极行动是新时代教育发展的价值取向和基本趋向。与时俱进的教育思想和研究理念是推进教育现代化的前提。积极教育范式提供了一个值得关注的实践案例和行动参照。积极教育是将积极心理学等理论应用在现代职业教育领域的创新行动与实践成果。在学校办学层面，任何教育蓝图要取得成功，都必须有广大教师扎实有效的教育行动加以支撑。一要深刻理解新时代教育的积极意蕴和实质，以积极为价值取向和发展主线，只有积极自主地把握改革创新、校本研究、团队协作等行动策略，才能追求卓越幸福的教育人生。二要以积极的态度、多元的视角和发展的眼光，在充分关注学生共性的基础上积极关注个性，理性面对学生群体的新面貌、新特征、新需求，积极引导学生自主和谐发展，促进他们成长为符合社会期待的高素质人才。三要树立"为积极而教、育积极之人、更积极育人"的信念，善于用脑袋行走，做积极教育思想的实践者；善于用脚板研究，做积极教育实践的思想者，着力实现消极教育向积极教育的转型转变，系统建构中国教育现代化进程中的积极教育范式。

新时代教育要有新境界、新作为。新时代对教育而言意味着什么？新时代需要什么样的教育来培养什么样的人？如何培养符合新时代社会需求和期待的高素质人才？立足教育高质量发展的新时代，我们要科学系统地建构积极教育新范式，以现代教育改革创新的奋进之笔，用心写好积极教育新实践的"中国好故事"。一要聚力奋进新时代,把握现代教育发展的新方位。研判现代教育发展新趋势,把握加快发展教育的新机遇,树立理想的教育人才培养新目标。二要聚焦实践新思想,谱写教育改革前行的新篇章。树立追寻积极的新视野,贴近教育新需求,实践新理念。为积极而教就是创造与建构适合"00后"学生的现代教育,为积极而教应成为教育教学的思想共识和实践信念。三要聚合开启新征程,建构积极教育的新范式。坚持深化教育改革的新路径,开启校本化行动的新征程,建设融合、整合的积极教育新格局,推动实现积极校本行动的新作为。与愿意改变现状、愿意实现更好发展的广大教师一起,携手开展校本行动研究,在"如何做优、怎样做特"的意义上形成"新内涵"。着力构建中国现代教育创新发展的话语体系,让世界读懂积极教育范式建构的"中国经验""中国方案"。

新时代是积极教育大有可为的时代,积极育人是新时代立德树人、铸魂育人、育时代新人的应有之义。育人为本,重在育心,积极育人,人人有责,我们要把握新时代教育改革创新的心理意蕴,牢记积极育人的初心和使命,全员、全过程、全方位、系统地推进积极育人,同心协力建构"三全"育人实践的新格局。促进学生心理成人、幸福成长,成为心理和谐、人格健全的"积极人"是积极教育的理想目标。我们要进一步提高积极教育的育人站位,以积极为育人的主导和主线,自觉把握积极心理学的优势视角,"育积极之人,更积极育人,为积极而教"。做真正适合的积极教育,是新时代直面教育"三问"的理想之路和实践信念。我们要以积极教育的基本理念为指导,全面深化学校教学、教材、教法的改革创新,建构专业化、本土化的积极教育"共同体",支持和引导教师坚定地做知行合一、追求卓越的"有心人",写实写好新时代教育研究协同创新的新篇章,着力建构真正适合、更加优质、富有个性的积极教育范式,推动中国积极教育范式的实践建构,聚力助推新时代中国教育的高质量发展迈上新台阶。

本章小结

积极心理学倡导心理学的积极取向，以研究人类的积极心理品质、关注人类的健康幸福与和谐发展为主要内容，试图以全新的理念、开放的姿态诠释、实践心理学。积极教育是积极心理学引领下的一种促进学生学业提升与人格发展并重的现代教育。新时代教育改革需要积极心理学的理论指导，借鉴积极心理学的教育观，理性反思传统教育，走向积极是教育创新发展的重要趋势。建构新时代积极教育范式，倡导打破传统教育的消极做法，挖掘学生的积极品质，增强积极情绪体验，让师生获得幸福感，营造积极的校园文化氛围，让"为积极而教、与积极同行"的理念融入学校教育管理服务全过程。建构积极教育范式，要以积极心理学的基础理论为支撑，大力开展积极教育的校本实践，全面提升学生的积极核心素养，聚力提高教师的积极教育素养，争做积极教育的先行者和开拓者，力做积极教育的思想者和研究者，让学校教育实践始终育积极之人、更积极育人，共同走向更加美好更有希望的未来。

（本章作者　崔景贵、孙悦桐　江苏理工学院）

第二章

积极心理学与幸福感

　　积极心理学是致力于研究普通人的发展潜力和美德等积极品质的一门科学。与传统心理学不同的是，积极心理学强调对积极心理因素的研究，而不是把注意力放在消极、障碍、病态等心理方面的探讨。它的主要研究包括积极的情感体验，如幸福感、满足感、希望、好奇心等；积极的人格特征和人格品质，如自尊、创造、努力等；还有积极的社会制度体系，如积极的工作制度、积极的家庭关系等。对于积极心理学来说，主观幸福感既是其研究的立足点，更是其追求的最高目标。塞利格曼在《真实的幸福》一书中认为，积极心理学的主题是幸福感，测量标准是生活满意度，目标是提高生活满意度。塞利格曼将幸福分为三个不同的元素——积极情绪、投入和意义，后又将其发展更新，认为幸福感应该包含积极情绪、投入、意义、积极的人际关系和成就等因素。

第一节　幸福感的基本模型

一、幸福感的渊源

　　不少人认为积极心理学研究的就是幸福的问题。其实，幸福只是积极心理学所研究的一个重要方面，积极心理学不仅研究人类的幸福，还研究道德、智力、审美、创造、积极的社会关系、积极的社会组织、生活的意义等内容。

迪纳在宾夕法尼亚大学应用积极心理学硕士峰会上做了题为"幸福科学的伟大突破"（Amazing Progress of Science of Subjective Well-being）的主题报告。迪纳提出"积极心理学"研究所有人类的正向心理，不只是大家认为的"幸福、PERMA（积极情绪、投入、人际关系、意义和目的、成就）、意志力、美德"等内容。归根到底，"积极心理学"并没有开辟心理学新的研究领域，而只是倡导大家对所忽视的一个领域进行更多的研究，但它与传统心理学不同的地方在于：它确实是心理学的一种新观念、新方向、新运动；它能够激发人们的兴趣，彰显我们的态度，传递心理学利民利国的意愿。这正是我们倡导积极心理学的原因。

二、幸福感的概念模型

幸福感是什么？可能每个人都能说上几句，但没有人能够精准地对其进行定义，幸福感随着社会和时代的发展而不断深化。2000多年前，哲学家们就开始对幸福进行追问、思辨，并形成两大哲学渊源的理论流派：一派是"快乐论"，以阿里斯底波、伊壁鸠鲁为代表；另一派是"实现论"，以亚里士多德为代表。两大流派都是以思辨为主，是不可观察、不可测量的。20世纪50年代，幸福从哲学争辩进入心理学科学研究领域，研究者们将幸福从理论探索扩展到实证研究，这是一个意义非常重大的探索。20世纪60年代，开始了主观幸福感的研究，认为幸福就是快乐。20世纪80年代，进入心理幸福感时代，心理学家Carol D. Ryff批评主观幸福感简单地将幸福界定为快乐，他基于实现哲学理论提出了心理幸福感概念，主张快乐与意义的统一。20世纪90年代，进入了社会幸福感时代，Keyes认为幸福感不仅要关注个体领域，还应关注社会领域，他整合了社会学与存在心理学中的一些概念，提出了社会幸福感概念。近年来，随着对幸福感研究的深入，人们认识到幸福感不仅包括生理、情绪、心理等方面，还应包括精神方面，于是关于幸福的研究超越了物质与心理层面，提出了精神幸福感的概念，对幸福感的研究又进入了一个新的层次。

（一）早期幸福感的概念模型

1. 幸福感的情感模型

Bradbum（1969）认为，情绪是影响幸福的关键因素，情绪包括积极情感与消极情感两种，幸福就是这两种情绪平衡的结果，即积极情感会增加一个人的幸福感，消极情感会降低一个人的幸福感，他建立了幸福感的情感模型。

2. 幸福感的认知模型

幸福感的认知模型起源于社会学家对生活满意度的研究，Andrew 和 Withey（1976）提出了用生活满意度测量幸福感，开启了幸福感的认知模型研究。所谓生活满意度研究是根据自身构建一个评价标准，将自己的当前生活状况与期望生活状况进行比较，两者差异小则满意度高，两者差异大则满意度低。这种比较既包括对整体生活满意的比较，也包括对具体领域生活满意度的比较。

早期幸福感概念模型无论是情感模型还是认知模型，都是从单独的角度去考虑幸福的概念，一个是从情感的维度，一个是从生活满意度的维度，两者都过于单一，不能全面地表述幸福感这一概念，但在开启幸福感实证研究的新方向发挥了巨大的作用。

（二）主观幸福感的模型

Andrew 和 Withey（1976）在总结情感取向的幸福感与以生活满意度为主要测量指标的认知模型幸福感的基础上，提出了主观幸福感（Subjective Well-Being，SWB）。主观幸福感是幸福感最经典的输出模型，包括三个基本因素：积极情感、消极情感、生活满意度。其中，预测幸福感最关键的因素是生活满意度这一指标。主观幸福感模型来源于"快乐论"古典幸福观哲学，将追求快乐的最大化作为生活的目标和幸福的源泉，将快乐等同于幸福。

迪纳（1884）从认知的角度定义主观幸福感，认为主观幸福感有三个层次四个维度，第一个层次是整体主观幸福感。第二个层次是生活满意度与情感。这个层次包括四个维度：一是对工作、生活、家庭等具体方面的满意度；二是对过去、未来、现在生活的满意度；三是积极情绪；四是消极情绪。第三个层次是对第二个层次的具体展开，比如积极情感可以具体为快乐、满足、喜悦等。迪纳（2000）在总结自己研究的基础上提出主观幸福感的四维结构。

因此，主观幸福感具备以下三个特点：一是主观性，幸福感的评价主要依赖于个体主观评价，采用的测量方法是主观测量方法（迪纳，2006）。二是波动性，一方面，情绪会不断变化从而影响幸福感的变化（Ryan 和 Deci，2001）；另一方面，生活满意度也会受到各种生活事件的影响（Headey 和 Wearing，1989）。三是整体性，主观幸福感是对情感、生活满意度的综合评价。

主观幸福感的研究热度直到今天也未消退，是测量幸福感的一个非常重要的指标，主要是从自我的角度去评价幸福，即用个人主观的标准去评价幸福状态。主观幸福感是一种精神上或者物质上的体验，这种体验既可以是持久性的也可以是暂时性的，精神性的体验主要体现在情绪、情感上，物质性的体验主要体现在生活满意度上。[1]

（三）心理幸福感模型

基于对将幸福等同于快乐的主观幸福感的不满，实现论幸福感研究者提出了心理幸福感（Psychological Well-Being，PWB）。心理幸福感的哲学渊源是实现论，Aristotle（1965）肯定了快乐属于幸福，但幸福却不能归结于快乐。

Waterman（1993）认为主观幸福仅仅是幸福感的一部分，是尽情享乐的幸福。除此之外幸福还包括另外一种因素——自我表现的幸福，即个体全身心投入学习或者工作中，潜能得到完全发挥，自我得以表现，从而达到自我实现的体验与愉悦。

Ryff 和 Keyes（1995）同样认为幸福和快乐两者之间不能画等号，批评了主观幸福感过于看重情感因素的思想，他在调查的基础上，提出了主

---

[1] 严标宾，郑雪，邱林. 主观幸福感研究综述［J］. 自然辩证法通讯，2004（2）：96-100，109-112.

观幸福感的六维模型，它包括独立自主、环境控制、个人成长、良好的人际关系、生活目的、自我接受。

Ryan 和 Dec（2000）从实现论的哲学背景出发提出了心理幸福感的另一理论模型——自我决定理论，将幸福定义为自我实现与自我实现的意义以及如何实现。他认为幸福需要三个因素：一是自主需要，二是认可需要，三是关系需要。这个模型认为内在的目标追求可以给人带来幸福感，外在的目标追求不能给人带来幸福感。

主观幸福感认为，人的幸福感是拥有积极的情感、对生活有较高的满意度；心理幸福感认为幸福不仅要关注情感，还应关注自我实现。除此之外，张陆和佐斌（2007）认为心理幸福感和主观幸福感两者在评价指标、评价标准、研究起点方面也存在差异。彭怡和陈红（2010）认为主观幸福感是一种即时的体验，心理幸福感会持续地影响个体的幸福体验，具有稳定性、延展性、内在性。Corey（2002）研究发现主观幸福感和心理幸福感是两个截然不同又相互联系的共同构成幸福感的两个方面，提出了理想幸福感模型。

因此，心理幸福感是个体在实现与自己内在精神或者价值观相匹配的活动，是积极应对挑战、发挥潜能、达到自我实现的过程。

（四）社会幸福感模型

主观幸福感和社会幸福感是以个人为中心的，个体不是孤立的，是生活在集体中的个体，需要面对不断变化的社会挑战。因此想要了解幸福，不仅需要研究个人幸福，还要了解个体对环境产生的满意与否的情感、意识和行为的反应，社会幸福感的概念由此而出。社会幸福感（Social Well-Being，SWB）的研究起源于古典社会学的研究。

Keyes（1998）认为社会幸福感是个体对自己与他人、集体、社会之间的关系质量以及其生活环境和社会功能的自我评价，主要关注个体在社会领域的社会关系的好坏和社会任务的完成情况。在实现论的基础上，他提出了社会幸福感的五因素理论模型，即社会整合、社会认同、社会贡献、社会实现和社会和谐。

社会幸福感模型实现了幸福感从个人到社会的跨越，从社会视角界定幸福，关注个体的社会生活层面，探索人类良好的存在状态，拓宽了幸福感的运用，为幸福感研究提供了新思路，增进了人们对幸福感的理解，为和谐社会的构建提供了新参考。

三、幸福感的理论基础

幸福感的研究经历了三个阶段：第一阶段为描述阶段；第二阶段，经济学、心理学、人口学和临床医学等理论和实证方法开始介入，呈现出多学科、多维度和跨领域的特点；第三阶段，逐渐形成了以现代心理学为主导的态势，进一步发展了幸福理论，重点研究了幸福感的形成机制，构建了一些理论模型，形成了多种幸福感解释。然而，这些研究成果只是对幸福感形成的某些方面进行了阐释，其解释和说服力相对较弱。其中比较具有代表性的理论有比较理论、目标理论、跨文化理论、人格理论和状态理论等。

（一）比较理论

比较理论认为，幸福感是用现实条件同某一标准进行比较判断的，这一标准可以是内在的，也可以是外在的。当现实条件优于标准时，幸福感则高；反之，当标准优于现实条件时，幸福感则低。这一理论实际上包含了三个子理论：社会比较理论、适应理论和自我理论。

社会比较理论是把自己同别人做横向的比较，当自己优于别人时，个体感到幸福。迪纳的研究发现：幸福的人常做向下比较，感到不幸的人则既做向下比较也做向上比较；乐观的人倾向于关注比自己更差的个体，而悲观的人则倾向于关注比自己更优秀的个体。Wood 认为，社会比较的过程包括三个阶段：①获得社会信息——来自看到或想到的人或事；②思考（比较）获得的信息，包括自己与信息的相同点和不同点；③对比较做出反应，包括认知、情感和行为的反应。

适应理论则是做纵向的比较，如果现在比过去更好则会感到幸福。Helson 认为，适应是对重复出现的刺激反应减少或减弱，重新建构关于刺激以及刺激对生活影响的认识。我们不难发现适应是一种消极被动的心理生理过程。而适应理论的出现恰恰可以很好地解释为什么生活事件对个体主观幸福感的影响较小。因为，人们可以适应好的环境，不再感到幸福；也可以适应坏的环境，不再感到不幸。

自我理论实际上可以看成适应理论（也是对自我的比较）的一个细微分支，只不过它的参照标准是"理想我"。当现实的自我高于或与理想的自我一致时，个体则会体验到幸福感；而当现实自我低于理想自我时，个体则会感受到焦虑、压抑、沮丧等，从而降低主观幸福感。

（二）目标理论

根据 Maslow 的需要层次理论，个体特定的需要得到满足后，幸福感就会提高，所以，个体的幸福感来源于其目标的实现和需要的满足。Emmons 发现，当个体的目标实现后，就会产生积极的情绪体验。但是，目标的设立也要有针对性，Brunstein 等认为，设定的目标只有与人的需要相适应才能获得较高的幸福感，即目标只有与人的内在动机或者需要相适应时，才能提高幸福感。

（三）跨文化理论

跨文化理论认为，个体获得和维持幸福感的程度是有差异的，这种差异产生的原因在于文化的不同。Sun 和迪纳的跨文化研究表明，在奉行个人主义的国家，情绪与生活满意度高度相关；而在推崇集体主义的国家，二者关系的相关性不大。Markus 和 Kittayama 的研究发现，不同的文化中，幸福感的构成要素是有区别的：日本的幸福感涉及良好的关系、履行义务和期望等；而在美国，幸福感主要包括自尊与自我实现。

（四）人格理论

人格理论即通常所说的特质理论。该理论认为，人天生就有快乐和不快乐的基因，不同的基因会产生不同的情绪体验，进而影响幸福感水平。具有快乐基因的人，其幸福指数自然就高；具有不快乐基因的人，其幸福感水平相对较低。迪纳的研究也表明人格因素是预测主观幸福感最可靠、最有力的指标之一。

（五）状态理论

状态理论认为一个人是否感觉到幸福，取决于其生活中所有幸福事件的多少。Forayce 的研究也发现，如果有意识地努力减少消极情绪，可以增加幸福感，长期缺乏幸福事件会导致抑郁。

第二节　幸福感的测量方法

一、幸福感测量方法概述

（一）主观幸福感的测量[1]

早期典型的量表多是单题测验，这类问题通常要求受测者用一个整体印象回答。代表性的量表有 Andrews 和 Withey 编制的七点量表，这一量表能同时反映认知和情感两个维度上的情况，Andrews 和 Robinson 研究表明，该题项两次施测的结果具有很高的效度系数。Fordyce 编制了一个与此类似的量表，该量表主要反映了情感维度的情况，具有很好的信度、构念效度、聚合效度和区辨效度。另外，常用的单题幸福感量表还有梯形量表、山形量表、脸形量表以及 Gurin 量表。

在多项目的测量方面，迪纳等人发展了一个包含 5 个题项的总体生活满意度量表，采用等级评分，适用于不同年龄段的群体，其信度、效度指标良好，应用十分广泛。Adelmand 发展的感知生活满意度量表，包括 19 个项目，测查学生对其物质生活条件、身体、与朋友和家人的关系、家庭和学校环境、个人发展、娱乐活动等方面的满意度。Compebell 编制的幸福感指数量表，包括总体情感指数和生活满意度两个问卷，由 8 个情感项目组成，两者的得分进行加权即为总体幸福感指数。Bradbum 编制的情感量表，主要测查一般人的积极情感、消极情感及两者的平衡，共有 10 个项目，积极情感和消极情感项目各半，该量表发展较早，应用比较广泛。

Waston 在以往研究的基础上发展了简式积极情感和消极情感量表，该量表共有 20 个项目，积极情感和消极情感各有 10 个项目，对采取频率和程度两种不同作答形式的量表进行效度信度检验，结果表明，两者的信度

---

[1] 刘蕾，孙五俊，姜媛，等．幸福感测量指标体系的评价与展望［J］．中国特殊教育，2019（2）：66－73．

效度指标较好。Kozma 和 Stones 编制的纽芬兰主观幸福度量表融合了情感平衡量表、生活满意感指数和费城老年病中心量表，并在对比研究的基础上制定。该量表包含了 24 个项目，试图从短期情感反应和长期情感体验两个方面全面把握被测者的幸福感状况。且对幸福度测定的效度和信度较高，具有较好的内部一致性和很好的时间稳定性。Argle 发展了牛津主观幸福感问卷，它包括 29 个项目，主要测量总体幸福感。邢占军编制的我国民众主观幸福感从十个维度进行测量：社会信心、目标价值、心态平衡、家庭氛围、知足充裕、心理健康、成长发展、自我接受、人际适应及身体健康。

（二）心理幸福感的测量[1]

心理幸福感的测量并没有得到研究者们的共识。不同的研究者从不同的理论出发，得到了自己认为对心理幸福感合理的界定，并通过实证研究支持了自己的假设。

Waterman 根据自己关于幸福感的理论，编制了个人表现行为问卷，用于实证研究，通过实证方法检验幸福和个人表现之间的相关。

Ryff 等人结合了发展心理学、临床心理学和心理卫生三方面的思想，从有关健康人的心理理论中总结出了心理幸福感的指标，并通过实证研究证实了心理幸福感的六个维度：自我接受、个人成长、生活目标、良好关系、环境控制和独立自主。该量表包括六个分量表：自主性、环境掌握、个人成长、与他人的积极关系、生活目的、自我接受。每个分量表 14 题，各按 1～6 级评分。

Thomae 和 Lehr 受 Lewin 生命跨度概念的影响，关注个体自身的经历及自我知觉，并认为心理幸福感由七个维度构成：自主性、情感质量、能力、期望、开放性、知觉到的他人对个体的态度以及被需要的感觉。

Kammann 等人编制了由 20 个自我描述性句子和 20 个形容词组成的情感测表。这些句子和形容词旨在反映心理幸福感的十个维度：合群、乐

---

[1] 俞国良，王诗如. 幸福感：测量、影响因素及其进展 [J]. 黑龙江社会科学，2015（3）：81–86，2.

观、自尊、自信、他人支持、社会参与、自由、精力、欢愉及思维清晰。

国内邢占军、黄立清以及崔春华等人以城市及师范大学生为样本，对 Ryff 提出的六维度结构进行了验证，但是得到的结果并不十分理想。

（三）社会幸福感的测量❶

社会幸福感基于个体在社会领域的社会关系和社会任务，编制了社会幸福感量表，用于测量成年人在公共生活领域中所面临的挑战。

Keyes 发展了社会幸福感的多个角度，社会幸福感的每个角度都反映了人们在生活中遇到的挑战。他在美国进行的成年人幸福感调查中，社会幸福感被赋予更为具体的操作性定义，即个体对社会的整合感、对他人的认同感、与社会的和谐一致感、对社会的贡献感以及对社会实现潜力与发展的信任感。对于社会幸福感的测量，Keyes 在美国中年人调查中编制了社会幸福感问卷。该量表共有 15 个题目，分为五个维度：社会认同、社会实现、社会贡献、社会和谐、社会整合。

二、幸福感测量的发展趋势❷

幸福感的测量呈现以下发展趋势。

1. 幸福感本质的再界定

对幸福的科学测量手段正日益多样化和精细化，但工具的选择和标准的制定尚未统一，原因是不同学者在幸福是什么、幸福感受的结构和成分、某些变量是幸福感本身还是影响因素等方面仍存在分歧。幸福科学正致力于让更多的学者在此方面展开更多的研究和讨论。❸

目前对幸福感的本质缺乏统一的认识，国内外相关研究者从自己的研究需要出发，对其概念进行界定和测量，幸福感测量指标体系呈多元化趋势，有待进一步整合。因此，未来研究应对幸福感本质进行深入的理论探

---

❶ 俞国良，王诗如. 幸福感：测量、影响因素及其进展 [J]. 黑龙江社会科学，2015 (3)：81-86, 2.

❷ 刘蕾，孙五俊，姜媛，等. 幸福感测量指标体系的评价与展望 [J]. 中国特殊教育，2019 (2): 66-73.

❸ 彭凯平，窦东徽，刘肖岑. 幸福科学：问题、探索、意义及展望 [J]. 清华大学学报（哲学社会科学版），2011, 26 (6): 116-124, 158-159.

讨及再界定。

2. 理论导向与数据导向应有机结合

现有理论、现有文献或先前开发的测量工具都可用于幸福感测量维度的构建。以理论为导向的指标体系构建往往可以使测验结果更为客观、公平、准确，未来应加强幸福感理论构建。在未来整合的幸福感问卷编制过程中，理论导向与数据导向应有机结合，做到幸福感指标体系构建的全面性、客观性和科学性。随着幸福感测评技术的发展，综合各种测评工具，形成系统化、理论化的测评工具并成为现代测评技术重要的走向。

3. 幸福感测量指标的权重问题

现有大部分幸福感测量工具假定各个维度对幸福感所发挥的作用大致相等，而将各维度的得分简单相加来计分。在幸福感测量工具的开发中，幸福感是一个多维的概念，应考虑到各种因素对幸福感所起的作用并不是等权重的，有些因素对幸福感体验影响较大，而另一些因素影响则较小，在多维的幸福感结构维度的构建中，应考虑权重设置的问题。

4. 幸福感测量跨文化及本土化研究

目前有关幸福感指标体系的国外研究较多，而国内研究还比较欠缺，多是对国外研究成果的引进和介绍。未来幸福感测量研究应考虑其跨文化适用性，加强本土研究，建立本土化的幸福感指标体系，为编制符合我国国情的幸福感测量工具提供科学依据。

第三节 幸福感的提升策略

一、幸福感的影响因素

1. 城乡差异与幸福感的关系

周翠金、王洪礼、周涛峰的研究成果表明，城市的交通便利、福利保障体系、教育体系等优于农村，因而城市居民的幸福感指数较高；李黎、谢敏芳、高益君认为，农村居民由于其生活环境良好、生活压力偏低等因素，其幸福感高于城市居民；肖昕华的研究则得出城乡居民幸福感差异不大的结论。

2. 性别与幸福感的关系

徐维东、吴明证、邱林认为，由于生活定向的不同，女性一般是人际关系定向，而男性更多的是成就定向，因而男性的幸福感水平要高于女性；严标宾、郑雪、邱林却得出女性的幸福感水平高于男性的结论；张倩妹的研究表明，男性与女性之间的幸福感水平没有显著差异。

3. 经济收入与幸福感的关系

有的研究结果显示，高收入能带来更多的物质享受，能得到更高的权力和地位，从而带来更高的幸福感；也有学者认为一旦经济收入满足了人们的基本生活要求，获得金钱难以带来幸福感，经济收入对幸福感的影响也就不大了。例如，有两对在大学任教的夫妇，约翰逊夫妇年收入10万美元，汤普森夫妇年收入20万美元。约翰逊夫妇对自己的收入很满意，汤普森夫妇却觉得手头很紧，还经常为钱吵架。心理学家约翰逊和格鲁克研究发现，一个人对自己的收入是否满意，并不取决于收入多少。可以用公式表达：幸福＝我们已拥有的（成就）/我们想要的（欲望）。约翰逊夫妇欲望低于收入，更容易快乐，汤普森夫妇追求国外旅游、豪车、豪宅、新款电子产品、私立学校，欲望高于收入，因此幸福感更低。

4. 生活事件与幸福感的关系

王极盛等发现，初中生的幸福感与不喜欢上学、学习负担重、与老师关系紧张、受父母责罚四项生活事件呈显著的负相关。王平、王晖等对高中生群体的研究得到的结论为，各种生活事件中，学习压力对幸福感的影响最大。

5. 文化与幸福感的关系

严标宾、郑雪、邱林通过对中国内地、中国香港以及美国三个地区的大学生幸福感进行比较，发现他们在生活满意度、积极情绪和消极情绪等维度上存在显著差异。[1] 郑雪、王磊关于澳大利亚中国留学生的研究也显

---

[1] 严标宾，郑雪，邱林．主观幸福感研究综述［J］．自然辩证法通讯，2004（2）：96－100，109－112．

示，文化认同和价值取向可以影响幸福感。个体主义文化背景下人们体验到的主观幸福感比集体主义文化背景下更强。Kitayama 等人研究认为，在体验积极情绪时，西方文化成员更多感受到"骄傲"这类脱离型情绪（Disengage Emotion），而东亚文化成员则体验"友爱"这类卷入型情绪（Engage Emotion）。Mark Suh 认为，在东亚幸福更依赖于职责和履行自己的角色，在西方，幸福则与情绪的爆发捆绑在一起。因此，在对幸福的感知方面，东亚人更多去知觉自己与他人的联系，而美国人则更多选择离群索居。[1]

6. 人格与幸福感的关系

人格被看作影响幸福感最重要的因素之一。它可以解释生活满意度大约 1/3 的变异；而几乎所有的人口统计学变量，包括性别、年龄、教育背景、健康状况、婚姻状况等所能解释的幸福感变异基本上不超过 10%。人格基线理论认为个体的幸福感有一个基线水平，在经历了重大生活事件的影响而出现波动之后，人们的幸福感水平还会回到原有的基线水平，而这个基线在很大程度上取决于个体的人格特质。

在人格特质与幸福感的研究中，研究者关注最多的是五大人格特质与幸福感之间的关系。一般认为人格中的外向性与积极情感、生活满意度有关，与负性情感无关，可以提高个体的幸福感；而神经质与消极情感有关，会降低个体的幸福感。研究表明外向性和神经质是五大人格特质中影响幸福感最重要的因素。

7. 自尊与幸福感的关系

早期研究发现自尊与幸福感正相关。李玲（2014）发现自尊既可以直接影响主观幸福感，也可以通过消极应对的中介作用间接影响主观幸福感。严标宾、郑雪（2006）发现社会支持、自尊和总体主观幸福感、生活满意度以及积极情感两两显著正相关；社会支持、自尊和消极情感显著负相关。

---

[1] 彭凯平，窦东徽，刘肖岑. 幸福科学：问题、探索、意义及展望 [J]. 清华大学学报（哲学社会科学版），2011，26（6）：116 – 124，158 – 159.

8. 助人与幸福感的关系

哈佛大学商学院和加拿大英属哥伦比亚大学做过一个实验：给志愿者发钱，有的是 5 元，有的是 20 元，要求 5 点前把钱花完，规定花钱方式。一半志愿者把钱花在自己身上，一半志愿者把钱花在别人身上。发现把钱花在别人身上的志愿者更幸福。

二、幸福感提升的基本策略

（一）外部：幸福教育和引导

幸福需要教育，正如著名教育学家乌申斯基说"教育的主要目的在于使学生获得幸福"。幸福教育就是引导人追求幸福的健康生命，培养人创造幸福、享受幸福的能力，并提升人的幸福境界，从而培养全面发展的人。幸福教育和引导的主要方式有幸福课程教育、团队心理辅导等。因此，幸福课程教育成为幸福干预外部形式的表现之一。

在对幸福教育的研究中，有诸多的国内外学者对幸福教育的方法和途径、做法和效果进行了研究。塞利格曼于1994年在宾夕法尼亚大学开始启动韧性项目。该项目主要是针对学校的中小学生设计，主要目的是通过提升中小学生处理问题和压力的能力，从而提升中小学生的幸福感，防止中小学青少年抑郁症的发生。这种干预课程通过不同的方式进行，如讲幽默故事、角色扮演、看短故事或卡通，教授学生更加客观并灵活地思考问题，以此提高他们的乐观水平，并通过不同的小练习让学生进行强化。同时还教授自信、创造性的头脑风暴法、决策、放松以及其他应对和解决问题的能力。目前，在全世界范围内，已经对该课程进行了试验，试验结果发现，该课程对于提升学生稳定的幸福感积极有效，学生在参与课程学习的两年中甚至更久后仍能掌握课程中所学到的生活、社交中解决问题、应对困难的技巧和能力，保持抵抗负面情绪的韧性。

2006 年，Tal Ben Shahar 教授在哈佛大学开设"积极心理学"和"领导心理学"课程。同年，英国积极心理学家尼克·拜利斯指导惠灵顿公学院开设幸福课程。我国也先后有香港、杭州、郑州、浙江等地区开展针对小学生、中学生和大学生等的基于积极心理学为理论指导的课程计划——

"成长的天空"（Understanding Adolescent Program，UAP）、积极心理学课程、"幸福课"等，这些幸福课程都是针对学生开展的以提升学生幸福感为最终目的。比如，我国学者开发的针对大学生的幸福教育课程，课程大纲主要有幸福理论与概念、幸福的生理基础、人格与幸福、态度与幸福、把握情绪把握幸福、情商与幸福、恋爱与幸福、大学生挫折心理、人际交往与幸福等，从这些课程的内容可以看出，课程主要是针对幸福展开的，将生理、人格、态度、情绪等与幸福联系起来，是较为典型的幸福课程教育。❶

与幸福课程相关的是团体心理辅导方式，即依据一定的心理辅导理论与方法在团体中引导人们自我了解、自我探索、自我体验、自我发展、自我成长。这种方式具有教育性、发展性、预防性和治疗性等特点。比如，清华大学的樊富珉提出了基于积极心理学取向的心理健康教育实例——提升主观幸福感的短程团体辅导。第一次辅导内容：涟漪相识、寻找作画、你是一个学习者吗、我选择、给未来自己的一封信；家庭作业：每天记录发生在自己身上的三件好事，并写出发生的原因，登录Authentic Happiness网站，测试自己的显著优势。第二次辅导内容：天气预报、讨论三件好事练习、感恩练习、创造性地使用显著优点作画、活动总结；家庭作业：对自己想感谢的人在合适的时候给予感谢；在生活中创造性地使用自己的显著优点；在自己认为合适的时候给大家写一封信，报告心得与感想。辅导步骤明确，作业新颖，在短时间内有效提升整个团体的幸福感。

（二）内部：自我训练与强化

1. 幸福练习

彼得森在《打开积极心理学之门》书中介绍，练习可以增进幸福，练习的四种方法分别是感恩拜访（给感激的人写一封信）、三件好事（写下三件进行得很顺利的事情并解释为什么）、全力以赴（写一个故事，在这个故事中你尽到了最大的努力，在一周的时间里每天都回顾这个故事的内

---

❶ 臧凯，李英. 心理健康教育之幸福干预研究综述［J］. 黑龙江高教研究，2015（2）：67-70.

容)、用全新的方法使用性格力量(测评自己的性格力量,记录最高分数,在接下来的一周用更加新颖的方式使用这些力量)。

2. 正念训练

正念被定义为有意识、此时此刻和不加评判的注意。正念在心理学领域的发展经历了一个过程。1979 年,美国麻省理工学院博士 Kabat-Zinn 创立了"正念减压疗法"(Mindfulness-Based Stress Reduction,MBSR)以协助患者应对疼痛、疾病和压力困扰。此后发展出了以正念为基础的正念认知疗法(Mindfulness-Based Cognitive Therapy,MBCT)、辩证行为疗法(Dialectical Behavior Therapy,DBT)、接受与承诺疗法(Acceptance and Commitment Therapy,ACT)等。正念训练的主要技术包括躯体扫描、正念观呼吸、正念散步、正念瑜伽等。其核心在于练习中观察和体验当下的情绪与感受,保持清醒的觉知。❶

3. 心理日志

记录内容以积极心理学的五种心理特征为主线,就生活与工作中以感恩(我的感谢箱)、快乐(我的快乐时光)、欣赏(感受真善美)、勇气(干了一件有难度的事情)、自信(我拿手的事情)为主题事件,加上自己的真实感受,每周记录一次心理日志。方彩萍(2010)发现心理日志法可以有效提高护士的主观幸福感。❷

本章小结

幸福感是积极心理学研究的重要内容,其中起初受研究者关注最多的是主观幸福感。随着研究的深入,20 世纪 80 年代进入心理幸福感时代,Ryff 批评主观幸福感简单地将幸福界定为快乐,他基于实现哲学理论提出心理幸福感概念,实现了快乐与意义的统一。20 世纪 90 年代进入社会幸

---

❶ 徐慰,刘兴华. 正念训练提升幸福感的研究综述 [J]. 中国心理卫生杂志,2013,27 (3):197 – 202.

❷ 方彩萍,叶志弘,秦建芬. "心理日志法"在提升护士主观幸福感方面的作用 [J]. 中华护理杂志,2010,45 (7):615 – 618.

福感时代，Keyes 认为幸福感不仅要关注个体领域，还应关注社会领域，他整合社会学与存在心理学中的一些概念，提出社会幸福感概念。近几年来，随着对幸福感研究的深入，人们认识到幸福感不仅包括生理、情绪、心理等方面，还应包括精神方面。关于幸福的研究超越了物质与心理层面，提出精神幸福感的概念，对幸福感的研究又进入了一个新的层次。在这一过程中，对幸福感的解释直接影响研究者们对幸福感的测量，衍生出不同的测量工具。影响幸福感的因素是多方面的，最重要的是从内外两个方面进行提升，外部通过幸福教育与引导，内部通过强化与训练。

（本章作者　刘斌　江苏理工学院）

第三章

社会心理服务的积极策略

进入21世纪，心理健康和社会心理越来越受到广泛重视。党和国家对心理健康领域的工作要求从心理疏导拓展到心理健康教育和服务，并进一步拓展到内涵更丰富、目标更明确的社会心理服务。党的十九大报告明确提出"加强社会心理服务体系建设"。2018年11月，国家卫健委等十部委联合发布了《关于印发全国社会心理服务体系建设试点工作方案的通知》。方案提出："到2021年底，试点地区逐步建立健全社会心理服务体系，将心理健康服务融入社会治理体系、精神文明建设，融入平安中国、健康中国建设。建立健全党政领导、部门协同、社会参与的工作机制，搭建社会心理服务平台，将心理健康服务纳入健康城市评价指标体系，作为健康细胞工程（健康社区、健康学校、健康企业、健康家庭）和基层平安建设的重要内容，基本形成自尊自信、理性平和、积极向上的社会心态，因矛盾突出、生活失意、心态失衡、行为失常等导致的极端案（事）件明显下降。"当前我国社会心理服务的核心内容是通过心理健康服务来提升人民心理健康水平，塑造积极健康的社会心态，以促进社会和谐稳定发展。积极心理学契合了人民对美好生活的需要，在社会心理服务领域嵌入积极心理学理论，在完善社会心理服务体系建设的系统理论、推进国家治理体系与治理能力现代化方面具有积极意义。

第一节　社会心理服务概述

近年来，党和国家加大了对心理健康领域的工作部署。党的十七大报告中提出"加强和改进思想政治工作，注重人文关怀和心理疏导，用正确方式处理人际关系"；党的十八大报告提出"加强和改进思想政治工作，注重人文关怀和心理疏导，培育自尊自信、理性平和、积极向上的社会心态"；党的十九大报告中提出"加强社会心理服务体系建设，培育自尊自信、理性平和、积极向上的社会心态"。对心理健康领域的工作要求从心理疏导拓展到心理健康教育和服务，并进一步拓展到内涵更丰富、目标更明确的社会心理服务。社会心理服务是基于我国国情和实践逐步提出和形成的，在国际心理学界并无直接相对应的术语或研究。社会心理服务体系建设是推进国家治理体系和治理能力现代化的重要举措。我国心理健康和社会心理的研究者和实践者已经进行了有益的探索。

一、社会心理服务兴起的时代背景

我们正处在社会经济转型的特殊历史时期，这是一个从传统型社会经济向现代型社会经济转变的发展过程，包括经济、文化、心理等诸多领域密集的、普遍的、根本性的社会结构性变革。社会经济转型阶段不可避免地相伴而生各种社会问题，如信任危机、人际冲突、攻击行为、群体事件、贫富分化、贪污腐败、违法犯罪和生态危机等。如何运用心理学知识帮助缓解社会矛盾，塑造良好的社会心态，是心理学工作者面临的一个重大现实任务。

（一）加强社会心理服务体系建设是我国社会发展的必然趋势

随着中国发展迈入新时代，国民对理性平和的社会心态和健康有序的社会心理的需求愈加强烈，但政府与此相关的公共服务供给却明显不足，治理手段也相对落后。因此，提出和加强社会心理服务体系建设显得尤为

第三章　社会心理服务的积极策略

重要而迫切。[1]

1. 加强社会心理服务体系建设是缓解社会矛盾的迫切需要

中华人民共和国成立以来，中国社会宏观制度和结构发生了巨大变化，现代化进程逐步加快，我国社会主要矛盾也转化为人民日益增长的美好生活需要和不平衡不充分的发展之间的矛盾。在中国社会调整转型时期，关于贫富差距、反腐败、政商关系、干群关系、警民关系、医患关系等一系列人民群众高度关注的社会热点问题，容易引起社会的舆论思潮和情感情绪波动。多数个体面对这些负面社会心理"无所适从"，社会价值和社会心态亟需澄清。若失衡的社会心态累积到一定程度而得不到及时排遣，将有可能衍化为过激行为，引发社会矛盾。近年来，因个体极端心理问题引发的恶性社会事件时有发生，个体因利益诉求得不到满足而采取非正常手段寻衅滋事等事件多有发生，个体因偏激情绪在网络发表过激言论、煽动民众情绪事件屡见报端。这些社会矛盾的出现，成为威胁国民生命安全和影响社会稳定的重大危险源。因此，社会心理服务体系建设的提出正当其时，通过有效的心理调适、疏导和干预，使不良社会情绪得到及时宣泄，从而调节社会关系，维护社会稳定。

2. 加强社会心理服务体系建设是创新社会治理的重要内容

"社会心理服务"与"社会治理"两者关系在党和国家历年政策文件中有迹可循。"十三五"规划明确提出要"健全社会心理服务体系和疏导机制、危机干预机制"。党的十九大报告中提出要"加强社会心理服务体系建设，培育自尊自信、理性平和、积极向上的社会心态"。《关于印发全国社会心理服务体系建设试点工作方案的通知》明确提出逐步建立健全社会心理服务体系，将心理健康服务融入社会治理体系、精神文明建设的工作目标。综观上述政策文件可以发现，党和国家一直将社会心理服务体系建设放在社会治理的标题或视域中论述。由此可见，面对前所未有的复杂局面，政府部门转变和创新社会治理方式，借助和应用心理学的方法和技

---

[1] 伍麟，刘天元. 社会心理服务体系建设的现实困境与推进路径 [J]. 中州学刊，2019 (7)：75 – 81.

术，依照心理规律开展社会治理，加强社会心理服务体系建设是党和国家开展社会治理的需要。

3. 加强社会心理服务体系建设是满足国民需要的必然要求

党的十九大报告提出要"完善公共服务体系，保障群众基本生活，不断满足人民日益增长的美好生活需要，不断促进社会公平正义，形成有效的社会治理、良好的社会秩序，使人民获得感、幸福感、安全感更加充实、更有保障、更可持续"。作为个体的主观感受，获得感、幸福感、安全感正是新时代人民对美好生活需要在心理层面上的追求，它的满足和实现不仅取决于宏观经济发展带来的硬性生活条件的改善，而且也与良好的社会心理和社会心态息息相关。然而，我国现有的心理服务能力和服务水平不高，服务的重点仍停留在特殊群体心理健康层面，尚不能面向全体国民提供普适性的心理健康服务，更谈不上建立心理疏导机制以及调节社会心理。社会心理服务体系建设的主要目的是通过综合运用各项心理学策略和技术，调节社会情绪和社会心理，解决国民需求与现实社会心理服务供给不相匹配的矛盾，是满足国民良好社会心理需要的必然要求。

（二）社会心理服务领域的国际经验

社会心理服务体系建设是基于我国国情和实践逐步提出和形成的，在国际心理学界并无直接相对应的术语。从我国的发展实践来看，当前社会心理服务体系建设的核心内容是通过心理健康服务来提升人民心理健康水平、促进社会和谐稳定发展。从这一内涵来看，国际社会很重视心理健康服务和运用心理行为研究结果指导公共政策制定与实施，并且已在政府、学术界和社会中形成共识。此外，信息技术与心理学的结合，正在推动一个新兴产业的蓬勃发展，对于我国社会心理服务的发展有可供借鉴的积极经验。❶

1. 关注心理健康，降低医疗成本

世界卫生组织（WHO）曾在2015年发布的《2014年精神卫生地图

---

❶ 陈雪峰. 社会心理服务体系建设的研究与实践 [J]. 中国科学院院刊，2018(3)：308 - 317.

集》(Mental Health Atlas 2014)中指出,全世界每10人中约有1人存在精神卫生障碍。许多国家对心理健康问题带来的耗费做了研究,发现心理健康问题花费国民生产总值(GNP)的2.5%~3.5%,主要用于寻求治疗、社会护理、高失业率和离岗等投入。国际社会纷纷采取多种措施积极应对心理健康问题,包括推动心理健康相关的科学研究、提高心理健康服务的便利性、提供社会支持、加强顶层设计等。

2. 发挥智库作用,影响公共政策

心理健康的影响因素既包括内在的个体因素,也包括外在的环境因素,而个体心理健康状况又会深刻影响经济发展和社会和谐。美国自20世纪70年代开始,为了解决种族问题和代沟问题等许多复杂、尖锐的社会矛盾,心理学建立了关于社会态度、行为、道德规范等方面的严谨而富有实效的研究传统并延续至今。[1] 多个发达国家已经形成通过发达的公共政策研究与咨询业——"智库"而持续发挥作用的稳定机制。如美国、法国、英国等国家的重要智库的雇员中均有心理学家。美国最大的智库——兰德公司,以专业领域划分六大学部,其第一大学部就是行为与社会科学部,心理学家是其中的主力。[2] 心理学对公共政策的影响范围扩大,影响力日益提升。

3. 运用新兴技术,促进产业发展

近年来,各国健康产业的增长速度几乎都超过了GDP增速,被国际经济学界誉为"无限辽阔的亿兆产业"。心理健康是健康的重要组成部分,心理健康产业是健康产业的重要组成部分。依托科技创新的突出特点是信息技术的运用,在心理健康产业领域体现为互联网与心理健康的结合,即越来越受到关注的"互联网+心理健康"(E-mental Health)。互联网医疗公司和科研工作者正在推动心理健康服务在个人领域中的变革,如在互联网技术支持下进行线上心理咨询、通过手机App直接联系临床心理医师、通过生物识别标志诊断心理问题或精神障碍等。

---

[1] 张侃. 心理科学与社会发展[J]. 中国科学院院刊, 2007(3): 230-234.
[2] 王佩亨, 李国强, 等. 海外智库:世界主要国家智库考察报告[M]. 北京:中国财政经济出版社, 2014: 1-26.

二、社会心理服务的政策解读

习近平总书记在党的十九大报告中指出,"中国特色社会主义进入新时代,我国社会主要矛盾已经转化为人民日益增长的美好生活需要和不平衡不充分的发展之间的矛盾",强调"加强社会心理服务体系建设,培育自尊自信、理性平和、积极向上的社会心态",对心理学研究和心理学工作者提出了具体要求,指明了工作方向。随后2018年国家卫健委等十部委出台了《关于印发全国社会心理服务体系建设试点工作方案的通知》,指导各地有序开展社会心理服务试点工作。结合各类政策及试点工作现状,从内容模块、学科支撑、实践模式三方面对社会心理服务政策进行解读。

(一) 内容模块

"社会心理服务"不能简单地等同于"心理健康服务",它包含的内容更广泛。第一,心理健康服务。"心理健康服务是运用心理学及医学的理论和方法,预防或减少各类心理行为问题,促进心理健康,提高生活质量,主要包括心理健康宣传教育、心理咨询、心理疾病治疗、心理危机干预等"(国卫疾控发,2016)。此项工作的关键在于如何建立切实有效的实务工作机制,即主要涉及如何落实的问题。第二,社会心态培育。良性社会心态的培育,是社会心理体系建设必须实现的基本目标。如何运用心理学的知识与技术进行有效精准的识别、梳理与引导,净化网络空间和社会舆论空间,建设社会主义心态文明,是社会心理服务体系建设的重要内容。第三,共同体认同建构。党的十八大报告中明确提出"要倡导人类命运共同体意识"。如何运用心理学的知识与技术,促进相关共同体认同的建构,也是社会心理服务体系建设的有机组成部分。对内要全力塑造中华民族的统一文化认同,提升文化自信,为中华民族伟大复兴凝聚文化心理力量;对外要努力建构人类命运共同体,为解决人类社会共同面临的问题提供中国智慧和中国信心,并形成国际性的影响力、感召力和塑造力。

(二) 学科支撑

建设社会心理服务体系的过程,也是不断反思心理学的学科体系的过程。要为社会心理服务体系建设培养社会急需的专业人才,需要围绕心理健康服务、社会心态培育、共同体认同建构三大核心任务，构建具有中国特色的三大基础学科，以应对新时代社会发展与治理的需求。第一，中国特色的健康心理学。主要承接心理健康服务的知识储备、技能拓展和人才培养等需求。根据国家现行的指导思想，心理健康建设应遵循预防为主的方针，坚持预防、治疗和康复相结合的原则。反映在学科建设上，就要求不仅要建设面向异常心理的相关学科，还应着重推动包括积极心理学等心理学思想在内的健康心理学相关学科群的发展，将其内容和思路贯彻到心理健康服务体系的建设中，协同社区、家庭及专业服务机构的力量，塑造健康的社会心理状态，从根源上减少心理障碍的产生土壤。第二，中国特色的社会心理学。主要专注社会心态的相关研究和人才培养。应将社会心态这一集群化、社会化、全局性的社会心理现象作为中国特色社会心理学的主要研究内容，进一步拓展社会心理学的学科内涵，为更好地建设社会心理服务体系贡献学科智慧。第三，中国特色的文化心理学。主要立足于中华民族的优秀传统文化并加以现代性转换，尤其是要从中挖掘有助于塑造中华民族命运共同体的文化心理资源，从而为中华民族的伟大复兴贡献传统智慧。在当下现实背景中，尤其要注重对民族关系、国家认同、共同体认同等相关主题的探索，从而应对社会认同危机和恐怖主义、分裂主义和单边主义等割裂人与社会之间有机团结的有害思想，进而塑造全社会的健康心态。

（三）实践模式

社会心理服务体系的建立最终需要落实于实践并在实践中检验效果。为此，在完善顶层设计的同时要加强各机构之间的联动与协调，从而形成党政统筹、协会分工、多方参与的实践体系。第一，在顶层设计方面，可由国家与地方的卫生与健康委员会牵头，由民政部、教育部、财政部、人力资源和社会保障部等部委和地方相关部门多方参与，出台社会心理服务体系建设的战略目标和整体规划，进一步明确社会心理服务是政府应提供的基本公共服务的重要内容之一。第二，在协会分工方面，目前我国心理学相关的一级学会有中国心理学会、中国社会心理学会和中国心理卫生协会。除了各自的学术研究职能以外，三个学会各自承担促进心理科学知识、社会心理学知识和心理卫生科学技术的普及和推广的社会服务类职能。三个协会在发挥各自专长的基础上需要通力合作,共同服务于社会心理体系的建设。第三,在多方参与方面,社会心理服务体系的具体服务能否到达社会的最基层并落实到人民群众的每个个体身上,关键在于多方面资源和多层次主体的共同参与。在明确社会心理服务作为基本公共服务的同时,不断优化公共服务供给和创新供给模式。❶

三、社会心理服务的基本准则

基于社会心理服务的发展现状,提出以下基本准则。

(1) 明确社会心理服务的基本公共服务定位,落实社会心理服务体系建设的责任主体,加强和完善顶层设计,制定体系建设的评价指标、职业规范与伦理守则,统筹推进体系建设工作。例如,需要从已有的一些测量指标入手,甄选和补充相关的指标纳入政府基本服务的相关社会心理指标,科学测算财政支持的额度;在健康城市评价过程中引入相关指标体系,促进城市社会心理服务水平的提升。

(2) 大力发展以中国特色的健康心理学、社会心理学和文化心理学为代表的相关学科群,培养社会心理服务相关的科研与实务人才。可特别突出社区心理学、政策心理学、大数据与网络心理学方向的研究、实践与人才培养。需要引导社会工作者掌握发展心理学、教育心理学、心理测量学、心理咨询等相关知识与技能,提升其专业性,并结合社会工作自身的优势进行社会心理服务。在主管单位的统一协调下,因地制宜地引导各类人才开展社会心理实践,拓展社会心理实务工作的实践人才储备。

(3) 加强社会心理的基础研究与科学普及工作。需要组建专门力量,积极利用大数据技术和传统调研测量技术,组建国民社会心态数据库和国民心理健康数据库,为社会心态和心理健康的动态变迁提供数据支撑。在大中小校园、企事业单位、城市社区以及乡村,以多种形式开展心理健康

---

❶ 吕小康,汪新建.中国社会心理服务体系的建设构想[J].心理科学,2018(5):1026-1030.

普及、社会心态疏导和传统文化心理的熏陶、传承与创新活动,让人民群众在日常生活中直接感受专业化的社会心理服务,提高其主观幸福感、民族自豪感和文化自信心。

(4) 拓展横向资源,动员社会力量参与社会心理服务体系建设。建立各级政府和相关行政部门主导、心理学会等行业支持、社会心理工作人员参与落实的联动模式,以不同层次的社区作为实践载体,建设一个基础的、全面的社会心理服务体系。由当地政府主导,高校提供智力和人才支持,行业学会进行监督,社会机构提供支持,政府促进大学与社区建立独特的合作伙伴关系是中国社会心理服务的基本发展模式,并应针对重点人群和特殊主题进行科学而深入的循证研究,形成一个专业化、多类型、多层次、可持续的社会心理服务体系。❶

第二节 心理危机现象的积极应对

在社会心理服务领域,一个不可回避的问题就是如何应对心理危机。根据世界卫生组织的报道,全球范围内每 40 秒就有一人死于自杀,自杀是全球 15~29 岁年龄组人群中的第二大死因。自杀是心理危机的极端表现,心理危机的形成是多方面共同影响的,最主要的就是社会因素、家庭因素和自身因素。心理危机的产生不仅取决于外界刺激强度的大小,在很大程度上与每个个体的主观需要层次,对事物的感受、选择、判断有直接的联系,使心理危机表现出了很强的主观性和个体差异性特点。积极心理学强调挖掘个体自身潜力,以积极的方式对个体的心理状态进行干预。

一、心理危机概述

(一) 心理危机的概念

心理危机的概念是美国心理学家 Caplan 提出的。Caplan 认为,当一个

---

❶ 吕小康,汪新建. 中国社会心理服务体系的建设构想 [J]. 心理科学,2018 (5):1026-1030.

人面临困难情境，且先前处理危机的方式和惯常的支持系统不足以应对当前的处境，这个人就会产生心理上的困扰，这种暂时性的心理失衡状态就是心理危机。目前我们通常认为，心理危机是指由于突然遭受严重灾难、重大生活事件或精神压力，使生活状况发生明显的变化，尤其是出现了用现有的生活条件和经验难以克服的困难，以致当事人陷于痛苦、不安状态，常伴有绝望、麻木不仁、焦虑以及自主神经系统症状和行为障碍。

对于个体是否达到心理危机的程度，一般有三个判断标准：一是个体存在具有重大心理影响的生活事件，如突然遭受严重灾难、重大生活事件或精神压力；二是出现严重不适感，引起一系列的生理和心理应激反应；三是当事人惯常的处事手段不能应对或应对无效。如汶川地震后，地震伤员及家属均在某种程度上出现失眠、多梦、食欲减退、悲伤、反复回忆与思念等情绪，心理健康问题较为严重，甚至许多人靠服用安眠药和镇静剂才能维持正常生活。❶

（二）心理危机的特征

现实生活中的危机涉及面很广泛，既有不同群体的各种不同危机，也有同一群体不同时期的同一危机。不同的心理学家对危机具有什么特征持不同的观点，归纳起来，主要有以下特征。

1. 普遍性

心理危机的产生、发展及激化经历着复杂而微妙的心理过程。几乎每个成长中的个体都不同程度地经历过心理危机，但心理危机并非必然导致极端行为。事实上，心理危机从一定意义上讲是每个人成长过程中都会遇到的事，没有人能够幸免。但是只要我们把握机会、设定目标、形成计划、妥善处理，是可以渡过危机的。

2. 机遇性

危机意味着风险，又蕴藏着机遇。一方面危机是危险的，因为它可能导致个体严重的病态，包括对他人和自我的攻击；另一方面危机也是一种

---

❶ 于红军. 汶川地震后幸存人员心理危机干预方法研究［J］. 灾害学, 2019, 34（4）: 176 - 180.

机会，因为它带来的痛苦会驱动当事人寻求帮助，解决问题，从而使自己得到成长。危机的成功解决能使个体从危机中得到对现状的真实把握、对过去冲突的重新认识，以及学到处理危机的应对策略和手段。

3. 复杂性

心理危机是复杂的，可以是生物性、环境性和社会性危机，也可以是情境性、过渡性和社会文化结构性危机。而造成危机的原因可能是生理的，也可能是心理的和社会性的。另外，由于个性不同，个体面临危机也会具有不同的反应。

4. 动力性

伴随着危机，焦虑和冲突总是存在的，这种情绪导致的紧张为变化提供了动力。也有人把危机看作成长的机会或催化剂，它可以打破个体原有的定势或习惯，唤起新的反应，寻求新的解决问题的方法，增强挫折的耐受性，提高适应环境的能力。

5. 困难性

当个体处于危机之中时，可供其利用的心理能量降到最低点，有些深陷危机的个体拒绝成长，危机干预者需要帮助处于危机中的个体重建新的平衡。这就需要运用专业的心理学支持，但无论哪种方法，都有其独特的适用范围，没有治疗心理危机的通用方法。另外，还有些危机愈后容易反复，治疗起来有一定困难。

（三）心理危机的分类

（1）根据危机刺激的来源分类，可以将心理危机分为发展性危机、境遇性危机和存在性危机三种。第一，发展性危机（Developmental Crisis），又称内源性危机（Endogenous Crisis）、内部危机（Internal Crisis）、常规性危机（Normative Crisis），指正常成长和发展过程中的急剧变化或转变所导致的异常反应，它是常规发生的、可以预期的，又是独特的，在生命发展的各个时期都可能存在。第二，境遇性危机（Situational Crisis），也称外源性危机（Exogenous Crisis）或环境性危机（Environmental Crisis）、适应性危机（Adaptive Crisis），是指由外部事件引起的心理危机，当出现罕见或超常事件，且个体无法预测和控制时出现的危机，如地震、火灾、洪水、海啸、龙卷风、流行疾病、空难、战争、恐怖事件等。第三，存在性危机（Existential Crisis），指伴随重要的人生问题，如关于人生目的、责任、独立性、自由和承诺等出现的内部冲突和焦虑。它可以是基于现实的，也可以是基于后悔，还可以是一种压倒性的持续的空虚感、生活无意义感。

（2）根据危机发生的早晚分类，可以将心理危机分为急性危机、慢性危机和混合性危机三种。第一，急性危机（Acute Crisis），指由突发事件引起，当事人产生明显的生理、心理和行为的紊乱，若不及时干预会影响当事人或他人的身心健康，甚至会出现伤害他人或自伤行为，需要进行直接和及时的干预。第二，慢性危机（Chronic Crisis），指由长期、慢性的生活事件导致的心理危机。慢性危机需要较长时间的咨询，并需要找出适当的应付机制，一般需要转诊给长期的专业咨询工作者。第三，混合性危机（Multiple Crisis），指由多种因素混合导致的多种危机共存。如创伤幸存者的酒精依赖问题，失业人员的抑郁情绪问题，婚外恋人员的经济、家庭暴力问题等。

二、心理危机的成因探析

（一）社会因素

人是个体和社会环境不断交互作用的产物。在社会因素中，最重要的就是文化的影响。不同的社会塑造了不同的文化和不同的生活方式，而不同的文化和生活方式又以其独特的社会化模式对个体产生影响。当面对文化价值观冲突或生活方式改变时，就会面临环境和心理的双重压力，这种压力如果得不到及时缓解，轻则导致挫伤进取和奋发向上的锐气，重则导致心理危机。

1. 文化价值观冲突

价值观是通过社会化过程实现的。从心理学角度来说，价值观是一个人对周围客观事物的意义、重要性的总的评价和总的看法。价值观是衡量生活是否有意义的内心标准。从社会个体价值观的形成过程来看，价值观是在需要的驱动下，由自我意识引导，在个体和社会的互动过程中形成的。一方面，人们的价值观受个体成长的家庭、学校、社会有意识和无意识的教育，把外在的、符号化的价值观念内化为自己的价值观念；另一方面，个体又在已经形成的价值观念的基础上，根据自我的需要不断选择、过滤外在的价值观念，将其整合成自己的价值观的一个有机组成部分。在这个复杂的过程中充满了各种矛盾和冲突，某一方面失去协调就会产生心理困惑。当外界的事物与个体原有的价值观念不一致时，就会产生强烈的内心冲突和困惑，甚至产生自我怀疑、自我否定的心理，从而导致心理危机。

2. 生活方式的改变

我们所处的时代是一个急剧变化的时代，随着西方文明的涌入、网络时代的到来，迅速涌现的新事物、新思想、新潮流给原有的生活方式带来巨大的冲击。特别是随着社会的发展，网络已经成为日常生活中必不可少的一部分。网络是一个虚拟世界，与现实生活不同，在现实生活中所不能及的事物，可以在虚拟世界中得到满足。但是，这个虚拟世界带有暴力、色情、颓废、消极色彩的内容会给沉迷于网络的个体心理造成不良影响。尤其是网络虚拟世界与现实社会之间存在的差距，易使个体产生孤独与抑郁的心理特征，更加不愿去面对现实，当现实生活中出现挫折时，更易发生心理危机。

（二）家庭因素

家庭环境，特别是家庭的氛围、夫妻关系、亲子关系等对人的影响颇大，对未成年人的影响是非常深远的。例如，长期被溺爱的独生子女在面对新环境或新挑战时往往容易感到不适应，甚至会因为长时间的不适应而对自己失去信心，从而产生心理危机；家庭关系破裂、丧失亲人、家庭发生其他重大变故等，会使个体失去重要的社会支持来源，从而令人感到孤独、悲伤、缺乏安全感，在面对挫折时更易产生心理危机。

1. 家庭教育方法不当形成人格缺陷

心理专家认为，一个人在少儿时期形成的认知结构模式将影响个体的心理特征的形成。中国大多数家庭往往只注重智力的培养和教育，缺乏科学的家庭教育方法，或者溺爱，或者简单粗暴，忽视了孩子的独立人格的培养，易造成孩子压抑、自卑、焦虑、偏执等不健康的心理品质，一旦遇到刺激就容易诱发过激行为，产生心理危机。

2. 家庭关系问题造成心理创伤

夫妻关系、亲子关系的不和，容易导致个体出现心理创伤。家庭问题是青少年出现心理危机的主要根源之一。父母关系不和或离异，容易导致青少年出现心理创伤。夫妻不和、亲子不和，会给家庭成员尤其是未成年子女心中留下严重的阴影，从而造成沉重的心理压力，使他们常常陷入苦恼、无助、愤怒、悲观、厌世之中，会造成他们情感的脆弱和耐挫力的缺乏，在面对困难情境时更易产生心理危机。

（三）自身因素

一个人是否会产生心理危机，不仅取决于他是否正在经历或即将经历的外在环境和供给的改变，更重要的还取决于他对自己应对困境情境能力的评估（Lazanus R. S., 1986）。从这个意义上来说，心理危机是个体对自己所经历的困难情境的情绪反应状态。心理危机的产生不仅取决于外界刺激强度的大小，很大程度上也与个体主观需要层次，对事物的感受、选择、判断有直接的关系。

1. 自我认知与思维模式误区

心理学观点认为，人对困难和挫折的感觉不在于所遭受的应激事件，而在于个体对应激事件的观念和态度。社会运行机制并不具有个人好恶或偏袒，非常公平地给社会成员分配相同的困难、挫折、失意和困惑，大多数人都能平安地度过各种危机。危机个体也并非在参与这种分配上受到特别的待遇，却在外部冲击下发生颓倒，其内在原因在于当事人存在心理缺陷和人格缺陷，畸形的观念导致了其在面对困难和挫折时心理承受能力低，情绪不稳定，最终导致因认知偏颇、情绪失控、意志丧失而产生危机甚至造成严重后果。

2. 心理求助方式的片面化

心理求助是指当个体遇到心理和情绪等方面的困难时，向他人寻求帮助以解决困扰和痛苦的过程。一些个体在遇到应激源时，因自身缺少合理的解决问题的方式，同时由于不愿意暴露隐私或害怕被贴上"精神病人"标签等各方面的顾虑，对心理咨询持否定态度，不愿寻求专业人员的帮助，更多地采用退避、幻想等不成熟的应付方式，致使自身长期处于心理矛盾和冲突之中，更易产生心理危机。

三、积极应对心理危机的基本策略

积极心理健康理念就是一切从"积极"出发，即用积极的视角发现和解读各种现象，用积极的内容和途径培养积极向上的心态，用积极的过程诱发积极的情感体验，用积极的反馈强化积极的效果，用积极的态度塑造积极的人生。

（一）构建积极的政府组织系统，完善心理危机响应机制

构建积极的政府组织系统是积极心理学的要义之一。积极的政府组织系统对于应对社会各类心理危机起着举足轻重的作用，特别是在面对由突发公共事件引发的心理危机方面，具有不可替代性。突发性公共事件是指突然发生，造成或者可能造成重大人员伤亡、财产损失、生态环境破坏和严重社会危害、危及公共安全的紧急事件。它会给应激者带来不可忽视的心理影响，政府如果处理不当，还会产生严重的社会负面影响。如2015年天津市滨海新区塘沽开发区的天津东疆保税港区发生爆炸，在此次事故中共有100多人遇难。事件发生后，根据相关统计显示，国家卫计委共派出36名国家级临床和心理专家赴天津爆炸区指导、协助伤员救治工作，另外共有176名国家级和市级心理学专家、心理治疗者、社会工作者和志愿者投入此次爆炸事件的灾后心理救援工作，他们总共为各类人群和个体开展心理干预1750人次。2020年发生的新型冠状病毒肺炎疫情中，国家卫健委及时发布了《关于印发新型冠状病毒感染的肺炎疫情紧急心理危机干预指导原则》，将心理干预目标人群分为四级，并针对不同人群提供了心理危机干预。各省市（区）积极响应，以减轻疫情所致的心理伤害并促进社会稳定为前提，组建心理救援医疗队、心理援助热线队伍，开展服务人员突发公共事件心理危机干预和疫情应对心理援助培训，开通针对新型冠状病毒肺炎疫情心理支持热线和网络服务，面向各类人群开展心理服务和医学科普。

（二）增强个人积极心理素质，提升心理抗压能力

积极心理学倡导挖掘人性的积极面与潜能，重视人的积极心理素质的培养，认为"心理健康的人消极因素少，积极因素多"。因此，增强个人积极心理素质，可以提升个人在面对心理危机时的抗压能力。第一，要培养积极的自我认知能力。其关键就是悦纳自我，在接纳自己、喜欢自己、欣赏自己的基础上体验积极心理、价值感、满足感。第二，要增强自我调适能力。在建立积极的自我认知的基础上，增强个人的适应能力，不断增强自我调适能力，学会从容面对生活中的压力，掌握应对压力的技能，通过各种有效方法达到综合平衡，使生理功能和心理功能都处于最佳状态，从而在精神和身体上较好地适应社会环境和自然环境。第三，要培养正确的压力观。在面对压力时要坦然、淡定，时刻保持平和的心态。压力不可避免，成功者与失败者的最大差异，是成功者将压力视为机遇和挑战，而失败者将其看作障碍和绊脚石。在某种程度上，压力对人生有着很多积极的意义，比如压力能够让我们更好地认清自己，发挥自身潜能。

（三）健全自我意志，培养积极情绪

积极心理学认为，每个人其实都是自我心理的调试者，都有积极自我发展的能量。居里夫人说：人要有毅力，否则一事无成。意志不是天生的，要靠培养和磨炼。要主动计划自己的未来，设计自己的蓝图，建立适合自己的奋斗目标，确定理想，从而采取积极的行动摆脱由于对环境不适应带来的一系列不良情绪，进而使人变得充实和愉快。积极的行动能够让个体积极地投入各项活动之中，在活动中提高自我选择和自我管理的能力，提升自信、完善人格，享受健康、幸福、快乐的人生。积极的情绪体验就是满意地对待过去、幸福地享受现在、充满希望地展望未来。个体要正确地对待过去，幸福地享受现在。无论现在怎样，个体要积极乐观对待，享受生活给予我们的方方面面。

第三节 职业倦怠现象的积极应对

被誉为 21 世纪的职场感冒——职业倦怠正以流行病的势头在社会蔓延

开来。1981年，美国社会心理学家Maslach和Jaskson联合开发了职业倦怠的标准化测试量表——Maslach职业倦怠量表（Maslach Burnout Inventory，MBI）。根据这一量表的研究结果显示，发达国家患病比例高达30%，而且未被诊断为心理倦怠的员工中，有半数的人长期受到压力的困扰，有1/4的人因不良的身心状况而影响其工作效率。职业倦怠问题不仅会影响工作者自身的身心健康，还会影响工作的质量和效率。运用积极心理学知识对深受职业倦怠困扰的个体进行及时干预，有助于个体摆脱身心疲惫的状态以及可能出现的自我伤害行为，对于促进个体成长、提高工作效率、维护社会稳定具有重要的价值。

一、职业倦怠现象概述

（一）职业倦怠的概念

心理学家意识到职业倦怠的存在，是在20世纪70年代为美国纽约的志愿者们提供咨询服务的过程中。心理学家赫伯特·弗罗伊登贝格尔（Herbert J. Freudenberger）注意到，志愿者们在工作开始时全身心投入，好像有着挥洒不完的热情，可是不过数月，他们便表现出情感衰竭的症状，干劲也不复从前。一名成员描述自己感到疲倦，所有的体力、心力都耗尽了，不再有任何继续下去的念头，也感受不到来自工作的满足感。一些心理学家随之对此现象开展了广泛的研究。

职业倦怠又可称为"工作耗竭"或"职业枯竭"，也被称为"心理倦怠"，最早由赫伯特·弗罗伊登贝格尔提出，[1] 主要是用于描述那些在医疗教育服务行业的从业人员因人际压力、精神损耗而产生的身心疲劳、工作热情削减和消极工作态度等现象。随着研究的拓展，研究人员发现，职业倦怠现象在每一个行业中都存在，通常是作为应对长期压力环境中工作的一种极端反应，被界定为一种慢性综合征，伴随着疲惫、玩世不恭和专业效能下降等现象，严重者甚至会导致自杀。

---

[1] FREUDENBERGER H J. Staff Burnout [J]. Journal of Social Issues, 1974, 30 (1): 159-165.

2010 年 1 月至 11 月，富士康科技集团陆续发生 14 起员工跳楼事件，引发社会各界乃至全球的关注。事件发生后，当地政府部门开始介入，卫生部门派出一批心理医生进驻企业，妇联、共青团及文化体育部门协助企业在园区内开展多项文化和体育活动，劳动保障部门监督企业员工的劳动强度问题，企业改进基层组织建设等。事件之后，更多的人认识到职业倦怠给工作者个人及企业带来了严重危害。

（二）职业倦怠的特征

职业倦怠通常以个体的一种情感耗竭（Emotional Exhaustion）、消极怠慢（Depersonalization）和个人成就感降低（Reduced Personal Accomplishment）为典型特征。[1] 具体表现如下。

1. 工作情感衰竭，对所从事事业丧失热情

工作情感衰竭主要指工作者对自己的工作丧失热情，没有激情和活力，常常表现出情绪烦躁的特点，开始害怕工作，甚至逃避，没有心情去完成现有的工作。

2. 工作态度消极，对所从事工作产生厌倦

工作态度消极具体表现为工作状态消极，对自身的工作产生厌倦，但又受制于工作制度，不得不逼着自己去完成各项任务，内心却并不情愿。

3. 工作成就感低，对现有工作岗位心生去意

工作成就感低是指工作者对自己开展的工作意义和价值评价下降，认为现有工作不能发挥自身才能，很难创造新的价值。

（三）职业倦怠的影响

职业倦怠问题不仅会影响工作者自身的身心健康，还会影响工作的质量和效率，降低工作者对集体的内在满意感以及工作动机，并出现离职倾向和情感衰竭。[2] 出现职业倦怠的个体容易产生疲劳、劳累、失眠、头痛等身体问题，以及自尊心受打击、心情抑郁、焦虑、自信心下降，甚至想

---

[1] MASLACH C, SCHAUFELI W B, LEITHER M P. Job burnout [J]. Annual Review of Psychology, 2001, 52 (1): 397 – 422.

[2] 王颖, 倪超, 刘秋燕. 中国公务员职业倦怠的产生过程: 社会支持与应对方式的调节效应 [J]. 中国行政管理, 2015 (4): 118 – 122.

要自杀等心理问题。这些问题长时间积累会严重影响工作者的身心健康，例如，工作者在工作中猝死与其身心长期处于亚健康状态存在一定的关联。此外，工作者长期处于职业倦怠状态中，会降低工作绩效，甚至出现懒散的不良工作作风，对集体产生负面影响。

二、职业倦怠现象的成因探析

职业倦怠的根本原因来自压力，对工作压力增加的感知是个体出现职业倦怠的核心成因。其主要包含三个方面的因素。

（一）个体特征因素

个体因素包括性别、年龄、民族、婚姻、受教育程度等人口统计学变量，例如有的调查研究发现，女性比男性更容易出现职业倦怠，未婚的比已婚的更容易出现职业倦怠。[1] 此外，个体的个性特征以及个体排解心理困扰的意识和方法等，都会对职业倦怠的产生形成一定影响。内向的人比外向的人更容易职业倦怠，缺乏自信和情绪不稳定的人也会面临更大的职业倦怠风险。完美主义者和理想主义者也更易产生职业倦怠，完美主义者不认可自己的表现，也甚少感到满足，工作总是做不完，所以他们也无法享受劳动成果；理想主义者总是把目标定得太高，以至于在努力实现目标的过程中就已经精疲力竭了。

当个体在工作中的自我期望与现实情境出现冲突，由于缺乏心理健康意识，心理需求无法得到及时满足，负面情绪不能通过自我调适或专业帮助及时宣泄，就容易导致心理问题，日趋严重便产生职业倦怠。

（二）工作特征因素

工作因素包括工作类型、工作形式等，例如工作过于重复，从中得不到成就感，或是工作缺乏自主性，都无法使个人在工作中肯定自我而形成挫折感，最终发生情绪退缩等现象。

20 世纪 70 年代，第一例职业倦怠出现在从事救济事业的志愿者身上，

---

[1] 王亚华，舒全峰. 脱贫攻坚中的基层干部职业倦怠：现象、成因与对策［J］. 国家行政学院学报，2018(3)：129–135.

其典型的工作特征就是工作永远也做不完,总是以牺牲个人的私人空间和休息为代价。进入21世纪后,随着科技革命的发展,我们有了家用台式电脑,然后是笔记本电脑,再到智能手机,人们能够随时随地保持联系,工作也因此变得如影随形。20世纪,人们离开办公室后就没有办法工作,现在越来越多的工作者被迫随时随地工作,也大大加重了职业倦怠的流行。

(三) 职业环境因素

不同的职业环境会产生不同的角色压力,角色压力也是职业倦怠的重要原因之一。角色压力的概念最早由 Kahn 等学者于1964年提出,研究者还证实角色压力对工作效率和工作满意度具有显著影响。角色压力主要包括角色模糊、角色冲突和角色超载。在20世纪,大部分的工作都有规定的范围和清晰的定义,每个人都有足够的能力做好自己的工作,只需对自己的领域负责。而在经济飞速发展的今天,几乎所有的工作都要求工作者能够灵活应变,拥有多种不同的能力,并能同时开展多重任务。这使大多数人都很难界定自己的工作,"你到底做什么工作?"成了工作者的难题。一些工作甚至会产生角色冲突,在权利和权力的冲突中陷入困惑,随之产生职业倦怠。

来自职业环境的角色压力会剥夺人们对工作的掌控感,工作者感觉自己成为供上级差遣的走卒,毫无作为,因此也无法发展和提升自我。角色压力还导致一些工作者为了推进工作,主动或被迫揽下自身职责范围之外的工作,导致更大的工作压力。角色压力导致了工作者对自己的价值不够自信,却又不敢抱怨,从而难以从工作中获得成就感,如果没有合适的方法进行调节,就会带来职业倦怠。

三、积极应对职业倦怠现象的基本策略

研究发现,尽管工作者通常要面对较大的工作压力、一些不合理的制度或者人际关系冲突,但这些都不是影响工作者幸福感的关键,关键在于工作者内在的认知方式和情感方式。因此,让工作者从职业倦怠走向职业幸福,关键路径在于运用积极心理学的方法,激发工作者内在的潜能与力量,促进其认知方式、情感方式和行为方式发生改变。

第三章 社会心理服务的积极策略

(一) 调节积极的情绪配比

积极心理学提出10种积极情绪,即喜悦、感激、宁静、兴趣、希望、自豪、逗趣、激励、敬佩和爱。一个人到底要多少积极情绪才够?积极心理学研究发现,保持积极心态,必须要保持3∶1的积极情绪与消极情绪的比值,也叫作积极率。[1] 实验研究表明,朝气蓬勃的人其平均积极率都高于3∶1,那些意气消沉的人其平均积极率都低于3∶1。积极率不仅适用于个人,也适用于组织及人际关系。如一家公司中如果有高于33.3%的员工整天处于负面情绪和各种抱怨中,这家公司可能面临很大的管理或其他问题,应提醒公司管理者立即重视起来。一个家庭的亲子关系以及教师与学生、上级与下级、组织与个人等关系也同样适用于这个比值。

对于个人来说,如果自身的积极情绪低于3∶1这个比值,个人的身心健康和幸福感就会出现问题。工作者应以这个临界值作为目标,反思、监督并调控自己,多用积极语言、积极情绪和积极行为对待工作中的人际关系及工作任务,这样一定会走上职业幸福之路。

(二) 培养积极的心理品质

塞利格曼是"习得性乐观"理论的提出者。在他的研究中,给狗重复施加无法躲避的电击实验,发现了狗的"习得性无助"行为,即对于本可以避开的电击也不再躲避了。人类也会由于对环境事件的"习得性无助",出现抑郁或其他心理疾病。塞利格曼在后来的研究中发现,乐观也可以通过学习获得。他提出,保持乐观的态度不仅有助于避免抑郁,而且有助于提高人们的健康水平。

积极的心理品质有助于个体在面对问题时采用更为有效的应对策略,从而更好地面对工作中的各种压力情境,提高个体抵抗职业倦怠的能力。如果说职业倦怠是癌症,那么乐观便是抗击癌细胞的特效药,它能将癌细胞消灭在萌芽状态。因此,在面对职业倦怠时,培养积极的心理品质极为重要。

---

[1] 芭芭拉·弗雷德里克森. 积极情绪的力量 [M]. 王珺,译. 北京:中国人民大学出版社,2010:121-140.

（三）增加积极的福流体验

美国心理学家米哈里·契克森米哈赖（Mihaly Csikszentmihalyi）试图从科学角度寻找如何使自己达到最佳幸福状态，然后根据自己的工作体验提出了福流（Flow）概念。福流是指一种心理状态，在这种状态下，人们一心沉浸在充实的活动中，空间、事件以及周围发生的一切都好似消失了。专注程度和内部动力双双达到峰值，人们完全投入活动，丝毫感受不到消极情绪。福流是我们全身心投入时的感觉，是人的积极情绪状态下的一种特殊现象。他认为，进入福流状态可能需要满足一些条件，如目标明确、注意力高度集中、有挑战性且需要技术、深深的投入、忘我等。工作是体验福流的最好场所。据说，米开朗基罗为西斯廷教堂创作壁画的时候，不饮不食、不眠不休，由于创作时颜料会不慎入眼，经年累月，作品最终完成时他虽几近失明但一定是幸福的。

当然，并非只有世界级的绘画大师才能体验福流，绝大部分的人都曾在某个时刻有过这样的体验。研究发现，影响一个人的工作效率、工作状态和专业能力的是其从工作中得到了多少福流体验，而不是其得到了多少报酬，获得了怎样的职位等因素。当工作者面临的工作挑战与专业能力相匹配时，福流体验更易产生。福流产生的时刻，也就是工作者幸福感满满的时刻。

（四）领悟积极的职业成就

美国心理学家理查·休因（R. M. Suine）把职业生涯比作一艘航船，船要能经受风浪就必须配有坚固的锚。在职业生涯中，要克服职业倦怠，保持良好的工作状态，就必须找到自己的"职业锚"。这个"职业锚"，指的是自己能够发现自身的才能、潜在的工作动机、价值观或者价值取向。这就是一种积极心理学的视角，必须让自己坚信，我们所爱的必须是工作本身，而不是工作带给我们的荣誉和地位。也就是说，如果我们把工作当作手段就会沦为工作的奴隶，我们的情绪和情感就容易被工作所牵绊，如果我们的某些功利性目标未能实现，就会产生焦虑感，长期焦虑是导致职业倦怠的重要原因。相反，把工作或者与工作相关的事情作为自己的终身事业全力追求，才能在工作过程中寻找到乐趣，感受到幸福，达到享受工

第三章 社会心理服务的积极策略

作的境界。[1]

因此，人们在工作过程中发现和找到自己的"职业锚"，然后锁定这个"职业锚"，努力成长，可以消除职业倦怠感，而且有助于成为这个"职业锚"领域的专家，获得职业成就。如何找到职业生涯中的"职业锚"，获得更多的职业成就，让我们的工作生活过得幸福而丰满，而不是沉湎于职业倦怠的漩涡中不能自拔。这不只是一个心理健康命题，更重要的是它能够把自身的内在力量和潜能挖掘出来，成就自己，获得成功，从而更好地服务于社会。

本章小结

社会转型的特殊历史时期需要中国特色的社会心理服务与社会心理建设。加强社会心理服务体系建设是缓解社会矛盾的迫切需要，是创新社会治理的重要内容，也是满足国民对美好生活追求的必然要求。本章从时代背景出发，在借鉴发达国家心理健康工作经验的基础上，对当前我国社会心理服务政策进行解读，提出建设我国社会心理服务体系的基本原则，为建设一个专业化、多类型、多层次、可持续的新时代社会心理服务体系提供思路。从积极心理学理念出发，选择社会心理服务的两项主要内容：心理危机、职业倦怠，对其成因进行分析，并提供积极应对策略，为更好地做好社会心理服务提供参考。总之，从当前的专业实践来看，我国社会心理服务还面临诸多的现实困境，需要汇集各方智慧。我们要完善各项保障措施，努力推动社会心理服务工作顺利进行。

（本章作者 胡洁琼 江苏理工学院）

---

[1] 卿素兰. 用积极心理学破解教师职业倦怠 [J]. 人民教育, 2017(17)：60-63.

第四章

学校心理辅导的积极实践

学校心理辅导❶是什么？在我国教育领域，心理辅导、心理健康教育和心理咨询是三种最常见的表达，要弄清楚学校心理辅导是什么，必须得厘清三者的概念与关系。一般认为，心理健康教育，是提高学生心理素质、促进其身心健康和谐发展的教育；❷ 心理咨询，是通过咨访关系，运用心理学方法，帮助当事人自强自立的过程。对于学校心理辅导，我国教育工作者和相关研究人员尚未形成统一的认识。本章认为学校心理辅导是学校心理健康教育的重要组成部分，是学校心理咨询的延伸，它着眼于学生心理问题的预防和调适，同时也关注学生心理的发展和心理潜能的开发。学校心理辅导强调基于关系来开展心理健康教育，而学校里最重要的人际关系就是师生关系，课程与教学是师生关系产生与发展的主要场域。

学校心理辅导为什么需要积极心理学？积极心理学是致力于研究人的发展潜力和美德的科学，研究内容主要涉及三个领域，包括积极的情感体

---

❶ 本章中，学校心理辅导中的学校指中小学；学校心理辅导的内涵介于心理咨询与心理健康教育之间，虽然没有心理健康教育内涵那么丰富，但是也不仅限于心理咨询的范畴；学校心理辅导的内容与途径主要有：心理课程、心理辅导活动、个体心理咨询与团体心理辅导。本章中根据表达需要，学校心理辅导、心理咨询、心理健康教育均有出现，请读者根据上面描述进行理解。

❷ 中华人民共和国教育部. 中小学心理健康教育指导纲要（2012 年修订）[Z]. 2012 - 12 - 07.

验、积极的个性特征和积极的社会组织系统,提倡用一种开放和欣赏的眼光来看待每个人,强调心理学要着力研究一个普通人所具有的积极力量。将积极心理学的积极取向运用到学校心理辅导领域中,是心理健康教育发展的必然要求,因为心理健康教育的目标是:提高全体学生的心理素质,培养他们积极乐观、健康向上的心理品质,充分开发他们的心理潜能,促进学生身心和谐可持续发展,为他们的健康成长和幸福生活奠定基础。关注学生的积极心理品质,与积极心理学的理念与主张相符,从理论和实践层面来说,研究积极心理学视野下的学校心理辅导也是必要的、可行的。本章将围绕与学校心理辅导最密切相关的三个内容,即心理教师❶的专业发展、心理课程和心理教学,展开积极心理辅导的探索与研究。

第一节 心理教师发展的积极之道

随着心理辅导需求的不断增加,人们对学校心理辅导、心理健康教育和心理咨询工作的专业性要求也越来越高,学校心理教师专业发展成为备受关注的课题。教师专业发展是指教师作为专业人员,在专业思想、专业知识、专业能力等方面不断发展和完善的过程,即从新手型教师到专家型教师的过程。学校心理教师专业发展的主要途径与机制:首先要做好积极角色定位,其次要探索积极发展路径,最后要加强积极心理督导。

一、学校心理教师的积极角色定位❷

成为一个成功的心理教育专业工作者,是许多学校心理教师孜孜以求、积极向往的发展目标。从心理教育专业实践的视野去思考,学校心理教师可能产生的心理问题有哪些?现代学校心理教育需要什么专业素质与类型的心理教师?学校心理教师应该扮演哪些专业的心理角色与形象?这些问题既需要心理教师认真思考,更需要理性分析和科学把握。

---

❶ 心理教师是指在学校从事学校心理辅导、心理咨询、心理健康教育的教师。
❷ 崔景贵. 学校心理教师专业化发展的心理问题与角色定位 [J]. 中小学心理健康教育, 2008 (24): 4-7.

(一) 学校心理教师专业化发展存在的心理问题

1. 角色心理矛盾

角色是指某一个体在特定的社会和团体中的适当位置，被该社会和团体已规定的行为模式。心理教师在学校教育情境中要扮演的专业角色是多方面的，如心理保健者、心理咨询者、心理辅导者，诸多专业角色之间存在这样那样的矛盾冲突。尤其是学校教育情境中，心理教师承担的心理咨询工作者与德育工作者、辅导者与管理者之间时常产生矛盾冲突。一些心理教师感觉自己是学校教育舞台上的"配角"，是学校教育改革与发展的"多余人"和"边缘人"，甚至是"旁观者"和"受害者"。

2. 工作心理压力

心理压力是指人与环境相互作用，个体预感到可能发生的不安或对威胁有所察觉时产生的内心不平衡的状态。当今教育竞争日益剧烈，教学强度和难度不断加大，学校、社会对心理教师的期望与要求越来越高，过度的要求演化为多样的心理压力。学校领导和同事希望心理教师能够帮助对付那些最难处理的问题学生、后进学生或者双差生；不少心理教师感叹每天工作任务繁重，教学、科研、管理和辅导等事项交织在一起，除了要完成本职工作任务，还要想方设法学习进修，提高学历层次、业务水平，加上学校接受名目繁多的检查、考核验收等任务，经常处于应激、应急和"游击"状态……因此长时间处于高度紧张和焦虑之中，学校心理教师常常有喘不过气来的感觉，觉得心情"郁闷"。

3. 职业心理倦怠

职业倦怠是指个体无法应付外界超出个人能量和资源的过度要求而产生的身心耗竭状态。职业倦怠又称职业心理枯竭、职业心理疲劳，是在长期职业活动中形成的综合心理感受，包括情绪衰竭、非人性化和个人成就感降低三个组成部分。学校心理教师职业倦怠感的表现是多方面的，如丧失工作热情，以麻木不仁的态度对待周围的人，对来访者和他人缺乏同情心，对工作意义与价值的评价下降，觉得自己无法或难以胜任工作。有的心理教师对于不能有效解决当事人的心理问题、不能及时帮助来访者、不能解决实际问题而怀有深深的歉疚感、自责感和罪恶感。

4. 专业心理障碍

这里所讲的专业心理障碍，不是病态学意义上存在的严重程度的心理问题。学校心理教师的专业心理障碍是多方面的，从认知、情感到行为，贯穿于心理教育活动全过程。如专业信念动摇、专业情感淡漠、专业兴趣减退、专业精神萎靡不振，烦躁、焦虑、忧郁、失眠多梦等，这些心理状态因专业而生，也影响专业活动质量，产生的负面心理效应不可小觑。学校心理教师的专业心理障碍是多方面原因造成的，既有专业视野的狭隘和认知方式的匮乏，也有来自社会、学校方面的偏见和误解。

5. 发展性心理危机

学校心理教师的发展性心理危机主要是应对学校教育挑战和变革而产生的危机。不少心理教师对未来职业目标和发展道路感到茫然困惑，一些心理教师缺少学习进修和研讨交流的机会，提出的进修申请总是"靠边站"和"礼让三先（语数外）"，得不到应有的扶持和重视。许多学校改革人事制度，推行聘任制，心理教师缺乏职业安全感，迫于生计与生存的无奈，很多时候只能委曲求全。

（二）现代"心理人"：学校心理教师专业化发展的角色目标

1. 成为心理安全与心态积极的"重要他人"

安全是人不可或缺的基本需要。学校心理教师应该具有充分的心理安全感，没有对职业、交往、生活、环境的过分恐惧和紧张焦虑；应该拥有积极阳光的心态、积极的认知和行为方式。学校心理教师要培养心理安全感和积极心态，一是要有积极的价值观，树立积极的人生观、世界观和生活观；二是要有积极的问题意识，正视职业劳动和工作生活中的问题，看问题一分为二、实事求是、辩证客观，不简单回避或者随意夸大存在的问题；三是要有积极的思维方式，不将工作中的一两次失误夸大为自己的完全失败，不企求立竿见影的心理教育成效；四是要有积极的责任意识，具有高度的事业心、责任感，自觉承担心理教育工作者的义务和责任。

2. 成为心理平衡与心理健康的"心理指导者"

心理平衡与心理健康主要体现在情绪稳定乐观，适应职业岗位要求，有和谐的人际关系和健全的自我意识，行为表现方式符合自己的年龄、性别和角色，力争自我成长。一个心理平衡的心理教师生活在现实和当下，重视今天的快乐生活，也能利用过去的经验规划未来。一个心理健康的心理教师，应该能适应紧张，承受压力和挫折，积极安排自己的各种活动，通过自我调节，使自己的心理、精神和情感融为一体，使人生充满生机并富有意义。学校心理教师要保持心理平衡，维护心理健康，一是要树立现代心理健康观念；二是协调处理好人际关系；三是掌握维护心理健康的基本方法。

3. 成为心理自由与精神富有的"精神关怀者"

心理自由的人更有独立性和自主性，可以在进行发散性思维时无须处于防御状态，可以充分表现自己思想的火花而无须压抑。精神充实主要是指心理教师对心理教育的执着信念、坚定的教育信仰、对青少年学生的充分信任和对自己胜任专业要求的信心。学校心理教师怎样做到心理自由与精神富有？一是要坚定爱国的民族精神，自强不息，追求卓越；二是建构学校教育精神，追求真理，完善人格；三是学习专业精神，以人为本，助人自助；四是践行时代精神，与时俱进，求真务实。

4. 成为心理成熟与人格健全的"个性示范者"

心理成熟是指个体逐渐内化其社会经验，从而形成生活所应具备的心理素质的理想状态与水平。人格健全的心理教师应该具有现代人格特征，养成文明的生活行为习惯，富有责任感和正义感，具有爱心和人道主义精神，理解并认识自己存在的心理潜能，善于发现自己的才能和优势。学校心理教师如何成为心理成熟与人格健全的"个性示范者"？一是善于对自我人格进行理性自觉的心理分析；二是加强专业理论学习；三是积极从事专业实践和服务活动；四是善于担当多重专业角色。

5. 成为心理和谐与个性张扬的"自我实现者"

实现自身的心理自主和谐是心理教师专业化发展的第一要务。心理和谐表现在与社会和谐、与他人和谐以及个体身心和谐。自我实现是张扬鲜明独特个性，形成自身教学风格，充分实现自我价值的过程。学校心理教师自我实现的策略：一是做好职业生涯规划，树立职业理想目标并持之以恒地努力；二是树立健全的自我意识，悦纳、完善、超越自我，追求专业卓越；三是积极从事校本教学研究和专业科研活动，在行动研究中提高自己的科研能力和思维能力；四是开展专业交流对话活动，不断积累提高；五是发挥专业所长和优势，开展社会服务活动，在专业实践中长才干、做贡献、塑形象、展风采。

二、学校心理教师的积极发展路径[1]

对于学校心理教师专业化发展而言，积极心理学思想不仅提供了理性的反思自我的科学视角，更提供了难得的成长机遇和实践路径。

积极心理学的核心思想对心理教育带来的影响，要求学校心理教师从专业视角进行自我反思。主要有以下几方面：一是主张积极的人性观，重视人性中的积极方面；二是关注积极的心理品质，促进潜能开发与智慧培养；三是实现积极的发展目标，帮助实现"成长为最好的自己"；四是采取积极的心理辅导策略，促进学校心理教育从消极转向积极。积极心理学的思想精髓，对于学校心理教师成长无疑是"柳暗花明又一村"，可以帮助学校心理教师全面审视和反省当下的心理教育实践之路，探寻自身专业化发展的行动策略。

（一）选择和建构积极取向的心理教育范式

借鉴积极心理学思想，努力构建振奋精神、积极向上、释放潜能、充满活力、洋溢幸福的价值取向，以及与之配套的心理教育内容与范式。学校心理教师要从积极的专业视角，以积极的价值取向，用积极的内容和方式塑造青少年洋溢着积极精神并充满乐观希望的人格特征以及散发青春活力的健康心灵。

（二）树立积极的人性观、健康观与发展观

借鉴积极心理学思想，学校心理教师要更加注重研究人性中的积极方面，研究人的优点与价值，采取更加科学的方法来挖掘人的潜力与创造力，激发人的活力，帮助人们树立自信心，坚定生活信念，促进人们寻求

---

[1] 崔景贵. 积极心理学视野中的学校心理教师专业化发展 [J]. 中小学心理健康教育，2009（17）：8-11.

和掌握获得美好幸福生活的方法与途径。学校心理教师要善于在每个学生甚至是平庸的、在智力发展上倍感困惑的学生面前，向其打开精神发展的窗户，使其在该领域里达到一个高度，显示自己的潜能，从人的自尊感的源泉中汲取力量，令其感到自己并不低人一等，而是一个身心和谐、情感丰富、精神健康和人格健全的现代人。

（三）培养积极的认知方式和乐观心态

积极心理学的积极意义，不在于它提出的任何特定的假设和规则，而在于它为心理教育实践乃至整个社会提供了一种全新的思维方式和认识视野，为我们打开了心理教育为人类命运和社会发展服务的大门。借鉴积极心理学思想，学校心理教师要用积极的眼光看待学生的心理问题，强调用积极的认知方式来对心理问题做出适当的解释并从中获得积极意义。学校心理教师若拥有积极乐观的阳光心态，就有了快乐幸福的心理生活、专业境界和教育人生。

（四）形成积极的教育风格和人格魅力

著名教育学家卡耐基曾说过一段耐人寻味的话："发现你自己。记住，地球上没有和你一样的人……在这个世界上，你是一种独特的存在。你只能以自己的方式歌唱，你只能以自己的方式绘画。你是你的经验、你的环境、遗传所造就的你。不论好坏与否，你只能耕耘自己的小园地；不论好坏与否，你只能在生命的乐章中奏出自己的音符。"一个合格称职的学校心理教师，应当拥有健全、乐观的人生观，健康的心理，乐于助人与爱的能力以及民主的人际关系，并真诚地关心当事人。

（五）扮演积极的心理教育者专业角色

积极心理学关注的主题是积极体验、希望与乐观、情绪智力、天赋潜能、创造力与智慧；个人积极特质与动机的来源；塑造积极自我，增强社会适应力；在友谊、婚姻、家庭的生命周期过程中建立积极的社会关系；瞄准成长机遇，进行积极改变。借鉴积极心理学思想，学校心理教师应努力挖掘每个人身上积极的个人特质，为了每个学生的终身幸福而努力，要引导青少年学生满意地对待过去，幸福地感受现在，乐观地面对未来。学校心理教师要努力成为青少年成长的"重要他人""心理指导者""精神关怀者""个性示范者"。

（六）建立积极和谐的新型师生关系

积极心理学认为人人都是教育者，人人都是自我心理的调适者，人人都有积极的心理潜能、自我向上的成长能力。借鉴积极心理学思想，我们需要重新认识心理教育工作中的师生关系：心理教师不仅是心理教育工作的主体，可以积极地影响学生，同时也是心理教育的客体，受学生积极心理品质的影响；学生不再仅仅是心理教育工作的客体，被动地受教师的影响，同时也是主体，可以通过挖掘自身的潜能，培养优秀、积极的品质对教师加以影响。与此同时，对心理教师和每个学生个体而言，学生既是有潜能的主体，又是待开发的认识客体。因此，心理教师应该改变对待学生的态度与方式，努力建立尊师爱生、民主平等、和谐融洽的新型师生关系。

（七）把握积极实践的专业化发展路径

心理教师不仅是一种职业、行业，更是一种专业，具有像医生、律师一样的专业不可替代性。积极寻求自身专业化发展，学校心理教师要热爱心理教育事业，在积极的职业欣赏中不断地充实自己；坚持教与学和谐相长，在师生积极交往中不断发展自己；反思教育教学实践，在积极总结经验中不断提升自己；追踪现代心理学与教育学理论，在积极理性的科学认识中不断丰富自己；积极投身心理教育教学的校本研究，在把握规律中不断端正自己；尊重同业同行同人，在积极学习借鉴他人中不断完善自己。

三、学校心理教师的积极心理督导

学校心理服务是实实在在的工作，如心理咨询、辅导、个人或团体训练、家长教育等，重要的是协助当事人解决问题，有效地适应生活与学习。中小学心理服务的效果，是建立在丰富的学校生活经验基础上的，它是一种在科学精神指导下的实践活动，其从业者的实践能力尤为重要，督导见习是培养与发展学校心理学者实践能力的一项有效的制度。[1]

(一) 心理督导的内涵与作用

督导是指由高资历的专业人员对同专业内下级或初级人员所提供的一种干预。学校心理教师的心理督导，是指在学校从事心理辅导工作的心理教师接受专业督导人员提供的指导、反馈和经验分享，用以评估工作的表现、发展理论和实践的知识与能力，提升自我觉察和职业伦理的水平，从而获得专业成长的过程。在心理健康教育比较发达的国家和地区，接受督导是培养合格心理教师的重要组成部分，也是心理教师终生都要接受的训练。国内外大量理论和实践研究表明，建立和完善心理教师的督导制度，不仅是学校心理教师专业化和职业化发展的根本要求，也是提高学校心理辅导理论与技术研究水平的有效措施，更是促进心理教师个人成长的重要方式。心理教师只有通过定期和持续的实践、反思和督导，才能快速成长，满足当前学生和家长对心理辅导的需求。

心理督导是学校心理教师专业发展的重要内容与机制，其作用可概括为以下几点：一是为心理教师提供理论与实践相结合的机会；二是使心理教师掌握学校心理辅导的理念和技术；三是促进心理教师的专业成长和个人发展；四是协助心理教师培养职业道德。在心理督导过程中，心理教师可以学习如何将理论运用于实践，提高自己的工作能力和助人技巧。督导者能够帮助心理教师全面认识自我、形成良好的工作和学习态度，培养助人的热诚，以增进其自信、促进其个人成长。此外，督导者还可以帮助心理教师充分认识自己的专业角色，清楚明晰职业行为的边界，并了解如何在实践中遵守职业伦理规则，提高服务质量。

(二) 心理督导的现状与影响因素

1. 学校心理教师的督导现状

目前，国内在学校心理教师的培养和发展上，学习内容主要是从心理健康教育的理论与应用、心理咨询和心理治疗的理论、技术等方面展开，

---

[1] 王宏方. 论"督导见习"在学校心理教师专业发展中的作用 [J]. 教师教育研究，2009 (5)：56-60.

第四章 学校心理辅导的积极实践

学习方式主要以听课、角色扮演、案例讨论为主；虽然有些机构和部门注意到了督导的作用，开始加强督导工作，但也仅限于小范围和局部区域，总体来说，学校心理教师的督导情况还是不容乐观的。那些接受督导的学校心理教师中，大部分心理教师的督导时间是不固定的，即使有固定时间接受督导，督导的时间周期也较长，而督导形式大多以团体案例汇报为主，由专家一对一进行督导比较罕见。钱铭怡和黄希庭的调查数据显示，中国心理健康服务从业者中有42%的人从来没有接受过专业人员的督导，71.5%的人目前没有专业督导；只有1.7%的专业机构总是为专业人员聘请督导，而46.6%的机构却从来没有聘请过督导。接受督导培训的情况堪忧，66.8%的人没有或者很少接受过心理督导。从督导的形式可以看出，无论哪种督导形式，50%左右的从业者都缺乏督导，这也与机构聘请督导的缺乏有关，60.3%的机构没有或较少让本机构中的资深人员担任督导，而81.5%的机构没有或较少从外单位聘请督导。[1]

2. 影响学校心理教师接受督导的因素

在心理督导体制比较发达的国家和地区，无论是职前培养还是职后继续教育，都严格规定了督导培训的理论模型、频率、进程、时间以及内容和主题。这也说明，目前学校心理教师的督导要拓展和创新形式，提升督导的广度和深度。需要改进以下几方面：一是重视督导工作；二是关注督导者的资质与经验；三是统一督导制度并提高督导水平；四是开展督导相关的研究。影响学校心理教师接受督导的因素有哪些？首先，学校心理教师是否为专职很大程度会影响其接受督导的可能性。一般来说专职从事学校心理辅导工作年份越早、每周平均咨询时间越长、平均个案咨询次数越多的从业者，接受督导的可能性就越大，兼职会直接影响从业者对心理咨询督导工作的认识程度和投入程度。其次，是否有学校经费支持是影响学校心理教师接受督导的重要因素。"缺少经费支持"往往是想接受督导但未能参加督导的首要原因，学校为从业者提供督导经费的保障，是目前学

---

[1] 梁毅，陈红，王泉川，等. 中国心理健康服务从业者的督导现状及相关因素 [J]. 中国心理卫生杂志, 2009, 23 (10): 685–689.

校心理教师持续成长的主要动力来源。最后，有无定期对从业者的专业工作进行检查评估也会对学校心理教师接受督导产生影响，机构对专业工作检查评估方式越多，越能促进从业者定期对自己的工作做出评价，从而促使从业者主动接受督导，提高自身的业务水平。

（三）积极心理督导的策略

1. 引进积极的督导理论和模式，从实际出发

我国学校心理教师专业发展的制度和伦理尚未成熟，心理教师的专业素养还比较薄弱，这就要求在引进和创设中国的心理督导制度时，要充分考虑中国的督导现状和社会文化背景。优秀的督导经验和模式的本土化要做到：首先，教育管理部门可以通过文件形式，建立标准，促进各学校建立规范的心理督导制度；其次，各学校的心理咨询机构贯彻落实，要在建立规范的心理督导制度的同时，提供时间与经费，形成心理督导良好的运行机制并定期进行心理督导的良好职业习惯；最后，建立区域性心理督导联盟，依托有条件的学校和政府杰出人才培养计划提供的条件，为规模较小、条件较差的学校提供心理督导资源。

2. 树立积极的同业督导概念，学会自我关爱

作为咨询专业人员，应该树立"心理求助"的概念，当遇到心理困惑时，积极寻求同业人员的帮助。不要为自己定"框框"，认为自己是咨询人员就不好意思寻求心理专家或者同行的帮助。在咨询个案中也应该学会确定自己的能力和职责范围，不要夸大自己的力量，承认自己的咨询不是万能的，只要尽力了，就可以问心无愧。在日常生活中，应当安排适当的休息和娱乐，开发支持性的社交网络，开发恢复活力的健康活动及适度的时间管理方式。要加强与同行间的交流，因为每个人都有归属的需求，咨询人员常常单独在咨询室工作，很容易觉得孤单，同行间的联络和相互支持，不仅可以交换专业经验，而且有助于个人情感上的满足，同时也是在中国现有督导制度空白情况下的一种督导方式。

3. 增强积极的心理督导意识，充分认识与接受

大多数心理咨询师对心理督导的作用意义有较多的认识，明白心理督导对心理咨询师成长的重要性，但这种认识更多地停留在表面的感知上，

缺乏更深层面的透彻了解。由于缺少心理督导体验，他们实际上并不清楚心理督导对心理咨询师的成长和职业发展到底重要在哪里、发挥什么样的作用、影响有多大。因此，这使心理咨询师会因各种因素（如工作繁忙、资源少、经费缺乏等）而忽视心理督导，表现出心理督导意识不强。由此可见，从深层次提高广大学校心理咨询师对心理督导的作用与重要性的认识仍然很有必要。与此同时，还需要提高主管领导对心理督导重要性和必要性的认识，通过他们从制度和机制层面推动学校心理督导的开展。

4. 建立积极的常驻督导队伍，获得高质量帮助

高水平的督导不但能够帮助咨询人员成长，提高咨询人员的心理健康水平，而且能够指出咨询人员在咨询中存在的错误或不足，训练咨询人员的咨询技术，还能够为学校心理健康教育提供合理的建议和规则，提供心理咨询的前沿信息，促进学校心理健康教育的发展，提高心理咨询效果和水平。所以，学校应该提供经费聘请专家担任本校心理咨询人员的驻地督导工作，以便心理咨询人员得到帮助。固定的督导时间、值得信赖的督导关系，可以让咨询人员有商量、检讨的对象；有经验的督导常常会指出心理咨询人员可能的失误、具体咨询案例是否符合伦理要求，他们是心理咨询人员成长的最好向导。

5. 丰富积极的督导资源，整合多元力量

规范、良好的心理督导机制的建立与实施，必须有足够的心理督导资源来支持和保障，因此丰富心理督导资源，增强心理督导力量，提高心理督导水平是重中之重的工作。比如，建立学校心理教师督导的区域联盟，共享心理督导资源，从目标计划到实施途径与方式，再到效果评估等，都可以利用集体的智慧去研究与实践，整合多方力量促进心理督导的发展。

积极心理学的倡导与主张，对于学校心理教师的专业发展具有非常重要的理论价值和实践意义。学校心理教师通过分析专业化发展存在的心理问题，树立现代"心理人"的角色目标；通过建立积极的心育范式，人性观、健康观与发展观，认知方式和乐观心态，教育风格和人格魅力，专业角色，和谐的师生关系等，探索专业化发展路径；通过把握心理督导的内涵与现状，寻找积极心理督导的策略，最终实现学校心理教师的专业发展。

第二节　心理课程建设的积极之策

学校心理课程建设是学校心理辅导工作的主要内容，是实现学校心理辅导目标的主要渠道，是连接学校心理辅导工作者和被辅导者的中介与桥梁。学校心理课程是学校为保障学生心理健康，运用心理辅导的知识理论和方法技能，培养学生良好的心理素质，促进其身心全面和谐发展的课程教育。学校心理课程的开设不是偶然的，而是时代和教育发展的必然要求。学校心理课程适应了时代发展对中小学生心理素质呼唤的需要，也符合现代教育强调学生个性全面发展的要求。教育行政部门的大力支持是学校心理课程得到迅速发展的关键因素，教育部印发的《中小学心理健康教育指导纲要（2012年修订）》中明确提出"加快制度建设、课程建设、心理辅导室建设和师资队伍建设""地方教育行政部门和学校要利用地方课程或学校课程科学系统地开展心理健康教育"，上述因素共同推进了学校心理课程的建设。但是长期以来，以预防与解决心理问题为特征的课程思想一度占主体和核心地位，过分强调与关注解除痛苦的消极议题而忽视了追求幸福、培养天赋的议题，没有把人格的完善发展作为课程建设的重要目标。传统心育的研究与实践方向影响了学校心理课程的开展、实施。

一、学校心理课程建设的现状

学校心理课程由一门个别学校开设的校本课程发展到地方课程、区域性课程，越来越多的中小学生接受了心理教育，其背后折射出来的是社会的变化、教育对象的变化、教育理念的变化。因此，我们有必要全面梳理学校心理课程建设发展的现状，总结经验，分析存在的问题，为进一步完善课程提出新的思考。

（一）学校心理课程的开设情况

1. 课程开设率

全国大部分地区的中小学校都开设了心理课程，并配有心理教师。但是，各学段课程开设情况参差不齐，城乡差异明显。

2. 课程课时

受升学影响，学生学习时间紧张，很难有统一、固定的心理课程，也没有时间接受心理咨询。同时，没有制度的保障，在课时安排、经费投入、心理健康教师工作量认定等方面全凭学校领导者的个人认识水平和心理健康教师个人能力，导致的结果是学校心理课程覆盖未达到要求。

3. 课程内容

从学校心理课程开设率数据来看，学校对心理辅导的重视程度有所提升，心理课程已是推动学校心理辅导工作的重要载体。从整体上看，学校课程主题已涉及学生心理发展的各个领域，但一些学校的心理课程主题往往只侧重于某些点，而且多数是根据心理教师的兴趣点来开发，课程零散分散，缺乏课程内容的科学性和系统性；也有一些学校的心理课程多数是安插在班会课或是晨会课以及一些团体活动之中，教学内容安排随意性较强。

4. 课程形式

学校心理课程以必修课形式出现的情况很少，多数学校还是以活动、和其他工作融合（如班主任工作）等途径落实心理课程。

5. 课程评价

开设学校心理课程的学校里，多数学校对学生学习效果的评价方式较为单一，有的学校不进行学习效果的评价，有的学校采用简单的期末考试作为学习效果评价方式，这在一定程度上影响了学生的课程满意度。

（二）学校心理课程教材的使用情况

学校心理课程是一个地方性课程，目前我国尚没有国家统一规定的教材。自《中小学心理健康教育指导纲要》颁布以来，为了使心理健康教育活动有计划、有系统、易操作，各地根据心理健康教育的目标与中小学生容易出现的心理问题，编制了相应的教材和参考书。由于中小学心理健康教育课程教材在编写、使用方面尚无统一标准，所以各学段和各学校各自为政，编制教材质量普遍不高。

（三）学校心理课程师资队伍的配备情况

学校心理课程的专兼职教师配备不到位，师资力量缺口较大。即使有很多学校配备了心理教师或心理工作人员，但是这些人员往往专业资质不足，他们在实际心育工作中发挥的作用并不大。

（四）学校心理课程资源的利用情况

学校心理课程的资源非常丰富，课程资源的开发与利用在很大程度上影响课程的质量和效果。通常，学校心理课程的资源有：①网络、电子资源（网站、论坛、影像视频资料、测试软件、多媒体等）；②图书资源（书籍报刊、校本教材、图书馆等）；③人力资源（学生自身、朋辈、教师、家长、专业人士、学校管理人员等）；④活动平台（学生社团、心理咨询室、心理活动室、节日活动、校内外教育基地、德育活动、志愿者活动、社区活动等）；⑤宣传与交流平台（广播、板报、橱窗、校史馆、电视电台媒体、热线电话、信箱等）；⑥综合课（晨会、班会、学科教学的素材等）；⑦社会及文化资源（生活案例、艺术作品、文艺活动、参观游历、学校文化环境等）；⑧自然环境（野外拓展训练、郊游等）。虽然学校心理课程的资源非常丰富，但实际上这些资源没有很好地被加以利用与显现。学校心理课程的资源利用面临着支持系统缺失的问题，缺少领导重视、家长支持、学生参与以及有效的评价机制，学校的课程资源或闲置或杂乱无章，未发挥应有的功能，也难以树立良好的教育声誉。

二、学校心理课程建设的反思

学校心理课程是提高学生心理素质和心理健康水平、学会积极乐观面对生活的主要途径。从学校心理课程建设的现状来看，各级各类学校都非常重视心理课程，同时学校心理课程建设也遇到了一些障碍和问题，需要进行与时俱进的实践反思与理论求证，这样才能真正达到对学校心理课程建设问题的整体把握与有效解决。

（一）宏观层面：缺少相关政策制度的支持

学校心理课程最初是自下而上推动的，现在需要转变为自上而下来推进。只有教育部门的高度重视，才能使这门课变成必修课。2011年教育部办公厅印发《普通高等学校学生心理健康教育课程教学基本要求》，对高校心理健康教育的课程性质与教学目标、主要教学内容、课程设置与教材使用、教学模式与教学方法、教学管理与条件支持组织、实施与教学评估6个方面做了详细说明，很好地促进了高校心理课程的建设与发展。然而，中小学心理健康教育课程却没有相应的纲领性文件，这从宏观层面限制了学校心理课程的建设与发展。

（二）中观层面：学校、家庭观念上的阻抗

学校、家庭对学校心理辅导的认识不足。一般认为，阻碍学校心理课程建设的障碍有：领导不重视；专职教师缺乏，专业力量不足；学生学习任务重，没有时间参与心理咨询或活动；学生和家长对心育的认识有误区（不理解、不认可、不接受）等。

在学校方面，有关部门的领导或学校的校长对心理健康教育的作用和意义缺乏深入的了解，虽然近几年有教育政策导向，认识到应试教育的不足，提出素质教育，提高学生的心理素质，但现行的应试教育使他们疲于应付小升初、中考、高考和各种各样的考试，无暇顾及学生的心理健康，使心理健康教育难以推广到应有的程度。不少学校把心理课程当作"摆设"，形同虚设，应付各种检查。正如有人所说，"上级检查时重要，平常教学中次要，抓统考升学时不要"，课时得不到保障。有的学校虽然把心理健康教育纳入学校教育之中，认为有开课的必要，但是在具体落实课时的时候，往往忽略了它，把它放在可有可无的位置。有的学校认为课程比较适宜于解决知识范畴的问题，但学生的情绪、行为等心理问题，不能够通过上课得到完全解决，心理健康教育应融于日常教育教学之中，融于班主任工作和学生思想品德教育之中，因此不需要将心理纳入学校的课程体系当中。这些成为学校心理课程实施中最大的困难之一。

在家庭方面，部分家长不了解心理健康教育，偏重学习成绩而忽视学生心理健康问题，因此在心育工作中配合度低；在学生方面，"心理辅导"或"心理咨询"的名称具有一定的标签效应，学生会望而却步，导致心理困惑不能得到及时有效的疏导。

（三）微观层面：教师的课程建设能力有限

在学校心理课程建设实践中，由于多数教师不懂得如何开展心理课，只是机械地套用传统学科课程教学模式，导致心理课程教学过程成为纯粹

的心理学知识学习过程。在不少心理课程教学中，教学时间由教师决定和控制，活动由教师发起和推动，而学生只是活动的回应者，只需按照教师的期望回答教师预期的理想答案，由此难以满足学生的心理需要，难以真正发挥学生的主体性和能动性，难以培养学生的创新精神和实践能力。

首先，心理教师缺乏对课程顶层设计的理解。在课程开发之初没有进行详细的课程规划，撰写校本课程纲要，描述课程的目标、性质、内容、结构及实施计划和评价方法，错误地认为课程就是教案的汇编。其次，心理教师对课程内容的系统性把握不足。鉴于多数课程是心理健康教师的自发行为，基本上是教师在日常教育教学中摸索出的一些有利于学生心理成长的主题，虽然有较强的针对性，可以帮助学生应对一些心理困惑和问题；但从整体而言，多数课程只是兼顾了学生的某一部分发展需要，系统而全面的发展性议题相对缺失。再次，心理教师缺少校本特色课程建设的经验。每个学校都有自己的特色文化，对于这些文化，适应与改造、扬长而避短本是学校课程建设的题中应有之义。将心理课程融合于学校主体文化中，作为学校文化的一部分，显然更适合心理健康教育在学校中扎根并蓬勃生长，汲取学校的文化营养，获得学校的支持，同时也为学校的文化凝聚有所贡献，使心理课程在提升学生心理品质的同时，也形塑学校的整体文化风貌。最后，心理教师需要课程评价方面的引导。课程评价是课程建设中极为重要的一环，但一直是困扰学校课程品质提升的瓶颈。尤其是心理课程的评价问题，因其非学科课程性质，更多地重视学生的心理体验和心理品质的发展，但这些相对主观，很难以自然科学的量化方式加以评估。心理课程评价不仅是对教师的观察和评估，还需要引入多元的评价方式和评价主体。

三、学校心理课程建设的积极策略

学校教育的目标是培养人，但在多年来的教育实践中，由于我们过度强调升学率以及关注学生的成绩和分数，使得学校教育一直备受争议。虽然在教育改革的探索中，许多专家也提出过全人教育、素质教育、快乐教育等理念，但在学校心理课程建设实践中，这些理念大多无法落地，难以推广，成效有限。这里从理念、目标、原则及过程四个方面，探讨积极心理学视野下学校心理课程建设的策略。

（一）学校心理课程建设的积极理念

第二次世界大战以后，心理学的主要任务变成了治愈战争创伤、研究心理问题，以找到治疗和缓解的方法。在这种理论取向的指导下，传统的主流心理学把重点放在了"心理问题"上，当然这也影响了学校心理课程的理念，目前学校心理课程体系主要关注的是学生心理问题的预防、识别及应对。积极心理学能够纠正学校心理课程过度关注学生心理问题的弊端，以全新视角给学校心理课程的建设和发展注入新的活力，并带来生机盎然的前景，这非常符合社会发展和时代进步使人们开始向往和追求美好生活的大趋势。学校心理课程建设的积极理念是：对于每个学生而言，在其成长过程中，品格、幸福与其学习能力是同等重要的，学习能力、品格及幸福之间并非相互独立，也非相互排斥，而是相互促进、相互支持的，这一理念是学校心理辅导最核心的思想。

（二）学校心理课程建设的积极目标

1. 培养积极情绪

尽管消极情绪在人类进化过程中发挥着重要作用，但是在现代社会，体验过多的消极情绪会带给人们很多破坏性的影响，消极情绪会降低免疫细胞的有效性，危害健康；体验过多的消极情绪还会使人们在看待世界时变得消极悲观、愤世嫉俗，从而影响生活质量。所以，要管理消极情绪，减少或尽量避免它给人们带来危害，更要学会培养积极的情绪。积极的情绪主要包括主观幸福感、快乐、爱等。培养积极情绪的策略主要有：表达感恩、学会宽恕、品味生活、冥想、帮助学生发挥他们的优势、接纳和管理消极情绪等。

2. 培养积极品格

积极人格特质是积极心理学得以建立的基石。积极心理学具体研究了 24 种积极品质，包括自我决定、乐观、爱、美德、宽容、毅力、勇气、智慧等。培养积极品格的策略主要有：教师层面，教师应向每个学生表示尊重和善意，提升学生的归属感，建立良好的师生关系，认可每个学生的价值，强调合作而不是竞争，对学生树立较高的积极期望，帮助学生发现他们的优势，改善他们同家长的关系。班级层面，学生应该有机会评估自己的学业并为之设定目标。具体来说，学生可以为自己的功课设定标准，有机会合作完成任务，参加班会共同讨论班级问题，有机会做决策。总而言之，让学生感觉到自己属于班集体，可以为班级的维系制定规则，享受参与班级管理的乐趣。

3. 培养积极组织

每个人的生存都离不开其所处的环境和社会制度。社会制度既是建构积极人格的支持力量，也是个体积极体验的直接来源。积极心理学在社会制度方面主要研究了国家、工作单位、家庭和学校等，因此学校心理课程建设的目标之一就是培养积极的家庭和学校氛围。

（三）学校心理课程建设的积极原则

1. 超前性原则

社会是在发展变化的，对人才的要求也在不断提高。学校培养出来的学生要适应未来社会对人才的要求，心理品质的培养就应该具有超前性。承受挫折能力、自我发展能力、创造创新能力、学习能力以及自主性、竞争性、合作性等积极心理品质和特征，应是心理课程教学确定的首要培养内容。

2. 发展性原则

发展性原则有两层含义：一是课程教学的目标和设计一定要符合生理、心理发展规律和学生心理发展的需要。不同年级、不同年龄阶段的学生心理发展规律不同，课程教学的目标和设计也应该有所不同。二是心理课程教学要达到促进学生心理不断发展的目的，就要从小学、初中到高中，系统地、循序渐进地培养健全的人格及健康的心理。

3. 趣味性、活动性原则

心理课程教学不是说教，不是灌输，也不是做思想工作。应是将心理健康教育的意义蕴含于游戏或其他饶有趣味的活动之中，如辩论、竞赛、讲故事、情景设计、角色扮演等，让学生在参与活动中体验、感悟，内化为自我的心理素质，并激发出自我培育、自我训练、自觉接受辅导的强烈兴趣和动机。

4. 可操作性原则

包括目标、活动步骤及评价的可操作性。首先，目标不能模糊空泛，而是要能够观察评定，要能够训练培养明确的、具体的心理和行为特征；其次，活动的步骤和情景的次序应环环相扣；最后，评价指标应简单明了，便于操作、检测。

（四）学校心理课程建设的积极过程

1. 第一阶段：积极心理学的基础培训

在这个阶段，教师和学校的管理层都需要经过系统的积极心理学以及课程建设的培训，学习相应的理念、知识及应用技能。而这一步的完成效果是积极心理学视角下的课程建设能够在该学校产生多大效应的决定性因素。衡量教师接受培训后的效果的指标是教师对积极心理学理论的认同度、对技能的掌握度以及将积极心理学融入日常课程与教学的程度。如果教师没有真正从心底认同积极心理学的理念，也没有真正将其融入课程与教学，也就没有办法教导学生积极对应。

2. 第二阶段：积极心理学视野下课程建设的课例研究

在第一阶段的基础上，教师们已经系统地学习了积极心理学与课程建设的相应知识以及技能，也从内心深处认同了积极心理课程的理论以及功效，并产生了信心。然而，这个时候校长和教师们会提出一个问题——"我知道积极心理学很有用，也很想应用在课程与教学过程中，但是我不知道怎么用！"这是一个核心的问题，原因是认知积极心理学与实践积极心理学是两种能力，即使认知了积极心理学，也不代表能够将其在课程中灵活运用。积极心理学的基础培训帮助教师了解积极心理学"是什么"，而课例研究将指导教师具体"怎么做"。课例能够手把手地教老师并使其从模仿开始，不断揣摩与练习，从而提高对课程的把握能力。

3. 第三阶段：积极校园文化建设

在完成第二阶段的基础上，学校可进入构建全校校园文化氛围的阶段，其中包括软件建设和硬件建设。软件建设包括举办感恩等积极心理校园文化活动，或者给学生搭建自我展示舞台等；硬件建设包括将能够提升人的积极心理品质的因素融入建筑设计的理念中,光线、色调、空间的开放度、社交空间、家具摆放都会极大地影响人的内心感受。在此阶段,积极心理学的理念进一步渗透到教师、学生、家长以及管理层的思想中。在这一阶段学校的表现可因地制宜,各校不同。

学校心理辅导缺乏机制的保障,重要原因之一是没能在学校教育的核心阵地——课程上占有一席之地。将学校心理辅导纳入课程,成为学生学习生活不可或缺的一部分,在很大程度上能弥补心理咨询过度个别化和效率低的不足。有了固定的教学平台及积极的课程设置,学校对学生开展系统、规范的心理健康教育,营造关注心理健康的学校氛围,就是水到渠成之事。

第三节 心理教学改革的积极之路

当前学生心理问题频发,心理课程已成为学校开展心理健康教育和预防心理问题突发的重要手段之一。然而,受消极心理学和传统教学模式的影响,学校心理课程存在重理论轻实践、重灌输轻体验、重矫正轻发展、重知识轻能力等问题。因此,如何改革和创新课程教学,使学校心理课程成为更有助于学生应对心理困惑、完善人格品质、提升心理素质的实用性课程,是学校心理健康教育面临的重要研究课题。与此同时,在反思传统心理学及学校心理健康教育困境的前提下,20世纪末积极心理学的思潮顺势诞生,旨在倡导用一种积极的态度解释各种心理现象,致力于研究人类的积极品质。这为更好地组织设计学生心理健康教育课程提供了新的思路。如何在已有课堂教学经验的基础上,借鉴成功做法,更好地开展课堂教学模式改革,形成适合学生发展需要的、具有独特教学风格和教学特色的教学模式,是目前中小学和教师面临的现实问题。

一、学校心理教学概述

教学是教师的教和学生的学所组成的一种人才培养活动。教学改革是某个机构或学校在一定时期内大量改变其教育决策规定或教育政策的活动过程，概括起来就是以一定的理念和行为的转变为主要表现的课堂实践活动。

（一）当前学校心理课堂教学中存在的问题

1. 教师动力不足

教师动力不足最典型的表现就是职业倦怠。职业倦怠是个体面临工作压力时无法顺利应对的一种极端反应，个体长期处在此状态下将会产生情感、态度和行为的衰竭症状。

心理教师职业倦怠的表现主要有以下几个方面：首先是部分教师对心理课教学工作缺乏动力和兴趣。上课时没有激情，打不起精神，讲课只是为了完成任务，甚至照本宣科，老师不顾学生在下面听不听，是不是在睡觉或者写作业，只管在上面讲自己的。其实很多老师是有能力把课上得更好的，却不愿意去努力，得过且过。其次是部分教师自我认同感低。沉重的工作压力、较低的收入待遇、尴尬的处境地位导致心理教师的自我评价较低，认为自己的工作价值没有得到认可，自己的付出和收获不成正比。另外，学校和学生中存在重视主科、轻视副科特别是心理课的倾向，有的认为心理课教师不如主科教师水平高，甚至歧视心理课教师，这必然会损伤他们的自尊心，容易产生低人一等的懈怠心理。最后是很多教师感到身心疲惫，心力交瘁。心理教师岗位很少，辅导、教学、管理等工作繁杂；在课堂上不少学生不想听讲，做各种与上课无关的事情，需要教师加大教学管理力度；教师的辛苦工作收效甚微，容易心生无奈，体验不到教学育人的幸福感、成就感。

2. 学生兴趣不高

受应试教育影响，学生上心理课的兴趣并不高。目前，在我国大力倡导素质教育的背景下，教育教学成效显著，但传统应试教育的影响依然存在。显著的影响之一就是改变了学生学习兴趣的出发点，很多学生的学习是以升学和对自己有实际用处为目的。

学生兴趣不高的表现一般有：课堂真正参与度并不高，抬头率低，多数上课期间都在偷偷聊天、做小游戏、分神或者看其他书籍、做其他作业。造成学生对心理课兴趣不高、课堂投入度低的原因有很多，一是"先天营养不足",体现在心理课不是国家课程,没有课标与教材,学校重视度不够,缺少科学的学习效果评价标准等,这些自然而然地促使学生对心理课不认真对待、提不起兴趣。二是"后天发育不良",体现在部分心理教师课堂教学内容拘泥于书本理论,或者教学内容不够科学、没有吸引力,无法对学生实际生活中面临的问题予以满意的解答,满足不了学生的实际成长需要,加上心理教师要花很多时间、精力在课堂控班、维持纪律上,某种程度上也增加了学生的逆反和厌倦心理。

(二)学校心理课堂教学应用积极心理学的必要性

积极心理学思想为学校心理课程教学改革提供了新视角,它不仅指向如何解决问题,更专注于有效地预防问题。因而,广大心理教学工作者有必要引入积极心理学思想来应对当前学校心理课程教学中出现的诸多问题,并积极地解决问题、有效地预防问题。

1. 推进心理课堂教学发展的需要

学校心理课堂的教学任务是向学生普及心理知识与技能,让学生在活动式、体验式的学习中提高心理素质,促进身心和谐发展。学校心理课堂教学任务的完成要求我们必须构建高效的课堂教学,积极地改革当前学校心理课堂教学现状。积极心理学是一门致力于研究如何发挥自身潜能,获得幸福生活并构建有效社会的学科。我们可以将积极心理学理念渗透到心理课堂教学中,积极的情感体验、积极的人格特质及积极的社会组织体系都是我们建设高效课堂的必要因素。因此,把积极心理学与学校心理课堂教学有效地结合起来,对提高心理课堂效果,增强师生的积极情感体验,提高师生的幸福指数有重要的意义。

2. 促进学生心理健康发展的需要

中小学阶段是人生发展的重要时期,这个时期学生的显著特征是不停地发展变化着,可塑性强。但在多元的社会文化和复杂的社会家庭背景下,当前中小学学生出现了许多心理方面的问题,其中较为突出的有依赖性强和抗压能力差。心理课的责任就是帮助学生关爱生命,关爱自己的生命,对自己负责;同时关爱父母及他人的生命,对家庭和社会负责,帮助学生做一个有责任心的人。积极心理学主张心理学的研究方向应该转向人的积极方面。中小学生有其自身潜在的发展动力和能力，教育者应积极引导学生多方面、多角度地看待问题，同时用全面的、发展的眼光看待自己，认清自己的优势和劣势，扬长避短，鼓励学生积极面对困难，做好学生的心理辅导工作，从而增强心理健康教育的时效性，不要等问题出现了再去纠正。

3. 构建和谐校园文化发展的需要

任何事物的发展都离不开其周边的环境，校园的文化建设对学校心理课的展开起着潜移默化的影响。因此，我们要想促成学校心理课堂教学的有效展开，就必须构建积极、和谐的校园环境。首先，积极心理学为校园文化建设提供了新思路。就当前而言，一方面学生面临着各种压力；另一方面教师也存在着诸多压力。传统心理学主要针对问题心理起诊疗作用，这无疑加重了有心理问题的师生的心理暗示，而积极心理学则更关注人的积极的一面，它通过发掘和培育师生的积极品质、潜能和力量，增强他们的积极情绪体验，使师生愉悦地学习和工作。积极心理学理论启发我们应把学生、教师的幸福、快乐作为校园文化建设的第一目标。其次，积极心理学对构建和谐校园文化有促进作用。校园文化主要是由生生关系、师生关系、教师之间的关系及教师和领导之间的关系构成。心理学研究表明：消极情绪会使人与人之间产生摩擦、斗争，而积极情绪则会使人与人之间亲近、合作。构建积极和谐的校园文化需要我们关注师生的积极情绪，营造和谐的人际关系。积极心理学研究人的积极情绪，倡导用积极的、欣赏的、发展的眼光来看待我们的学生和同事，从而有利于构建良好的校园人际关系，促进和谐校园文化环境的建设。

二、学校心理教材开发的积极取向

目前我国学校心理课程没有教育部部编教材，尽管有些省市先后编写了省编教材，但使用面不广。学校心理教材基本上都是由学校教师自行编写的校本教材，编写水平参差不齐，在一定程度上影响了心理课程教学的质量。这在很大程度上是因为教师并没有现成的可供参考的课程教材蓝本，教师的课程与教学没有依据，没有系统性的指导。因此，要想提高学校心理课程的规范性和系统性，当务之急是要开发出一套匹配各个学段特点的心理教材，供教师参考与使用。

在教材编写指导思想上，应凸显"以人为本、全面发展"的促进学生积极发展的价值理念。心理健康教育的根本问题是人的心理问题，心理健康教育的功能理所当然应直指人的心理成长、发展与自我实现，因而教材的建设不应当是"物本"的，而应当是"以人为本"。把人视为自身心理发展与建设的主人，把人的主体性发展作为"目的"而不是手段，一切从人的心理需求出发，一切为了人的心理健全发展，一切服务于人的心理潜能开发，一切着眼于人的全面发展，重视人的生命和生活，关怀人的价值和使命，关照人的精神和信仰，真正确立"人"在心理健康教育教材建设中的中心地位。在未来的教材编写和设计中，应该在内容与呈现方式上体现促进学生积极发展的价值取向。

（一）内容上的积极取向

《中小学心理健康教育指导纲要（2012年修订）》中明确提出学生的适应性、发展性目标。在中小学实际的教学工作中，也努力向这两个目标迈进。自20世纪90年代积极心理学出现到21世纪对学生积极发展的研究，出现了许多新的理论模型、研究成果，为纲要中发展性目标的培养提供了新的模型与范式，丰富和完善了发展性目标，即充分发展学生的积极品格，使其拥有健全的人格和良好的个性心理品质。学校心理课程的设计应该注重培养学生哪些品质，明确目前学校心理课在哪些品质的培养上比较充分，在哪些品质的培养上还比较薄弱，应如何有效培养这些品质，将成为未来心理课教材设计的重点内容。

教材内容设计要紧紧围绕发展学生积极品质这一发展性目标来实施。以使我们的教学最大化地达到最终目的，发挥最大的作用。一是积极品质的深化程度。有些品质发展教材已有充分的重视，但需要不断地深化；对于教材中被忽视的品质，需要给予一定的关注，增加课时，并带有具体目标地发展这些品质。二是积极品质的均衡发展。有些品质的发展虽已充分体现，但从下属的二级品质来看，存在不平衡的现象。例如，乐群宜人下属的二级品质中对沟通能力发展的体现很多，而其他二级品质较少。这就需要我们将具体品质的发展均衡化。三是教材内容的现实性。将内容的设计与实际生活充分地结合在一起。因为我们对学生积极品质的发展不是单纯地停留在课堂上，而是在生活中将这些品质加以延伸和利用，为自身更好的发展而服务。所以内容要走进生活，显现出它的最大价值。四是教材内容弹性化。心理学的课堂要更加开放与灵活。在遵循根本的教学目标的基础上，可使内容更加自主化，伸缩性更大。例如，对于不同的学生，由于他们的生活背景、信仰、家境不同等因素，可能同一个问题会产生不同的办法，这时内容的弹性化将给他们更多成长的空间。五是提倡积极正向的教学内容。积极心理学强调学生的潜在优势、个人力量。教材内容安排应多关注学生的积极面，与消极面的抵御相比，积极的教育在学生的各种品质培养上起到更有效的作用。

（二）方法上的积极取向

1. 教学方法的选择应与既定的教学目标相适应

教学方法不是一成不变和僵化的东西。教师在实际教学过程中会发现，使用不同的教学方法是必要的。此外，教学方法的选择必须依据教学目标，对于较低年级学生的心理过程而言，指导式教学可能十分有效；而对较高年级学生的心理过程，可能选用辩证式的教学更有效。毋庸置疑，教学方法的选择要根据目标的特点而定。比如，教学目标主要是认知方面的，并且以传授知识训练技能为主，那么就应按教学内容的顺序选择以讲授为主的教学方法；如果教学目标倾向于应用层次，则应以巩固技能和开发智力为重点。但是，有时由于教学内容本身所致，不同方面的教学目标交错在一起，不但有认知方面的目标，同时还有情感方面的目标，就要考虑教学方法的综合性，即采取多位一体的教学方法，以确保教学目标的全面落实。下面具体介绍几种典型的积极取向的教学方法的操作过程。

2. 活动经验设计

学生积极品质的发展是要有活动经验支撑的，所以要给学生充分参与活动的机会。教材中要多设置班集体活动、团体组织活动、积极参与社会有益的教学指导等内容，让学生积极参与进来。教材对课后作业的布置可以是社会实践活动的任务，也可以是琐碎的小事，只要能通过活动促进学生的积极品质的培养，就是有意义的。然后在课堂上交流分享，使每个学生可以收集更多能够发展良好品质的宝贵经验，以达到学生在社会实践活动中发展积极品质的目的。

3. 观察榜样

榜样是多方面的。父母固然是最有影响的榜样，但除父母以外，师长、亲朋、同伴、名人以及文学作品中的人物都可以对学生产生重要影响。对于成长中的孩子来说，除父母以外，教师和同伴的榜样尤为重要，因为教师和同伴与孩子经常生活在一起。教材内容设计中，设置让学生描绘出某位老师身上具有的积极品质对自己产生的重要启示或影响，将来做一个像老师那样具有某种优秀品质的人。还可以寻找身边有积极品质的同学，以他们为榜样，以激励自己学习优秀品质。还可以充分利用家人的积极作用，课后作业要求学生观察父母或亲戚身上具有的积极品质，鼓励学生积极主动地与具有积极品质的人多交往、多接触。

4. 故事启发

新课标中提出"让学生在生动现实的情境中体验和理解教学"，好的教学情境可使枯燥的、抽象的课堂教学变得生动、活泼、充满艺术性。故事引入，就是给学生创设另一种富有绚丽色彩、充满想象的新奇情景，在营造快乐的课堂气氛的同时，渗透对学生积极品质的熏陶。教材可以通过设置大量生动鲜明的故事作为教学载体，发展学生的积极品质。让学生认真学习经典故事中英雄人物身上的优秀品质，将其潜移默化地内化于心，最终习得这种优秀的品质。

5. 积极品质记录卡

记录卡是一种跟踪记载事物发展情况的记录工具，既方便又实用。具体操作是：随着教学的进程，在教材内容中每隔几章就建立一份积极品质的记录卡，记录几周内自己在哪些方面发展了积极品质，取得了进步，还有哪些方面做得不够，仍需努力，并与师生交流，以考察在一段时间的学习后在积极品质培养方面的收获。此方法属于自评法。

6. 同伴评价

同伴是学生非常亲近的人，可目睹身边人的进步。利用他人对学生进行评价，可以更客观地使学生了解自己在积极品质发展方面有哪些进步，还有哪些不足。所谓旁观者清，他人意见也许是最好的指导。此方法属于他评法。

三、学校心理教学改革的积极范式

学校心理教学改革是一个不断发展的过程，发展意味着推陈出新，但不代表完全否定旧事物，而是要批判地继承，取其精华、去其糟粕。学校心理教学改革的过程中需要继承已经形成的宝贵的经验、手段和方法，改革一些不合理的、不适应的因素。本章尝试借鉴积极心理学的思想和理念，从以下几方面努力推动学校心理教学的改革与发展。

（一）树立积极的教学理念

1. 积极的教育观

学校领导要充分认识学校心理教学的德育功能，积极转变传统的重智育轻德育的应试教育教学理念。只有学校领导对德育有积极乐观的认识和评价，德育才能真正得到贯彻实施。为此，一要突出心理课的德育地位，科学合理地安排心理教学课程，确保心理课合理有效的开展；二要加大对心理课教学硬件的投入，包括专用教室、多媒体、电教设施和教学网络资源的投入等；三要加大对教师继续教育的培训力度，鼓励教师利用各种形式深造，不断给教师"充电"从而提高教师的专业素养；四要加大对教师课外活动的投入，丰富教师的业余生活，提高教师的幸福感。

2. 积极的教师观

积极心理学认为应以积极的态度看问题，生活中每个个体都不可能一生非常完美，人生难免有挫折。当遇到挫折的时候，如果个体以消极的态度来对待，就会越来越消极被动；如果以积极的态度来对待，就会看到事物好的一面，并充分发挥自己的潜能找到解决问题的办法，进而锻炼个体独立思考的能力，在逆境中进取，形成积极的人格特质。积极心理学为心理教师指明了新的方向，关注自身及学生的积极因素，用积极的心态发现自身和学生的优势和美德，体会这些优势和美德带给自己的积极情感体验和美的感受。因此，积极心理学可以提高教师工作和生活的幸福感。

3. 积极的学生观

现代教学论认为,"关注人的主体能动性、主体意识、主体精神、主体潜能及其在教学中的作用,成为现代教学的主要特征"。积极心理学研究人的积极方面,倡导积极人性,引导教师课堂教学要以学生为本,了解他们的内在需要,营造积极的课堂教学氛围,充分发挥其自主性、能动性、创造性;帮助学生转变学习观念和学习方法,发现学生的闪光点,并常用鼓励、欣赏的词语及时地表扬学生的进步和优点;注重激发学生的积极情感体验,挖掘其积极人格特质。与此同时,学生也要积极地克服心理课堂上的各种困难,通过自身努力深化知识的理解,培养对心理课的学习兴趣。

(二) 创建积极的高效课堂

1. 采用积极的教学方法,提升教学效果

"教师教得好,学生才能学得好",心理课要构建高效课堂,教师要想教得好,就必须积极改进教学方法和手段。积极心理学主张以积极的态度来看待周围的事物,积极心理学指导教师们不仅要用积极的眼光对待学校心理课程的改革,树立积极的教学观,而且要在教学方法和手段上积极改进、大胆尝试,从中获得工作的成就感和幸福感。以"讲授法"传统的教学方法为例,可以在形式上、手段上创新,鼓励广大教师利用多媒体系统。例如,幻灯片、录音、录像、视频等激发学生的兴趣,克服讲授法枯燥的说教,使讲授法变得生动活泼起来。再比如,积极运用案例分析法和情景教学法,可以使学生有身临其境的感觉,激发学生的学习兴趣,积极引导学生思考和探索,实现知识的迁移。当然,教学方法不只以上几种,在实践中教师们需要不断地创新教学方法和手段,只有这样才能跟上形势,满足教育改革的发展需要,促进教学的发展。

2. 探寻积极的学习方式,激发学习兴趣

"教法与学法要并驾齐驱",教法的改革呼吁学法的变革。长期以来,很多学生心理课上没养成良好的学习习惯,上课不做笔记,被动听课不主动思考问题,很难体验"快乐学习"的感受。积极心理学主张以积极的态度和方式来认识问题、分析问题和对待问题,以求获得最佳效果,教师要借鉴积极心理学理念，引导学生积极转变学习方式，变被动为主动，充分发挥课堂的主体地位和作用。自主学习就是一种积极的学习方式，该方法有利于学生全面把握知识，找出自己通过自主学习就能理解的知识，还能找出自己通过学习不能理解的知识，从而在课堂上有针对性地学习，体验自我价值实现的快乐和幸福，增强积极的情感体验，发现自己的潜能并提升自己的学习能力，培养积极的人格特质。合作探究学习也是一种积极的学习方式，在课堂教学中创设类似于学术研究的情境，学生通过小组合作独立自主地发现问题，针对问题展开调查、实验、交流等探索活动，以获取知识、能力，培养情感并提高创新能力和探索精神。

3. **构建积极的师生关系，增加积极体验**

积极高效的课堂教学，离不开良好的师生关系。积极心理学倡导的师生关系是民主的、平等的、和谐的，鼓励教师要以积极的、开放的、欣赏的眼光看待学生的潜能，充分发挥学生的积极性和创造性，从而形成平等的、民主的、和谐的、愉快的课堂教学氛围。在这种积极良好的师生关系中，学生能体会到教师的充分尊重和信任，更有利于与教师产生情感的共鸣，增强他们的积极情感体验，形成积极的人格特质。这就要求心理教师要用专业的知识、饱满的热情、和蔼的态度拉近与学生的距离，平时多与学生交流，真心关心学生、帮助学生，积极地为学生解决学习和生活上的困惑与问题。

(三) **确立积极的教学评价**

1. **学生学习评价多元化**

积极心理学认为，学生在积极的情感体验下，可以获得更高的认知效果。因此，心理课教师要转变对学生的评价观念，除了关注学生的心理问题外，还要以积极的心态看待学生，以积极的情感感染学生，从多角度发现学生的闪光点，肯定学生的努力，平时多督促学生并及时评价给予肯定和表扬，通过积极的评价增强学生的积极情感体验，使学生感受学习的成就感。对学生学习的评价可以以"课堂表现""撰写小论文""参与心育活动情况"等为参考，使其与"考试成绩"有机结合起来，形成多元的学习评价，以此调动学习积极性，增强积极的情感体验，促进认知和情感的全面协调发展。

2. 教师教学评价过程化

人的情感和能力是不可分割的，教师在积极的情感参与下，可以充分甚至超常地发挥自己的能力。因此，积极心理学要求学校对教师的工作评价要转变观念，以积极的态度对待教师，发现每个教师的闪光点，加以肯定，增强教师的积极情感体验。为此，学校除了对教师的结果性评价外，还要加强对课堂教学的过程性评价。主要包括考察教师对学生课堂参与主动性的重视，如学生参与的状态、方式、广度、深度和效果等；考察教师对学生能力、情感、态度、价值观的培养；考察教师课堂教学与学生的有效互动程度等。

（四）打造积极的教学环境

积极心理学倡导积极组织的价值，家庭、学校、社会形成协调统一的教育环境有利于增强师生积极的情感体验，形成积极的人格特质。在此理念的指导下，针对学校心理教学环境现状，我们可以将积极的理念渗透到影响学校心理课堂教学的每个环节中，发挥人的主观能动性，组建积极的社会组织体系，包括校园环境、家庭环境和社会环境，采取措施使学校心理教学环境得以优化。

1. 优化校园环境

首先，优化校园人文环境。学校的人文环境是一所学校的生命和灵魂，主要包括校风、班风、人际关系等，是心理课有效展开的主要场所和阵地。其中最主要的是优化班级文化，良好的班风、学风及良好的人际关系包括师生关系、同学关系，对提高学生的心理素质和科学文化素质有积极的促进作用。其次，优化校园自然环境。校园的自然环境包括校园的基础设施建设、环境美化及文化设施的建设。优化校园自然环境，创建一个美丽、清洁、安静的校园环境有利于缓解广大师生的工作和学习压力，减轻疲劳从而增添生活的幸福感。

2. 营造家庭环境

首先，营造积极的家庭氛围。父母是孩子的第一任教师，子女的生活习惯和性格的形成受父母的言谈举止、行为习惯、教育方式的影响深刻。

因此，良好的家庭生活习惯、民主的家庭管理、和谐的家庭关系、正确的家庭教育方式有利于学生积极健康的心理素质的形成。其次，树立积极的家庭教育观。当孩子出现问题时，父母在教育孩子的过程中要克服打骂倾向，要去引导、鼓励孩子，增强孩子的意志力，挖掘孩子的潜能，激发积极的人格特质。最后，父母要树立正确的成才观，注重子女的人格和品德的培养，切记将孩子的成绩与成才对等，成绩只是衡量孩子的一方面，孩子的全面成长需要科学文化素质、思想道德素质和心理素质的全面发展。

3. 净化社会环境

由于社会环境中一些不良因素，如网络游戏、偶像盲目崇拜、拜金主义等问题的存在，对学生的行为方式和价值观念的影响越来越大。优化学校心理课堂教学的社会环境，首先，应该加强社会管理。减少社会环境中丑陋的、违法的不良因素的影响，需要政府制定完备的规章制度、法律体系，严厉打击各种违法犯罪行为。其次，加强社会文化市场的管理，积极创造文明、健康的社会风气，使社会更多地传递正能量的教育。最后，正确利用媒体的导向作用。对社会不良现象加以正确的分析和引导，营造积极的、正确的社会舆论环境，减少社会消极情绪，净化社会环境。

积极心理学的倡导与主张，对于学校心理教学改革具有非常重要的理论价值和实践意义。当前学校心理课程教学中存在教师动力不足和学生兴趣不高等问题，这些都与教材缺乏、不规范有关，学校心理教材的开发应该考虑内容和方法上的积极取向；更重要的是，学校心理教学需要从理念、课堂、评价和环境四个方面开展积极范式的改革。

本章小结

积极心理学是一门致力于研究人的积极品质和潜能，并使人获得幸福并构建有效社会的学科。本章从学校心理辅导的概念及积极心理学的理念出发，阐述积极心理学应用于学校心理教师的专业化发展、心理课程建设、心理教学改革的必要性和基本策略。内容包括学校心理教师的积极角色定位、积极发展路径、积极心理督导；学校心理课程建设的现状、反思、积极策略；学校心理教学的概况、学校心理教材开发的积极取向、学校心理教学改革的积极范式。本章主张进一步丰富学校心理辅导的理论体系和积极心理学的实践研究，从而使积极心理学为学校心理辅导发展更好地发挥推动作用。

（本章作者　曾永青　南京外国语学校仙林分校）

第五章

积极心理治疗的范式建构

积极心理治疗是20世纪60年代末70年代初由德国著名的精神科专家、心理治疗专家诺斯拉特·佩塞施基安（Nossrat Peseschkian）教授在跨文化研究的基础上创立的一种心理治疗范式。佩塞施基安1933年6月18日生于波斯（伊朗），1954年定居德国。早年他曾在德国、瑞士、美国等地接受心理治疗培训。1960年开始在法兰克福和美因茨大学接受神经病学、精神病学和心理治疗方面的专业训练。1968年在法兰克福西南莱茵河畔的黑森州州府威斯巴登开设心理治疗诊所，开始创建积极心理治疗理论（Positive Psychotherapy）。1978年，德国积极心理治疗协会（GAPP）成立，这是积极心理治疗的第一个国家协会。1991年，积极心理治疗国际中心[1]在德国威斯巴登成立，1996年正式注册为非营利性机构，成员包括世界20多个国家的40多个分中心。目前，积极心理治疗已经发展成为既有较为完整理论基础又有明确治疗方法的范式，在当今德国、欧洲乃至世界心理治

---

[1] 英文全称为International Center for Positive Psychotherapy，缩写为ICPP。国际积极心理治疗中心，包括跨文化家庭治疗与心身医学中心，是全世界所有积极心理治疗中心的联合机构和负责协调的总部。目前，它行使国际积极心理治疗协会的主要职责，并代表积极心理治疗在国际上的利益。

疗界引起广泛关注，❶ 在学校教育、企业管理、社会服务、家庭生活、婚姻干预、国际文化交流等诸多领域也得到积极应用。

第一节　积极心理治疗范式的主张

积极心理治疗是心理动力学和行为疗法融合下的产物，是一种以跨文化研究为基础、以解决心理冲突为中心、以现实能力发展为导向的新型心理治疗方法和理论。积极心理治疗范式的人性假设，是赋予人新的积极形象：人的本性是好的，人拥有身体能力、智力能力、社会能力和精神能力四种能力。它从文化和历史的观点来评估人的心理问题，强调每个人实际的和潜在的能力以及心理社会因素的重要性，在治疗过程中运用直觉和想象，以神话、故事、寓言、谚语、成语和格言作为治疗师、咨询师与来访者之间的沟通媒介，把来访者理解为有自助能力的个体，消除当事人的消极想象，从而达到心理治疗的目的。积极心理治疗理论认为，每个人都是一个拥有身体、头脑、情感和精神的实体，治疗过程的目标则是帮助来访者发展其与生俱来的能力，从而保持其日常生活的平衡。

一、积极心理治疗思想的一条价值主线

积极是积极心理治疗范式的一条价值主线。"积极"（Positive）词汇始终如璀璨的宝石镶嵌在佩塞施基安教授的积极心理治疗理论中，而他对"积极"则是这样解释的：positive 来源于拉丁语 positum，表示整体、事实的意思，原意是"实际存在的""原本的""给定的"。简单地说，就是看

---

❶ 国内介绍积极心理治疗思想的部分文献还有：郝琦，乐国安. 积极心理治疗的理论与方法述评 [J]. 赣南师范学院学报，2000（1）：28-34；任俊，叶浩生. 积极心理治疗思想概要 [J]. 心理科学，2004，27（3）：746-749；刁宁. N. 佩塞斯基安心理学思想述评 [J]. 中小学心理健康教育，2004（8）：7-9；秦彧. 积极心理治疗模式的特色及启示 [J]. 医学与哲学，2006，27（23）：55-57；安岭. "两条腿的治疗"：积极心理治疗 [J]. 心理与健康，2007（4）：22-23；贺斌. 积极心理治疗的基本理论与主要实施过程 [J]. 临床心身疾病杂志，2007，13（6）：558-559；刘昭雯. 积极心理治疗的解析 [J]. 当代医学，2007（9）：147-149；李小光，徐娅霞. 积极心理治疗述评 [J]. 长江大学学报（社会科学版），2007，30（6）：111-113.

第五章 积极心理治疗的范式建构

到事物的全部、全貌，包括好的与坏的、正面的与负面的。心理治疗旨在向来访者传达这样一种"积极"的观念，即任何问题都有正反两个方面，只要人的视角足够全面，就能从冲突问题中看到潜能，从困顿中看出希望。积极心理治疗理论提倡，心理治疗师应把自己的注意力集中在增进和培养人自身的各种积极力量上，用一种积极的心态对个体的心理或行为做出新的解读，并在此基础上通过激发个体自身的内在积极潜力和优秀品质来使个体成为一个健康人。

积极心理治疗的目标是充分挖掘人的两大基本能力：认知的潜能和爱的潜能，从而达到助人、自助的积极目的。积极心理治疗以积极的认知方式，注重寻找和挖掘人的潜力，把潜力看成一种现实能力。该理论指出，由于爱而派生出耐心、时间、交往、信心、信任、希望、信仰、怀疑、确定和团结等现实能力（即第一能力）；由于对现实的认识而派生出守时、有序、整洁、礼貌、诚实、节俭等现实能力（即第二能力）。❶ 在医学、心理学、教育学、其他心理治疗论中所提及的现实能力是行为的统一体，而在积极心理治疗中，现实能力被系统地视为全面的行为类型和观念类型。积极心理治疗理论认为，现实能力是产生心理冲突和人际冲突的一个根本因素。受到阻碍、忽视或过度发展的能力，都可能成为个体内心和人际关系领域中冲突和紊乱的根源，就会出现冲突的可能性。这些冲突和紊乱是在个体与环境的互动过程中产生的，可以表现为恐惧、好斗、行为异常、抑郁以及各种心身疾病。凡是人们感受到伤害、人际冲突、恼火、负罪、恐惧、激怒，都是通过一系列人们几乎毫无觉察的小冲突累积形成的。个体经历过的创伤体验，日常生活中困扰的累积，两者共同致病，这就是冲突和失调的病理。因此，疾病是心理冲突的体现，是自身潜在冲突的积累。

积极心理治疗从积极认识人的发展可能性和能力出发，强调影响个体心理的社会因素的重要性，给心理疾病以新的概念。疾病和困扰是事实，这也是传统的治疗方法中医生和治疗对象或来访者、咨询师和治疗对象或

---

❶ 郝琦，乐国安. 积极心理治疗的理论与方法述评［J］. 赣南师范学院学报，2000（1）：28-34.

来访者关注的焦点，这样的治疗是针对疾病或者问题进行的。而在积极心理治疗看来，疾病和困扰是事实，但同时并存的还有健康、希望和能力，它们也是事实。医生和咨询师首先看到的应当是治疗对象或来访者的潜力。那么，如何看到他们的潜力呢？积极心理治疗尝试在观察治疗对象或来访者症状的同时，透过症状寻找其能力。疾病是固然存在的，但当事人怎样去认识评价这些疾病，却是可以通过医生和咨询师的专业智慧加以引导改变的。积极心理治疗倡导"无病变原则"，主张即使一种紊乱持久地影响治疗对象或来访者的人格，这种紊乱也不代表治疗对象或来访者人格的全部。因此，在积极心理治疗师看来，只有具有神经症症状的人，没有神经症病人。由此，积极心理治疗以一种新的、积极的方式解释疾病和障碍，并通过讲述来自其他文化的故事、轶事和实例鼓励患者或来访者，使其在自己的治疗过程中发挥更为积极的作用。佩塞施基安博士认为，这是积极心理治疗理论体系中的重要部分。

积极心理治疗注重激发治疗对象或来访者的积极情感，关注积极的人格特质。积极心理治疗理论认为，产生心理问题的病因往往不是客观事件的本身，而是对事件的主观评价与社会评价存在区别、存在误解，因而构成障碍和冲突。积极心理治疗认为，人之所以产生消极心理，主要是因为人在积极发展各种保护模式来降低自己受到各种伤害的可能性。这样，积极心理治疗就把人的消极心理理解为保护性心理。在此基础上，积极心理治疗首先致力于帮助来访者抛弃对自己古怪行为的传统认识，使来访者建立一种积极认识，并使其在日常生活中坚定地保持这种积极的解释。在临床实际操作中，积极心理治疗常常用积极情感来消解人的消极情感，或者在求助者的消极情感中寻找积极的成分。我们每个人都有50%的能力没有发挥出来，患者也是如此，如果医生能让患者和他们的家人积极地理解疾病，能使患者寻找到摆脱疾病困扰的精神力量。❶ 因此，积极心理治疗总是以激发求助者的积极情感为最重要的工作重心之一，并通过这些积极情感所形成的个人长久资源来使其得到自我实现。积极心理治疗理论认为，

---

❶ 黄文. 积极的"故事疗法"[N]. 中国教育报，2002-09-03.

只要治疗师能与治疗对象或来访者建立一种相互信任的关系，就能逐渐启发求助者自己去征服自己、克服疾病。

正因为这些主张与积极心理学有着相似性或者共同性，积极心理治疗常被人误解为美国心理学家塞利格曼所倡导的积极心理学的临床实践，认为"积极心理治疗是积极心理学思想指导下发展起来的一种心理治疗模式"。20世纪末，积极心理治疗与积极心理学在发展过程中不期而遇，两者在技术与理论层面都关注到了人的积极心理品质，一些主张也是不谋而合。但积极心理学在其众多论述中几乎从没有提及佩塞施基安及其思想，而积极心理治疗实践要早于积极心理学的出现。从某种意义上来说，积极心理治疗还应算作积极心理学产生的思想来源之一。虽然塞利格曼也使用"积极心理治疗"这一术语，但这只是"积极心理学在心理治疗中的运用"，并不是某一种成熟的特定疗法，更不是佩塞施基安所创立的积极心理治疗范式。

二、积极心理治疗实践的两种方法与形式

积极心理治疗范式的理论、方法和技术是以跨文化研究为基础而建立的。佩塞施基安的波斯情结与德国的专业教育背景，使他创立的积极心理治疗理论成为西方心理治疗理念与东方心理文化结合的产物。所谓跨文化，就是要集合东西方文化的智慧，因为每一种文化都有自己的哲学观，这些哲学观里都有积极而且精华的东西，应该把每个文化中的精华用来帮助求助者解决问题。没有一种文化体系是完美无缺的，不同文化体系有着不同的行为标准（饮食习惯、睡眠习惯、家庭传统、风俗礼节等），所以各个文化体系之间应该相互学习、相互理解。只有这样，积极心理治疗才能将东方的生活智慧、直觉思想与西方新的治疗方法、形式、技术结合起来。基于这样的认识，佩塞施基安提出积极心理治疗的两种治疗方法与实践形式。

积极心理治疗的主导形式植根于佩塞施基安对人的理解。他认为，人生来具有爱和认识的能力，人与自己和他人的种种冲突可以解释为发展这些能力的挑战。心理治疗的过程是一个帮助来访者开发自身能力、达到生

命各方面平衡的过程。心理治疗不是强加给治疗对象一个现成的结论或观念，而是要引导来访者多思、多想、多探索、多感受，去发现新的选择，并有一个良好的反馈，这样一个新的信念和思考模式便诞生了，来访者逐步用新的合理想法去代替旧的想法。也就是说，治疗师不要强加给来访者唯一有效的观念，以一种固定的观念去替代来访者自己的观念。治疗师可引导提供更多的思考和选择，让来访者去探索尝试用新的观念替代固定观念的现实结果。当人们可以通过累积或发展自身积极的力量来达到摆脱心理问题或者抑制心理问题的目的时，一切将迎刃而解。积极心理治疗范式的独特之处就在于，在不与来访者的观念直接发生冲突的情况下提出改变其观点的建议，由于观点的改变，来访者最终放弃自己片面的看法，对问题就有了新的解释。

基于这样的认识，积极心理治疗的基本工作主要有四项：①教给治疗对象或来访者有关疾病本质的知识，消除治疗对象或来访者对疾病的顾虑和误解。②启发治疗对象或来访者主动采取向自身某些症状做斗争的方法。③与治疗对象或来访者共同分析心理因素在发病中的作用，改变对病因的认识和态度，提出积极的治疗计划和干预措施。④促进综合治疗中其他措施发挥作用。可见，积极心理治疗通过说服教育，提高来访者在治疗过程中的自觉性与主动性；通过系统性地介绍疾病知识，教授自我治疗的具体方法，便于来访者有根据、有措施地主动进行自我治疗；以改善与疾病有关的心理状态，即建立积极乐观情绪、对疾病的主动态度和改变不良的认知等作为治疗的现实目标。因此，积极心理治疗的实质是强调来访者在心理治疗中的自觉性和主动性的说理治疗。通过这种主导形式的心理治疗，使来访者建立积极的心理状态和自我意识，这种治疗以树立信心、情绪乐观和态度主动为特征。

讲故事是积极心理治疗实践的辅助形式和手段，也是其独具特色的方法之一。积极心理治疗借助东方寓言、神话等讲故事的方式提供跨文化的观点，使治疗对象能从比喻的角度认识自己的问题，从而建立自我信任和安全的新形式。生活智慧故事可以拉近医患之间的关系，也是让来访者（治疗对象）参与思考的通道。对故事的认识、反应，可以间接反映来访

第五章　积极心理治疗的范式建构

者的问题、态度、观念和行为，而故事的内容、比喻、观点是心理治疗的催化剂。佩塞施基安认为，东方神话和寓言曾经以民间的娱乐消遣和教育的形式，对人们的生活发挥了指导作用。"许多寓言、故事和生活格言，不论起源于东方还是西方，自古以来就具有两种功能：在现代心理治疗发现和发展之前，一直作为娱乐和民间心理治疗工具。"❶ 积极心理治疗理论发现了其中的心理治疗意义，于是把讲故事作为治疗的辅助手段。佩塞施基安以擅长讲故事而闻名，在他的《化解冲突——日常生活中的心理问题与自助》《身心疾患治疗手册》《用于积极心理治疗的东方故事》等书中引用了许多经典故事。讲故事虽然不是积极心理治疗方法的全部，但讲故事使得积极心理治疗范式与众不同、别具一格。这一点非常适合中国人传统的思维习惯和日常的交流方式。

无论是主导形式还是辅助形式的积极心理治疗，最终的目标是达到助人、自助。在积极心理治疗过程中，一切的改变不是依靠对问题的修补来进行，幸福并不是靠修补自身损坏的零件来补救。在积极心理治疗学家的眼中，并没有残破的机器，而只有可以跑得更快的赛车——当心理治疗把注意力集中在增进和培养人自身的各种积极力量上，并倡导用一种积极的心态对个体的心理或行为问题做出解读时，整个治疗和咨询过程似乎都在向来访者透露这样的信息：你是一部好赛车，你拥有有力的马达、流线的车身和耐磨的轮胎，现在，让我们看看如何帮助这些出色的部件发挥作用，让你跑得更快！❷ 在这时，个体自身的内在积极潜力和优秀品质往往可以被激发出来，而这些才是使个体成为一个和谐发展的健康人的关键。

三、积极心理治疗理论的三项基本原则

"希望""平衡""磋商"，这是佩塞施基安教授用一句话总结积极心理治疗理论体系时所提到的三个关键词，这也是运用积极心理治疗理论应遵循的最基本的原则。的确，积极心理治疗理论一直在以它的乐观和智慧

---

❶ Nossrat Peseschkian. 跨文化视角下的积极心理治疗［J］. 现代护理，2003（1）：88.
❷ 桂譓. 乐观智慧的积极心理治疗［J/OL］. http：//heal.cpst.net.cn/xlgw/zsjy/.

· 107 ·

赋予人积极的内在信念，帮助人们自己看到希望，达到积极的平衡，寻求人的全面整体的提高而不只是问题或冲突的解决。

首先是希望的原则。如前所述，积极心理治疗中积极的概念，是指治疗并非以消除来访者的症状为首要目标，而是注重发动来访者身上存在的各种能力和自助潜力。面对病患、问题的时候，治疗师和来访者不仅要看到症状和问题的负面影响，也要对它进行正面的诠释，因为新的问题、新的冲突也许恰恰是新的机会、新的潜力的表征。积极心理治疗建立在鉴别分析的基础上，将症状和潜能分开，逐个解决问题，有利于唤起来访者康复的信心和希望。就像对所谓"半杯水"积极乐观的理解一样，积极心理治疗理论仿佛一直在用它的乐观和智慧给来访者注入永恒的希望。

其次是平衡的原则。通过跨文化研究，佩塞施基安发现了一些人类共同的东西，即人的自我感觉、一生中所做的事情、所要实现的目标以及人的思想和行动，综合起来就是人生的四个方面。任何一个方面被关注过多或者过少，丧失了基本的平衡，人就会出现问题或冲突。也就是说，解决冲突的四种形式的"天平"失去平衡，人就有出现心身疾病的可能。所以，积极心理治疗是要让来访者积极自主保持平衡、恢复平衡和建立新的动态平衡。

最后是磋商的原则。积极心理治疗提出兼容并蓄的观念，在这一观念指导下，各不相同的治疗方法和流派都可以同时使用并相互补充。积极心理治疗是多种心理治疗的理论与技术的整合模式，注重与其他心理治疗流派进行对话性的磋商和建设性的合作，将其有效的方法纳入自己的治疗体系之中，在不同的治疗阶段中加以针对性地运用。该疗法也善于运用其他心理治疗方法中的一些积极因素，使得对患者的治疗富有弹性。可以说，积极心理治疗是一种与多学科对话、将多疗法积极整合的方法。积极心理治疗强调对话磋商性的"兼容并包"，综合运用精神分析、行为主义、认知学派、人本主义等不同学派的理论、技术和方法，将其具体适用在治疗步骤中，真正体现了"海纳百川，有容乃大"的胸怀。

四、积极心理治疗研究的四类矛盾冲突

佩塞施基安教授在对 18 种不同文化背景的冲突模式研究之后,将人的生活归纳为四个方面,而任意一个领域的片面或者不健全发展都可能产生冲突。当人们面临难题、感到忧虑不安、压力沉重或被人误解,生活在持续的紧张之中,或者感到生活没有意义,都可以通过四种方式表达出来,即躯体/健康、成就/职业、联系/人际关系、未来/直觉(如图 5-1 所示)。这四种方式能帮助我们理解人是如何觉察其自身及其环境,又是如何检验现实的。佩塞施基安教授认为,人的生活质量决定于人在以下 4 个方面能否平衡发展。❶

躯体/健康

未来/直觉　积极心理治疗　成就/职业

联系/人际关系

图 5-1　积极心理治疗的平衡模式❷

(1) 躯体/健康。人在身体健康方面的自我感觉如何?这方面包括体育锻炼、睡眠、饮食、生病与治疗、情绪、美容减肥等与躯体相关的事。人会以心身疾病的方式或以觉察自己躯体的方式来反映冲突。

(2) 成就/职业。从事职业或事业成就如何?这是与人们智力相关的事,包括人们的事业、学业,家庭主妇的烹饪技巧、家务工作也都属于这个范畴。与个体的自我概念相结合,可以采取逃避到工作中去的方式,或逃避工作和成就的方式来反映冲突。

(3) 联系/人际关系。与他人联系或人际关系怎么样?与家庭、伴侣

---

❶ 诺斯拉特·佩塞施基安. 积极心理治疗:一种新方法的理论与实践 [M]. 白锡堃,译. 北京:社会科学文献出版社,2004:2.

❷ Welcome to the World of Positive Psychotherapy [EB/OL]. http://positum.org/.

及社会群体的关系，由传统方式及个人的学习经验所决定。人际关系是社会性的事务，如家庭成员间的关系、朋友同事之间的来往与交流等。

（4）未来/直觉。如何看待超越现实世界的未来？这是指人们对近期未来和远期未来的预期与规划，比如对死亡、人生观、世界观、价值观等精神层面的关注。直觉和幻想可以超越现实，包罗生活中的一切事物，乃至对人生遥远的将来进行幻想。人们可以在幻想中谋求冲突的解决，从想象中达到愿望的实现。作为超越现实的精神世界，也是最容易被现代人所忽视的一个方面。

上述四种反应方式是现实生活情境中典型的冲突与概念的原型。面对产生的问题，每个人都学会以自己偏好的方式去处理。这些方式可以归纳为四种冲突解决模式，比如借疾病来逃避，借工作来逃避，借人际联系来逃避，或借幻想来逃避。在有了冲突或问题后，有的人习惯于躲避到躯体症状中去，比如心脏或者肠胃出问题；有的人躲避到工作中去，以为只要工作努力、收入增加就能解决很多问题；有的人躲避到社会关系中去，或者患上社交恐惧症，或者将过多的时间和精力用于社交活动；而躲避到未来的人容易患上焦虑症、妄想症。

这个平衡模型能够提醒人们注意把握自己人生的四个方面，并保持合理的张力。积极心理治疗理论认为，每个人都具有四个方面，人应该把自己的精力（不是时间）尽量平均分配到四个领域中。打一个比方，一位快马加鞭（成就）奔向目标（幻想）的骑手，在保养好坐骑（身体）的同时，还要预备被马掀翻时有人再扶他上马（交往）。以上所述处理冲突的四个方面，能向心理治疗师反映出来访者的基本紊乱。因此，治疗师要向来访者询问当事人（患者）与以下四个方面的关系，即来访者与自己的关系怎样？与职业的关系怎样？与自己的伴侣和周围人的人际关系怎样？与未来的关系怎样？

积极心理治疗注重人在四个方面的平衡，不像其他学派只重视某一点，而偏废另外几点。积极心理治疗这一平衡的模式不仅与任何学派没有矛盾，而且适用于任何学派。在积极心理治疗的框架中，来访者要学习放弃自己的患者角色，并努力成为自己和周围环境的治疗者，这一点对其他学派是一个有益的补充。事实证明，当积极心理治疗专家与其他学派专家合作的时候，总是能够为来访者创造更好的康复机会和崭新的健康概念，使来访者获得新的希望和平衡。

佩塞施基安教授认为，从积极心理治疗的角度来看，中国文化是一种平衡的文化，是四个层面并重的文化。他认为中国人在生活质量的四个领域均表现出色：注重美食却身材苗条，没有西方发达国家的人所出现的肥胖；勤劳工作，"中国制造"遍布全球；人际关系和谐，拥有良好的家庭观念，尊老爱幼、尊师重教；丰厚的文化传统，底蕴深厚，开放性和包容性并举，为人们提供了充实的精神世界。佩塞施基安相信中国人平衡、和谐的生活方式可以为世界树立榜样。从全球化的角度来看，中国文化很可能是导致世界团结、和平的一个很重要的模式。他说："全球化把人类领进了一个开放的社会，拥有不同文化背景、宗教信仰、世界观、种族、成就和生活方式的人群互相来往。中国有自己的儒、释、道，中国人不但开放而且对异族没有偏见，因此可以在交流的基础上向他人输出丰厚的人生哲学传统。这样一个相互沟通的过程意味着中国人具备在四方面进一步提高生活质量的能力：躯体、成就、交往、幻想。"其含义是中国人的生活方式具备成为世界典范的潜力，但要让这种美好的发展前景成为现实，"却没有直达幸福的电梯，只能一个台阶一个台阶地走"。❶

五、积极心理治疗过程的五个操作阶段

佩塞施基安教授从许多心理和心身疾病的一种病源学模式出发，以设想的冲突解决过程为核心依据，提出了一种既经济有效又切实可行的心理治疗主导模式，即积极心理治疗的"五步治疗"策略，从而将治疗过程划分为五个阶段：观察和保持距离阶段、调查阶段、处境鼓励阶段、言语表达阶段和扩大目标阶段，并提出了每个阶段具体的工作策略。

第一，观察和保持距离阶段。此阶段治疗师应以来访者为核心，对其处境进行分析。治疗师要帮助来访者获得从一定的距离来看待自己处境的

---

❶ 朱焱. 我们忘却的，也许是最珍贵的（感悟）[N]. 环球时报，2006-11-24.

能力，提醒来访者对自己的观察做好记录。来访者概述（尽可能以书面形式）其对当前冲突的主观看法。治疗师运用比喻和一般常识，对症状进行积极的解释。例如，可以把神经性厌食症积极地解释为靠少量食物就能存活下去的能力，解释为对世界上的饥饿现象表示关心的能力。这会使来访者从较远距离审视其问题，最终使其看待问题的眼界更为开阔。为了让来访者近似客观地看待自己，克服容易造成冲突的行为方式，此阶段可根据现实能力调查表，确定来访者和其周围人的行为方面的积极和消极的内容。分为三个步骤完成：观察与记录、放弃批评、不要牵扯无关的第三者。本阶段的主要目的是建立治疗性医患关系，耐心倾听，理清问题的来龙去脉，进行重新学习，找到其他可选择的态度和行为方式。

第二，调查阶段，又称为列清单阶段。这一阶段仍以来访者为中心，咨询师或治疗师运用四个方面的生活质量框架（上述平衡模式），要求来访者详细叙述其近五年内经历的十大生活事件，并听其解释他/她是怎样处理或解决这些问题的，又是从哪里学到这种问题解决策略的。"您最近五到十年期间都碰到哪些影响您和您的家庭的事（包括健康、职业和家庭等方面）？请讲出十件。您对这些事件做出了怎样的反应？您从哪儿学会做出这种反应的？您的家庭是如何对这些事做出反应的？"可以要求来访者根据心理自助计划在治疗期间对自己的伙伴进行鉴别分析调查，从而使来访者能够系统描述自己的品性、行为方式和能力。治疗师根据来访者完成的鉴别分析调查表，了解来访者的基本冲突（观念、态度、行为），向来访者说明其在体验和行为方面产生紊乱的原因——主要是由于片面地重视个别的现实能力，而忽视了其他的现实能力。心理治疗师要帮助来访者澄清这些态度的生活史来历，一旦了解了产生这些观念和误解的背景，来访者就可以认识到自己的态度和行为方式是可以控制和改变的。在这个阶段，来访者将从关注症状转为关注冲突；而当事人在心理社会方面和精神方面的观点也得到了细致的考察。

第三，处境鼓励阶段。此阶段仍以来访者为中心，此时来访者直接充当自己周围环境特别是自己伙伴的治疗师。从鼓励来访者想办法去解决现存问题的愿望出发，咨询师要问来访者："到目前为止您已经解决了其中

第五章 积极心理治疗的范式建构

的哪些问题？您是怎么做的，结果给您带来了什么？在解决问题的过程中你学到了什么？"在这一阶段，咨询师与来访者一起建立处境鼓励的基础并找出现实能力。为此，要让来访者主动承认和肯定自己或对方的积极品质，通过肯定自己或对方的积极品质来改变来访者的交往方式，促进伙伴之间的信任以及改变来访者的态度。为让来访者同其伙伴建立新型的、信任的关系，要求来访者学习、强化冲突伙伴身上的积极品性。处境鼓励阶段的重点在于改变来访者习以为常的交往模式，注意自己容易引起冲突的消极方面，建立同周围人的信任关系。

第四，言语表达阶段。此阶段的主要目标在于找出隐藏在来访者（治疗对象）冲突背后的动机，努力消除来访者的误解。多数情况下，人际关系出现障碍是因为人际沟通出了问题，语言之所以会产生误解，主要因为语言经常存在形式和内容上的歪曲。此阶段的治疗技术包括谈话规则、谈话时间以及谈话的场合，练习用语言同周围人进行沟通，谈论自己积极或消极的品行和经历，表达自己对于冲突的曲解。治疗师要问当事人："您还剩下哪些问题没有解决？您在今后的五至六周内将解决哪些问题？在未来的八周里，您要处理哪四个问题？"此外，还要教来访者处理冲突的一些特殊技巧，这会帮助来访者积极解决自己的问题。佩塞施基安认为，在该阶段要实事求是地批评，不随便出主意，着力帮助来访者学会消除语言曲解的能力，最终帮助来访者形成良好的言语沟通习惯。

第五，扩大目标阶段。此阶段是治疗的最后阶段，主要目的是要让来访者学习避免或转移冲突，消除心身问题的构成因素，脱离心理治疗，逐渐自主独立。在来访者的问题得到解决之后，治疗师还希望启发他/她确定未来生活的方向，因此要问来访者："如果您现在已没有任何问题需要解决，您今后想在健康、职业、家庭和社会方面做些什么？综合考虑四个方面的生活品质，您在未来四五年（或月、周、日）中有什么目标？请说出三个新的目标。"对于当事人来说，一味地限制自己的目标本身就是心理障碍者的特征。因此，克服来访者对自己目标的限制就成了扩大目标阶段的一个重要的具体治疗内容。简言之，扩大目标阶段的任务是消除来访者视野的狭隘性，让来访者学习不把冲突转移到其他行为领域，而是努力追求新的、过去从未体验过的目标，做好自己的未来计划和日常计划。

积极心理治疗将五个操作阶段作为一个整体过程，是一种将心理治疗和心理自助结合起来，努力使之兼有最高效率和最佳疗效的治疗策略。上述五个阶段的治疗在操作程序上并非一成不变，而是因人而异，可以根据来访者的不同情况进行调整。佩塞斯基安教授认为，这五个阶段可以形成一种完整的治疗模式，合理运用这种模式，不同的心理治疗流派即使有巨大差异，也可以共同开展治疗工作。

经过四十多年的发展，积极心理治疗已经成为一种理论体系完善、方法技术特殊和思想包容面广的心理学"学术共同体"。它促进了当代心理科学的发展，推动了心理治疗理论的变革，展示了理解人性的积极角度，也开创了社会心理和谐建构的新途径。在当今世界心理学发展潮流中，积极心理治疗范式可谓独具特色，影响深远，意义重大，需要我们给予更多的积极关注和深入研究。

第二节　积极心理治疗范式的特征

目前世界各国的心理治疗方法和理论可谓五花八门，仅德国就有50多种治疗模式，更为严酷的现实是，每个心理治疗流派都在宣传自己科学有效而排斥其他，派系之争犹烈。在心理临床实践中，许多学派相互矛盾、相互冲突，各自强调工作重点，这就造成求助者在选择就医时无所适从。而积极心理治疗范式以其独到新颖的治疗思想、一反传统的学术主张，既能治标也能治本的成效，让人们耳目一新、倍受鼓舞。积极心理治疗范式的兴起与发展，使传统心理治疗的理论体系和操作策略面临巨大的挑战。

一、积极心理治疗与消极心理治疗的区别

传统医学和心理治疗是从精神病理学的观点看待人的，从性质上讲是消极心理治疗。传统的消极心理治疗大多着眼于各种紊乱、障碍和疾病，从解决疾病和紊乱出发，把患者看成疾病的载体。它们研究的对象是疾病，其治疗目的是祛除疾病。这就像外科医生把有病的器官割掉一样，其

第五章 积极心理治疗的范式建构

结果是，病被治好了，而不是人被治好了。患者经常想的是只能以我的病症和痛苦来引起医生的注意，这就使疾病在他的内心显得特别重要，因而造成治疗更加困难。患者不仅遭受疾病的冲突和痛苦，也遭受着由于消极诊断而带给他们的失望与无助。

而积极心理治疗理论认为，来访者身上存在的首先不是紊乱，而是被这些紊乱直接或间接困扰的能力，主张应把人的能力视为第一和本质的东西。❶ 那些被压抑或者过分单一发展的能力导致冲突、紧张状态以及个人心灵和人际关系的紊乱，并且以抑郁、恐惧、疼痛等疾病的形式表现出来。根据积极心理治疗理论，人同时具备患病和健康的能力，医生的职责在于调节两者关系，动员来访者身上的健康能力，自主治疗自己的病症。由于观点的改变，来访者最终放弃自己片面的看法，对问题和疾病有了新的解释。而积极心理治疗对疾病的积极解释，为医患双方奠定了合作基础，从而使彻底分析、解决来访者的问题和冲突成为可能。

传统的心理治疗一直把工作重点放在对患者的评估或治疗上，大量研究外在的紧张性刺激给其心理带来消极影响。心理治疗师把患者的心理疾病纳入精神病理学的框架，以医生治疗身体疾病的模式来对待心理疾病。因此，传统心理治疗者总是致力于修复患者损坏的习惯、损坏的动机、损坏的童年和损坏的大脑，期望通过修复其损坏的部分来达到治愈。积极心理治疗则与此不同，它把注意力集中在来访者自身的各种能力上，而不是集中在来访者的疾病上，它以反传统医学式心理治疗的面貌出现，强调每个人富有天赋的潜能在解决心理问题中的重要性。

可见，积极心理治疗和传统心理治疗有着本质的不同，具有鲜明的理论特色：一是研究对象与治疗目的不一样，传统心理治疗的研究对象是疾病，治疗目的只是祛除疾病。积极心理治疗研究对象是作为整体的人，强调既要看到疾病，更要看到人的潜能。通过积极心理治疗给来访者或求助

---

❶ 佩塞施基安教授在接受中国媒体采访时认为，中国将 Positive Psychotherapy 译为积极心理治疗，从一定角度来看并不准确，因为它还包括积极的教育法、积极管理、积极的家庭生活方式等，因此译为积极心理调适方法更为恰当。因而本章对积极心理治疗对象更多采用"来访者"或当事人的说法，而尽量不使用"病人"和"患者"的称谓。

者树立信心和希望，充分调动其潜能，最终病被治好了，来访者也会变得更有信心、更有力量。二是积极心理治疗同样关注和致力于人们的日常生活，因为那些单调重复发生的事情，恰恰持久地影响着人们对周围环境的体验与反应。积极心理治疗告诉人们，在日常生活中要积极地沟通、表达、自助、增进交往能力并保持健康，提高生活质量和自我幸福感。

二、积极心理治疗范式的主要特点

积极心理治疗范式之所以能够赢得人们的青睐和好评，其最突出的特点是以跨文化和历史的观点评估心理问题，从积极的角度探讨冲突与苦恼，重视心理发展的社会因素。可以说，积极心理治疗是一种跨文化的、多种心理治疗流派的理论与方法的整合模式，充分反映了近年来心理咨询与治疗领域中人性化、本土化的发展趋势，也集中体现了心理咨询与治疗"助人自助"的基本理念。

1. 跨文化研究

在积极心理治疗领域，跨文化研究一直占有重要地位，甚至这一治疗方法本身就可称为跨文化心理治疗。跨文化的思想框架是积极心理治疗的基础。佩塞施基安一直关注研究文化和疾病之间的关系，致力于寻找一种普遍的、跨文化的模式，在心理治疗领域以其跨文化研究著称。积极心理治疗是一种以深入分析25种不同文化概念的跨文化研究为基础的文化治疗模式，使其能够适用于全人类是佩塞施基安执着的追求。每个人都置身于其成长的文化背景中，因而受到该文化背景的影响。但"如果我们使自己明白，同样的行为在另一种文化或另一种时代中会受到另一种尺度的评价，会被认作异常的或受欢迎的，我们的视野就扩大了"。"跨文化像一面红旗贯穿着整个积极心理治疗和心身医学。我们之所以特别关注它，是因为从跨文化的视角有助于理解各个不同的冲突。"[1]

2. 积极型视角

积极心理治疗是以积极心理学的基本思想为指导的一种疗法，着眼于

---

[1] Nossrat Peseschkian. 跨文化视角下的积极心理治疗 [J]. 现代护理, 2003 (1)：88.

解决冲突和苦恼的积极策略。作为心理治疗中的一个新生事物，它从尊重人发展的可能性和能力出发，以积极认知为主导，对疾病赋予积极解释，关注积极的人格特质，在治疗过程中注重发挥来访者的积极性，借助讲故事的辅助形式提供跨文化的积极观点。由此可见，积极心理治疗消解了传统主流心理治疗过于偏重问题的片面性，体现了一种社会积极意义上的博爱观。这一心理治疗范式扩展了人们对心理治疗性质的积极认识，推进了心理治疗本土化运动的积极发展。

3. 整合化理念

积极心理治疗是一种多元意义上的整合化治疗，注重吸纳其他心理治疗方法的思想精髓和理论精华，而不是简单排斥、否定其他治疗方法。这一范式考虑了认知、行为、情绪、想象、人际关系及生理各方面，全面综合了15种心理治疗的理论和方法，主要体现了精神分析疗法、行为疗法和人本中心疗法等的整合，使各种方法能够和谐地统一在一起，避免了单一理论与方法的不足。积极心理治疗针对冲突内容所提供的治疗思想能够使各种治疗流派合理地相辅相成。

4. 人性化原则

积极心理治疗提供了理解人性的新视角，在治疗手段、方法上充分体现了心理治疗的人性化特点。积极心理治疗的发展得益于人本主义范式的心理治疗传统，一个突出的特点就是借助了人本主义以来访者为中心的原则，直接来源主要包括罗杰斯的"来访者中心疗法"和格拉塞的"现实疗法"。这使来访者处于一个主体化的主导位置，一方面可以使心理治疗进行得更彻底、更持久，另一方面也可以使来访者在咨询治疗结束后更好地适应这种关系结束后的变化。这种比较符合人性特点的心理治疗正越来越多地受到社会各界的广泛关注。从某种意义上说，积极心理治疗是典型的人本主义心理治疗范式，是人本主义心理治疗范式的新进展。

5. 自助式疗法

积极心理治疗范式赋予人积极能动、富有力量的主体形象，是一种助人自助的心理疗法。积极心理治疗强调激发来访者或求助者的主观能动性，使来访者或求助者最终成为环境的积极治疗者或改造者；通过讲故事的方式促使来访者或求助者从一个全新的角度认识自己，唤起来访者或求助者自身成长的力量。积极心理治疗提倡不仅要接受来访者的意识形态，而且要激发其自身的力量而使之自我改变，这对来访者本身的身心不会造成负面的冲击。在积极心理治疗的框架中，治疗对象学习放弃其患者角色，成为自己和所处环境的治疗师。治疗过程几乎完全采取自助的方式，咨询师在咨询治疗过程中只起到一个建议指导的作用，真正的核心角色由当事人或来访者充当。

6. 社会化效应

积极心理治疗注重心理的社会因素的影响，将来访者和环境有机地结合起来，让来访者做自己环境的治疗师，这是一个系统治疗的过程。因此，积极心理治疗不是一种孤立的治疗形式，不局限于医患之间的关系，而是将自己置于与下述三项活动的密切关联之中，即以关系人为核心的心理教育、以来访者为核心的心理自助以及以治疗师为核心的心理治疗。这样，便把心理治疗对个体的影响延伸并渗透个体所处的人际环境之中，从而对人际交往和社会环境产生积极的调适与改善。佩塞施基安认为，具备了积极心理治疗知识的人不仅知道自己如何处世，而且还会逐步影响自己的家庭、社区、国家乃至世界。

第三节 积极心理治疗范式的评价

经过四十多年的发展，积极心理治疗已经成为一种理论体系完善、方法技术特殊和思想包容面广的心理学"学术共同体"。它促进了当代心理科学的发展，推动了心理治疗理论的变革，展示了理解人性的积极角度，也开创了社会心理和谐建构的新途径。在当今世界心理学发展潮流中，积极心理治疗范式可谓独具特色，影响深远，意义重大。

第一，学科发展意义。积极心理治疗范式的积极取向与跨文化观，暗合或推动了当代心理学发展的两大重要转向，对于心理学的学科发展无疑具有积极意义。一是积极心理治疗昭示了心理学积极取向的发展，与当代积极心理学思潮在某些主张方面不谋而合、殊途同归。二是积极心理治疗

第五章 积极心理治疗的范式建构

促进了心理学的文化转向,因为早期心理学是尽力排斥文化的存在,以此来保证自己对所有文化的普遍适用性,而今心理学则是在努力包容不同文化的存在,来保证自己对所有文化的普遍适用性。积极心理治疗通过寻求跨文化观来解释治疗对象的心身疾病,这在某种程度上是文化治疗思想的运用,丰富和拓展了文化心理学的内涵。

第二,实践创新意义。积极心理治疗范式具有反传统心理治疗的实践意义,并且试图整合各种治疗流派的理论与方法,是推动心理治疗变革的重要力量,为当今心理治疗发展开辟了新的方向和途径。从理论上讲,积极心理治疗最大的意义在于它弥补了传统心理治疗思想体系的空缺,克服了为问题而问题的医学化病理治疗倾向。现实能力迄今尚未被人们当作对心理起作用的社会因素加以考虑,而积极心理治疗用现实能力的概念解释人际冲突是具有首创性的。把人类自身的美德、潜力等积极力量作为出发点,这一全新的理念不仅丰富了心理治疗理论,而且为新的心理治疗实践开辟了道路。从实践上说,积极心理治疗具有很强的实践性。它从来访者的主观和客观困扰方面去理解治疗对象,注重来访者的独特性,根据来访者的具体情况选择相应的疗法,这种专业技术上的弹性拓展了治疗的范围。该范式也代表了心理治疗从医学模式向文化模式的转变,对心理治疗实践无疑具有重要的意义和影响。

第三,社会建构意义。积极心理治疗范式以固有的积极力量来解决人内心和外在的问题,这在当今时代具有重要的社会建构意义。它考虑到跨文化方面的问题,不仅为理解个人的冲突打下了基础,也对寻求其他人类亟待解决的跨文化情境下的问题产生了非同寻常的社会影响。比如,移民问题、对发展中国家提供社会和发展援助的相关问题、多种文化间的关系处理、跨文化婚姻、克服文化偏见、以在其他文化或政治观点的框架中形成的替代方式来处理问题,等等。积极心理治疗以社会现实为基础,提倡对许多心理问题进行积极的评估,使来访者更容易接纳专业工作者及其思想观点,建立积极和谐的医患关系。它还通过对治疗对象的积极关注,激发来访者自身的力量,使来访者改变对问题的片面看法,因此体现了较大的人性发展价值和社会和谐意义,在医疗之外的许多领域也得到广泛运用。佩塞施基安教授说：我的理论有四个领域，一是教育领域，父母对子女的教育以及教育工作者；二是自助，每个人可以学会发展自己的方法；三是心理治疗模式，不仅是为了治疗患者的心理疾病，而且为了健康人更好地了解、发展自己；四是为了不同文化背景间人们的理解、交流。[1]

从这些方面来看，积极心理治疗范式给我们展示了一种光明美好的发展前景。但积极心理治疗作为一种治疗方法与技术而言，它对当今世界心理学整体的影响还有待进一步拓展扩大。就积极心理治疗范式目前的研究现状来看，它还有着一些尚待克服的问题和不足。其一，为了追求一种整合的理论模式，积极心理治疗几乎成为包罗万象的庞大体系，在方法上略显烦琐与松散。在人们生活节奏日益加快的今天，社会更需要的是一种简捷有效的短期治疗，积极心理治疗只有在实践中灵活运用，不断简化，才能更加接近这一目标。其二，在对冲突根源的探索中，积极心理治疗列出了现实能力清单，罗列了几十种现实能力作为冲突的潜在因素，明显地反映元素主义的倾向。在对现实能力逐一分析的过程中，复杂的问题被简单化、表象化了，有些整体性的原因被掩盖了。其三，积极心理治疗提出的冲突平衡模式很难准确如实把握，一些跨文化解释似乎给人以强词夺理之嫌，而且是否具有良好的治疗效果也值得怀疑。这也使积极心理治疗遭到其他治疗学派的指责，而被认为是对现实歪曲理解的非理性方法，是对人心理防御机制的一种简单放大。

尽管如此，积极心理治疗依旧是目前在德国乃至整个欧洲流行范围最广、使用人数最多的心理疗法之一。据介绍，积极心理治疗是欧洲心理治疗协会（EAP）认可的31种心理治疗疗法之一；是世界心理治疗学会（WCP）认可的16种心理治疗疗法之一；是国际心理治疗联盟（IFP）的组成部分。相对而言，积极心理治疗具有疗程短、效果显著且持续的特点。1997年，在连续跟踪500个患者达五年后，其治疗效果获得了德国卫生部颁发的"理查德·默顿奖"（Richard Merten 质量奖），该奖是欧洲最

---

[1] 黄文. 积极的"故事疗法"[N]. 中国教育报，2002-09-03.

第五章 积极心理治疗的范式建构

高水平的医药界的质量保证奖。截至目前，在各类心理治疗疗法中，只有积极心理治疗获得了该奖项。它也是获得了德国医保系统认可的心理治疗疗法。1998年，佩塞施基安教授得到德国联邦医药厅授予的恩斯特·冯·伯格曼勋章，以奖励他旨在培养医生的德国医学继续教育事业中所做的贡献。2006年1月，佩塞施基安教授获得了德国前总统霍斯特·克勒签署的嘉奖令，其创建和推广的心理治疗新方法得到黑森州和德意志联邦政府的表彰。"此项奖励是德意志联邦共和国的最高赞誉，给予在社会经济、政治及精神诸领域做出杰出贡献、获得卓越成就的公民，以及他们对联邦做出的特殊贡献，如社会慈善事业及人道主义援助。"❶ 在德国心理学和心理治疗界，迄今为止只有两人获得过此勋章。

作为一种现代心理治疗的理论与方法，积极心理治疗已经显示它极其旺盛的生命力，其影响正在日益扩大。佩塞施基安创办的威斯巴登心理治疗研究院成为德国最大的心理治疗机构之一。他也曾在美国、加拿大、新西兰、澳大利亚、巴布亚新几内亚、肯尼亚、日本、印度、巴西、瑞典、奥地利和德国等地的大学或学院就积极心理治疗和家庭心理治疗问题发表演讲并授课。截至2006年年底，佩塞施基安教授的25本关于积极心理治疗的书已被翻译成23种文字，在30多个国家建立国家级积极心理治疗中心，在67个国家和地区经常创办积极心理治疗的讲座、再教育培训、工作坊、研讨会等，积极心理治疗的理论与技术已被介绍到81个国家和地区。其中《冒险一试的勇气——用于积极心理治疗的东方故事》（Stories And Wisdoms as Tools in Positive Psychotherapy）一书多次再版（在德国再版了25次），深受心理学家与普通读者的欢迎。

20世纪80年代中国开始引入积极心理治疗范式的思想，1986年积极心理治疗首次进入中国。1991年出版的《积极家庭治疗》是"文革"后中国出版的首部关于心理治疗的书籍。佩塞施基安教授自1986年起，就和中国的大学、医学院以及学术机构合作，多次来华举行讲座、演说和培训，建立心理治疗中心，已经培训了500多名中国心理学专业工作者。现

---

❶ Welcome to the World of Positive Psychotherapy [EB/OL]. http://positum.org/.

在，越来越多的心理咨询师和治疗师开始接受和使用这种疗法。他的多本著作如《积极心理治疗———一种新方法的理论与实践》《身心疾患治疗手册——跨文化、跨学科的积极心理疗法》《克服紧张——一种积极的方法与途径》《化解冲突——日常生活中的心理问题与自助》《消除抑郁——自我解脱与有趣的东方故事》等被翻译成中文，在国内公开出版。作为一种东西方文化相结合的治疗模式，积极心理治疗已经在我国临床心理实践中得到初步应用。当然，建立真正具有中国特色、适切中国文化的积极心理治疗范式，我们还需要一个科学实践、持续不断的本土化发展过程。

本章小结

积极心理治疗由德国著名心理治疗专家诺斯拉特·佩塞施基安教授创立，已经发展成为既有较为完整的理论基础又有明确治疗方法的范式。本章介绍积极心理治疗范式的一条价值主线、两种方法与形式、三项基本原则、四类矛盾冲突和五个操作阶段。积极心理治疗与传统心理治疗相比，具有鲜明的个性特色，表现出跨文化研究、积极型视角、整合化理念、人性化原则、自助式疗法和社会化效应等特点。积极心理治疗范式具有反传统的学科发展意义、实践创新意义和社会建构意义，为当今心理治疗发展开辟了新的方向和途径。

(本章作者　崔景贵　江苏理工学院)

第二部分 团体辅导

第六章

积极认知与思维方式

心理学研究有三项任务：治疗人的精神或心理疾病，帮助普通人获得幸福生活，发掘并培养天才。心理学家塞利格曼曾说过："过去50年，心理学只关心一件事——心理与精神疾病。"他认为过去的心理学投入了太多的资源在探讨消极的情绪与消极的心理活动上，反而忽略了生命的快乐和意义，因此他开展并大力推广积极心理学研究。越来越多的研究者意识到，心理异常和障碍的预防与事后治疗同样重要，甚至应该给予更多关注。而积极心理学的研究正是为了发掘个体积极的心理品质，预防心理问题的发生。随后，研究者们从积极的情绪、积极的认知和积极的关系三个方面开展了大量研究，并提出了乐观、希望、智慧、勇气等一系列积极心理品质。

第一节 积极心理学的认知理论

20世纪70年代开始，心理学家们就开始强调个人的认知常常决定他们的感觉，可以将悲观的解释风格改变成乐观的解释风格，增强指向未来的希望感，提高人生智慧和克服困难的勇气，激发人们付出行动。本节将探讨积极心理学中的三种主要的积极认知理论：乐观、希望、智慧和勇气理论。

一、乐观理论

乐观是积极心理学领域的重要概念之一。研究者们发现，人们经常用两种完全不同的视角来看待他们面临的情境。一种是积极的视角，人们可以从身边的琐事中找到各种乐趣，从困难中看到希望，使自己更加快乐。一种是消极的视角，他们很少看到事物积极的一面，哪怕一点点小事，也很容易让他们感到生活无望。这样的人很容易能量不足，没有自信心，甚至会削弱他们身边人的精神力量。以塞利格曼为代表的心理学家们发现了这两种人之间的巨大差异，开始了对"乐观""悲观"领域的研究。研究发现，乐观在自我导向行为中发挥了重要作用，同时也是影响幸福感的重要因素。乐观是建构美好人生的有力工具，它可以帮助个体远离抑郁、焦虑等心理问题，增加工作、学业上的成就，发展和培育良好的人际关系。

（一）乐观的定义

虽然乐观的概念广为人知，但学者们对乐观的定义并不一致。从词义的角度出发，《牛津大辞典》将乐观定义为"相信事情会向好的方向发展，并有积极的结果"，相应地，将悲观定义为"相信事情会向不好的方向发展，并有消极的结果"。依据期望-价值模型，乐观是指个体对有关个人和社会的未来积极事件发生的主观判断，悲观则指个体对有关个人和社会的未来消极事件发生的主观判断。登贝等进一步认为，乐观是指个体对生活的积极态度及其行为表现。乐观者通常认为过去、现在和未来的生活中存在好的、有利的或是建设性的一面，并且这种态度能够在实际行动中体现出来，发挥积极的作用。悲观者则正好相反，持有对生活消极的态度和行为。研究积极心理学的著名学者、希望理论的创始人查尔斯·斯奈德教授认为，乐观就是以理性、积极的情绪和态度接纳眼前既定的事实。

（二）乐观的理论视角

目前，积极心理学领域有两个较为主流的观点，较为全面地阐释和定义了乐观，即气质乐观理论和乐观归因理论。

1. 气质乐观理论

卡弗和沙伊尔基于期望－价值理论和自我调节理论,首次提出了气质乐观的概念。气质乐观是一个重要的人格维度,拥有这种人格倾向的个体对未来有积极的期望,并认为期望的结果经过坚持不懈的努力是可以达到的。相反地,拥有悲观气质人格倾向的个体对未来有消极的期望,从而放弃努力,变得被动,这样也就潜在地放弃了他们的成就。

沙伊尔认为,气质乐观表现为个体基于对未来的积极期望而产生动力,并驱动自身坚持与不断努力。即使面对困难,也会继续坚持追求所认为有价值的目标,采用有效的应对策略,不断调整自己的状态,尽可能去实现目标。反之,悲观的消极预期,则会导致放弃的倾向。

2. 乐观归因理论

塞利格曼基于习得性无助理论和归因理论提出了乐观归因理论。塞利格曼以犬为研究对象发现,动物存在习得性无助现象。习得性无助,即指在长期的定向刺激或训练作用下形成的对事件的消极应对（如放弃反抗、停止寻求帮助、固着于消极认知）。基于此,塞利格曼认为人类身上也普遍存在这种习得性无助现象。当个体认为遭遇的情境是不可控的,不管自己如何努力都不可能对当前处境产生影响时,个体很容易对自己和环境产生消极的认知,体验到无助、无望和抑郁等消极情绪,进而放弃努力。

塞利格曼认为习得性乐观的定义是,乐观者使用适应性的因果归因来解释消极经历或事件。即在回答"为什么那件坏事发生在我身上"时,乐观者倾向对类似的失败事件做外部的、可变的和局部的归因,而悲观者则对失败事件做内部的、稳定的和全局的归因。简单来说,乐观者对坏事的解释方式是:①指责他人和环境在产生糟糕结果中所起的作用（外部归因）;②把坏的事件解释为不可能再次发生（可变归因）;③把坏的结果限制在某个领域而非整体（局部归因）。

更多的跨时间研究表明,长期使用习得性乐观归因的人,将与更好的学业成绩、优秀的运动成绩、更有效的工作记录、更高的人际关系满意度、更有效的应对生活压力源呈高的正相关,而且不易发生抑郁,身体更加健康。

3. 我国学者对乐观的研究

《心理学大辞典》对乐观的界定是：因个体对人、事、物持积极态度而在主观上形成的精神愉快、对前途充满信心的精神状态或先占观念。哲学家贺麟认为，乐观与悲观代表两种不同的人生态度，他的观点深刻反映了中国文化中乐观的内涵。任俊、叶浩生把乐观作为三种最主要的积极人格特质之一，认为乐观是个体对自己的外显行为和周围所存在的客观事物产生的一种积极体验。

目前对乐观的研究大多数都是在西方的文化背景下开展的，国内的研究从前几年开始起步，在概念、结构、测量方式等方面主要是借用国外乐观的相关理论，直接使用或者修订国外问卷。很少有研究者从中国传统文化与词汇学的角度去理解乐观的内涵。没有真正意义上的本土化适宜中国乐观内涵的问卷，需要对中国文化背景下的乐观进行研究。

二、希望理论

（一）希望的定义

希望是当代积极心理学研究的重要范畴之一。对于希望的定义，洛佩斯、斯奈德和佩德罗蒂总结了20世纪末以来在社会科学领域有关希望的研究，发现学者们对希望的定义有20多种。这些定义大致可以分为两类，一类是将希望定义为情绪，另一类则将希望定义为认知。具体而言，情绪观认为希望是个体在困境中的一种积极的情感反应，认知观则认为希望是个体对积极结果出现在个人、社会甚至整个宇宙的信心。当代积极心理学家逐渐认识到，希望是一种情绪和认知并存的心理品质。

从认知的角度说，希望是个体的预期与预期背后隐藏的愿望之间的联系，是建立在认知基础上的，即个体会对预期中的成就与其获得成就的愿望强度之间产生一种认知，伴随着这种认知产生的一种调节力量就是希望。

美国堪萨斯大学的斯奈德教授在1991年提出了希望理论，他将希望定义为目标导向的思维。包括途径思维（发现达成目标途径的计划）和动因思维（实现目标的过程中需要的意志力）两个方面。

（二）希望的成分

1. 目标

目标是希望的核心部分，被称为希望理论之锚。斯奈德认为，每个人都有自己的目标，所有的行为都是为了实现目标。在希望研究中，目标常常作为因变量出现，以考察不同希望水平个体的目标有何特点。具体而言，目标可以有以下几种分类方法。

（1）按照目标的所属水平来划分，目标可以分为三个层次，即生活的普遍目标（如生活条件改善）、特定领域的目标（如升职加薪）和特定的具体目标（如顺利完成项目）。无论是哪个层次，高希望水平的个体都比低希望水平的个体有着更高的目标设定、更久的坚持，也更容易实现。

（2）按照个体对目标的动机来划分，目标可以分为趋近目标和回避目标。趋近目标是指个体希望能够实现的愿望或者获得的事物。回避目标是指个体希望避免的某些困难或者不好的结果。研究发现，高希望者更多地设立趋近目标，而低希望者更多地设立回避目标。

（3）按照目标与先前成就比较的结果来划分，目标可以分为参照目标和非参照目标。参照目标是指以先前成就为参考而设定的达到更高成就的目标。非参照目标是指随意设立的，比先前成就高很多或者低很多的目标。高希望水平的个体通常设立参照目标，而低希望水平的个体通常设立非参照目标。

（4）按照目标的明确程度来划分，目标可以分为具体目标和模糊目标。高希望者在制定目标时，通常将目标描述得很清晰，而且还有具体的达成路径和方法。而低希望个体的目标常常是模糊的，操作定义不明确。

2. 路径思维

斯奈德认为路径思维是一种认知，也有人称为信念，即"我能够找到合适的方法（途径）达成目标"这样一种想法。路径思维其实包含了两层意思，一层是针对目标的具体的计划和实施方法，另一层是坚信自己一定能够找到途径的想法。

谢尔、马达夫施和巴克豪斯提出高希望个体达成目标的过程中，有几个特点：一是容易获得多种路径，根据自己的分析判断得出一种相对最好的途径;二是在遇到障碍的时候,能够更加坚持;三是当一条途径被证明无法走通时,高希望个体会很快想出办法来调整,具有灵活性。这三大特征也促进了动力思维的提升,并且有利于个体达成目标。所以路径思维的重要性也就凸显出来。

与之相反,低路径思维个体常常不知道如何达成目标,思维比较固着,常常限定自己思考的方向,很难找到备用的途径。遇到障碍的时候,不知道如何去寻找新的途径,也不认为自己能够找到新的途径,所以往往产生停滞不前的情况。这种挫败感又进一步降低了动力思维,损害了整体的希望水平。因此,对于低希望个体来说,提升路径思维是一个很好的方法。

3. 动力思维

动力思维是一种动机因素,能够驱使个体行动。但它也是一种认知,即"我一定能够实现目标"的想法和信念。动力思维在目标达成的各个阶段都有着非常重要的作用。

首先是在行为启动阶段,高动力思维个体能够很快对目标有所反应,迅速进行预测、规划和行动;而低动力思维个体迟迟不能行动,行为拖延,为自己的目标达成制造阻碍。其次是在目标达成阶段,如果遭遇了挫折和失败,高动力思维个体坚信自己一定能够达成目标,所以更加坚持。

动力思维不是独立存在的,它与目标、路径思维有非常大的关联。目标越清晰、越具体,个体越容易行动。另外一个是过往经验的影响,失败的过往经验容易导致个体丧失信心和自我效能感,所以回忆成功的过往经验并创设新的、更易于成功的环境是提升个体动力思维的有效方法。

三、智慧和勇气理论

部分哲学家把智慧和勇气看作四大美德中的两个部分。智慧和勇气都可以让人做出更好的选择并增加行为动机,从而提高个体能力和社会发展。勇气也有助于克服那些令其他美德难以实践的障碍。

(一)智慧理论

克雷默认为,智慧就是对生活情境、人和事具有深入而广泛的知识,

第六章　积极认知与思维方式

并对如何运用这些知识有敏锐的辨识力。巴尔特斯、史密斯和施陶丁格认为，智慧是面对各种生活事件能做出最好的判断和建议的能力。埃里克森认为，如果个人成功克服生命最后阶段的危机，获得自我完善（接纳生命中的胜利和失望）而非绝望（认为自己的一生都白费），那他就有终生智慧的特征。埃里克森把智慧定义为"以对人生本身超然的关心，来面对死亡本身"。因此，智慧美德包括帮助人们在生活中获得和运用知识的各种优势——创造力、好奇心、好学、开放性思维和洞察力等。

1. 创造力

判断某种想法和行为是不是有创造力的表现，要看其是否同时满足原创性和适应性两个必要条件。首先，有创造力的人所产生的想法或行为一定是原创的，即新颖、令人惊讶或不寻常的。其次，这些想法或行为是具有适应性的，能够给自己和他人的生活带来便利。

2. 好奇心

好奇心就是一个人对新经验和新知识发自内心的渴望。好奇心是一种积极的情绪，具有动机的作用，能激发人们去探索和接近目标。好奇心强的人，会觉得探索新事物、解决新问题的过程充满乐趣。积极心理学家认为，好奇心会诱发积极的情绪感受，从而激励人们去尝试新活动，探索新环境。同时，具备应对和整合新的经验会产生胜任感和掌控感的能力，进而产生更多的积极情绪，在这个基础上，好奇心会不断地加强。

3. 好学

所有人都可能具有的一种对未知感兴趣、渴望学到新知识的性格优势。好学是一个全心投入某项活动的过程，这项活动并不一定带来直接的成果或者通向外部标准定义的成功，而是随着时间发展，个人会学习到更深、更广的知识，并且对他人理解相关知识做出大量的创造性的贡献。好学的人之所以好学，因为对他们来说学习是一种积极的体验，学习新知识的过程本身就让他们感到愉快，学习过程本身比得到好的评价更重要。

4. 开放性思维

开放性思维是一种性格优势。大多数情况下，人们会以直觉作为决定的向导，不自觉地以固有模式思考问题，忽视那些和以往信念系统相违背的证据，但少数人会积极地为自己偏好的信念、计划、目标搜集反面证据，并且正视和重视这些证据的价值。他们坚信，敢于抛弃旧有的信念是一种品质，任何信念、观念都应该不断得到新证据的修正。后者所具有的，就是我们要讨论的开放性思维。

5. 洞察力

洞察力使人表现出出众的学识、判断力以及给予建议的能力，它使人在重要和困难的问题（如生命的意义）上发表独特的见解，它能为自己或他人带来利益（或者福利）。哈特曼对中年妇女的追踪研究发现人格及生活阅历对个体中年期的智慧发展起着重要预测作用，创造力同样能有效预测中年期的智慧和洞察力的发展。

（二）勇气理论

在不同的历史和文化中，勇气都被看作一种伟大的美德，因为它帮助人们面对挑战。亚里士多德分析"勇敢的士兵"的身体勇气，而柏拉图惊叹于他的导师的道德勇气。对勇气行为分类的相关理论在近年取得了更广泛的研究。

在价值实践分类系统中，彼得森和塞利格曼把勇气描述为一种核心的人类美德，它由这样一些优势组成：英勇即临危时表现出来的身体、智力和情绪姿态；真挚即面对他人和自我，诚实地表现自己；热情/兴趣即在挑战情境下蓬勃发展并有生命力；勤奋/毅力即承担任务和挑战并完成它们。普特南描述了三种类型的勇气：身体的、道德的和心理的。身体上的勇气，表现为克服对身体伤害甚至对死亡的恐惧来拯救自己和他人；道德上的勇气，表现为即使面对失去朋友、工作、隐私甚至声望的威胁，也能够坚持道德的完整性和真实性；心理上的勇气，表现为面对使人衰弱的疾病、有害的个人习惯或不利环境时，勇于面对心魔的内在力量。

与普特南提到的三种勇气相比，我们认为勇气不应该只局限在令人惊心动魄的勇敢行为上，还应该包括细水长流的勇敢无畏。勇气不仅包含外在的行为表现，也包括内部的以及使这些勇敢行为得以发生的认知、情绪、动机和决策等；勇气不仅需要身体的勇猛，更需要正直和毅力，意志坚定地避免沉湎于安全、舒适和自鸣得意。

第二节　学会积极认知的基本策略

乐观、希望、智慧和勇气等积极品质可以为个人和集体带来成长和进步，科学家们也在不断地进行研究和实践，如何在人的成长过程中塑造这些积极品质，以及如何将这些宝贵的品质转变为实质的行动。

一、习得性乐观

塞利格曼认为，当个体改变了看世界的方式时，悲观就会转为乐观。塞利格曼的著作中深入地描述了悲观和乐观对生活各方面的影响。乐观促进健康、幸福、成就和成功，而悲观预示着抑郁、失败、人际疏远和病态。大量科学研究也表明，乐观具有可塑性，我们可以通过训练来提高个体的乐观程度。

（一）扩建理想归因模式

塞利格曼认为一个人选择乐观还是悲观，取决于其解释问题与挫折的方式，即归因方式。归因训练的关键是确定理想归因模式，即确立一种有助于提高成就动机和成就行为的具体归因和维度。将成功归因于稳定的、不可控的因素（如能力）会增加对将来成功的期望，增进自尊、自豪及自信心；将失败归因于不稳定、可控的因素（如努力）则会保持对成功的期望。因此，通过训练个体在成功时做能力归因，在失败时做努力归因，可以提高其学习动机。

（二）宾州乐观训练方案（POP）[1]

大脑具有天生的惰性，随着刺激和事件的反复发生，会对不同的情境形成自动化反应。因此，我们需要有意识地培养对自动化反应的意识，然后形成新的、更有效的方法去解释生活事件。最为常见的乐观提升方法是基于情绪ABC理论的宾州乐观训练方案。该方案认为学会乐观最根本的方

---

[1] 刘翔平. 积极心理学 [M]. 2版. 北京：中国人民大学出版社，2018：96-97.

法就是了解你的 ABC，即识别和评估信念（B，Belief），不幸事件（A，Adversity）导致的结果（C，Consequence）是与自己的信念有关的，是由解释问题和挫折的方式是积极或消极而决定的。

通过与这些悲观思想的辩论，减少悲观的倾向，从而提升乐观。POP 能有针对性地消除悲观的思想，并且通过管理自我对话、控制自己的态度使个体转向乐观。杰科克斯等设计了一项包含 12 单元 24 小时的课程，以 70 位具有抑郁症状的小学五六年级学生为训练对象进行了乐观塑造的研究。研究结果显示，训练组更加乐观，抑郁症状减轻，而控制组则没有这一现象。两年之后的追踪结果显示，这一现象仍然存在。塞利格曼在北京地区也实施了相同的方案，对象是 220 位（8~15 岁）具有抑郁症状的儿童，研究的后测及 3 个月、6 个月的追踪测验结果均显示，实验组乐观程度更高，抑郁程度更低。

具体而言，POP 有三个主要的步骤。

1. 分析和解释

在消极的情境下，参与者被指导用 ABC 理论分析和解释不幸发生之前的想法以及情绪变化的结果。

A：发生的事件："朋友不和我一起逛街。"

B：人们对事件所持的观念或信念："他不在乎我了，因为我总是很无聊。"

C：观念或信念所引起的情绪及行为后果："我的心情变得更加糟糕了。"

可以用这个方法让参与者反复练习，并要让其意识到悲观信念和乐观信念的差异。这些信念影响了我们的情绪变化。

2. 转移注意力

在情绪不好时，应该怎样做才能最快地平复心情呢？转移注意力就是让参与者从不断的悲观解释以及由此引发的消极情绪中尽快脱离出来。主要的方法包括"停—想—做"：在心中对自己大喊"停"，把注意力集中到外界的事物上；过一会儿再思考这个问题；不幸事情发生时，可以将自己当下的悲观解释写下来。

3. 辩论

通过与不合理的信念辩论，帮助参与者认清其悲观信念的不合理性，进而放弃这些不合理的信念，并建立新的乐观信念。在辩论的过程中，可以分别就证据、其他可能性、影响和功能四个方面进行讨论。

证据：这种悲观解释的证据是什么？这些证据是否属实？

其他可能性：是否有其他的乐观解释，让我们把不幸归因于外部的、特定的和不稳定的因素？

影响：如果找不出一个合理的乐观解释，那么这种悲观解释的消极影响是稳定的还是不稳定的？

功能：如果不能决定哪种解释的证据更充分，那么哪种解释对产生积极情绪和达成目标最有效？

例如：

A（事件）：朋友不和我一起逛街。

B（信念）：他不在乎我了，因为我总是很无聊。

C（结果）：我的心情很糟糕，本来是3分，现在是8分。（评分1~10分，1是情绪最好的分值，10为最糟糕）

D（辩论）：去年她每个月至少和我逛一次街，但是今年次数越来越少了。（证据）

或许是公司临时有事，加班去了；也可能她工作太忙了，就想在家里待着，不想逛街。（其他可能）

虽然失去了这个朋友，但我还能找到别的朋友一起玩。（影响）

觉得她是临时有事的想法会让我觉得更高兴。（功能）

E（效果）：现在感到好一些了，从8分降到了5分。

二、希望：均衡时间观

（一）三种时间观

斯坦福大学的心理学家菲利普·津巴多设计和验证了一种关于时间导向的测量工具，称为津巴多时间观量表。他认为时间导向可以是一种类似特质的品质，人们倾向于使用过去、现在或未来的其中任意一种时间观应对不同情境。

习惯过去时间导向的人看重或经常回顾过去的经历及人际关系。如果是以积极的视角，愉快地看待先前与朋友和家人的人际关系，那么人们可以从温暖的人际交往中获得快乐。但是，对过去持有消极看法的人，其思维和情感中可能充满了迷茫、焦虑和抑郁（经常是关于儿童期创伤性事件），也可能会产生非常保守的、过分谨慎的生活方式，或者过于满足于现实而不愿意体验新事物的行为方式。

习惯现在时间导向的人考虑生活在此时此刻，可以用快乐主义来描述活在当下的人。如果生活在当下，个体会从高度密集的活动中获得很多快乐，享受此时此地的激动和兴奋，对当下正在进行的冒险保持开放。但关注现在的个体可能常常把兴奋体验置于优先的位置，而忽略寻求兴奋时潜在的不利方面，而遭受享乐冒险的消极后果。

习惯未来时间导向个体可以预见自己行动的可能后果。未来导向的人们确立清晰的目标，并设想出必要的途径以达成这些目标。他们可能会采取预防措施，以降低坏事在未来发生的可能性。并且，这些人会在很多生活领域都取得成功——学业、工作、运动、健康等。但是，一些未来导向的人可能很难做到仅与他人在一起或只是回忆先前的某些人际活动就能体验到巨大的快乐。

津巴多时间观量表可以测量人们在不同情境中的时间导向倾向，一共有五种：①过去—消极；②过去—积极；③现在—宿命论；④现在—享乐主义；⑤未来。

了解了自己的时间导向倾向后，人们可以通过两种平衡时间观的方法，来学习在日常生活中如何在不同的情境中灵活选择最适合时间导向的能力。

（二）平衡时间观的方法

1. "剖析个人时间导向"练习

"剖析个人时间导向"是通过监控一个人一整天的思想，明确估计每天花在"过去""现在"和"未来"上的时间，从而了解人们关注过去、现在和未来的程度。

第六章 积极认知与思维方式

拿出一张纸，上面分好行和列（见表6-1）。从第一列的顶端往下，依次写下每天的时间，在行的顶部，写下过去、现在和未来。现在，你得到一个表格，可以记录每小时你思考过去、现在或未来的时间。把这份表格印在一张小卡片上，把它放在你的口袋或钱包里，另外放进一只小铅笔，记录你每小时花在每种时间观上的时间。

表6-1 剖析个人时间导向记录表

时间	过去	现在	未来
上午7点			
上午8点			
上午9点			
上午10点			
上午11点			
上午12点			
下午1点			
……			
总计			

从上午7点到半夜（或者任何你醒着的时间），在每个小时的最后一分钟，估计你前一个小时思考过去、现在或未来的时间。如果你发现自己处于类似流畅感的状态，完全沉浸在你正在做的事情中，感到时间飞逝，那么把这个状态记在现在一栏下面。最后，合计你一天思考过去、现在或未来的时间，并思考接下来的一天，计算你如何花费大多数的时间。研究者发现，很多人即使在繁忙的时候，也会花很多时间在预想和计划目标上，一部分人几乎从醒来的第一分钟就开始考虑这一天的计划。当然，并没有绝对正确或错误的利用时间的方式，这个练习仅是让人们了解自己时间思维的焦点。这个练习的结果可能依赖于当天是一周中的哪一天、你的健康、你的年龄、你是否在休假、一年中的季节、你住在哪里、你的工作等。但是，多数完成这个练习的人会对他们在思考未来上所花费的时间感到吃惊。

朝向均衡的时间观，在完成津巴多的时间观量表和计分之后，找出你在接下来一周将会经历的最有意义的事情，也就是你最期盼或你最害怕的事情。一旦找到这件事，采用你通常持有的跨情境时间导向：过去—消极、过去—积极、现在—宿命论、现在—享乐主义、未来，在头脑中想象你将如何处理这件事。记下你的时间导向可能如何影响该事件的结果。然后，考虑如果你持有另一种导向，你会如何处理该事件？这种时间导向是否有益处？

2. 生活提升策略练习

自我效能、乐观和希望提供了追求美好生活所需的动力，人们可以利用自身已经拥有的自我效能、乐观和希望来提高重要生活领域的功能。

（1）利用爱的关系提升

观察身边擅长管理友谊和亲密关系的人，适时效仿他的行为，为人际关系的建立提供榜样、树立信心。

用灵活的归因方式解释你下次拜访亲友时发生的事情，当积极事件发生时，给予自己肯定和赞美。

为促进你与他人更亲密的重要关系而设定目标，一定要找出追求这些目标的多种途径和动因来源。

（2）在工作中提升

参加能够帮助你更有信心地完成任务的训练和学习课程，发展新的工作技能和学习技能。

当分配给你一个新项目时，预期将会发生最好的事情，在你为成功完成项目付出努力时，每天都保持乐观。

把大任务分解为较小的目标，把注意力放在追求一个接一个的小目标上。

（3）在游戏中提升

观看儿童教育节目一小时，试着找出对增强自我效能有用的信息。

与朋友玩纸牌游戏或一起运动，试着用灵活的归因方式对糟糕的结果做出反应。

找出与你喜欢的娱乐活动有关的并希望在下个月达成的个人目标，找出实现这个目标所需的全部资源。

三、智慧和勇气[1]

在许多历史记录和虚构故事中，都记载了对智慧和勇气的追寻，如夸父逐日、愚公移山等。在你的人生旅途中，也可以发展智慧和勇气，让你的生活更有意义，并贡献更高的价值。但是，我们绝不认为发展这些品质很容易，普通人需要通过专注练习面对生活挑战才能发展出这些品质。

1. 智慧挑战

面对一些困难的生活事件，思考你对这件事情的困惑并给出评价，你可以一边说，一边把它们写下来，然后，非正式地评估一下你的问题是否涉及智慧标准。

2. 超级英雄

学习真实生活中的超级英雄，或者回想一个你认识的最有勇气的人，写下每个人的简短传记，内容是你认识到的他们所展现的身体的、道德的或者生命力的勇气。如果你愿意，写一封信给这些人，告诉他们，为什么你认为他们拥有勇气。

3. 关于勇气的辩论

就一个容易激起情绪的、有争议的主题在一个小组、一个班级或一个社会环境中展开辩论，讨论对于有争议性的勇气情境，需要人们灵活思考，并考虑他人的价值观和生活优先级的差异（也就是价值相对论）。

4. 平衡爱情和工作

平衡你的爱情和工作，这需要很高的智慧。从你的家人中找出一个最善于使用智慧平衡其爱情和工作的人，他/她就是最好的智慧角色榜样。访问这个人，了解他/她是如何保持这一均衡智慧的。

如果你经常对结交新朋友或约会产生恐惧，那么今天请向更多人介绍你自己，以提升勇气并对相关情境脱敏。

5. 工作中获得勇气和智慧

与学校里的大一新生分享关于你在学业和社交上成功的智慧。你可以

---

[1] C. R. 斯奈德，沙恩·洛佩斯. 积极心理学：探索人类优势的科学与实践 [M]. 王彦，席居哲，王艳梅，译. 北京：人民邮电出版社，2013：218 - 219.

总结关于你的人生智慧，并将你如何调适的观点传递给其他学生，让他人获益。

当你的权利或他人的权利被侵犯时，要有勇气坚持正义的立场，不要因为担心不确定的结果而放弃行动。

第三节　积极思维方式的团体心理辅导

一、习得乐观

主题一　活出乐观的自己

（一）活动介绍

活动目的：了解调整认知的方式，学习转移注意力的方法，识别不合理信念、结果，学习乐观的归因方式。

活动材料：轻柔的音乐、乐观训练记录表。

活动关键词：正念放松、暂停负面想法、乐观归因。

（二）活动过程

活动1：正念放松

活动目的：暖身，放松，集中注意力。

活动材料：轻柔的音乐。

活动步骤：成员根据领导者的指导语模仿柔软的布偶、慢动作的乌龟、滚来滚去的球、面目狰狞的怪兽、风吹过轻轻摇晃的树枝、慢慢移动的狮子，过程中感觉自己的身体和呼吸。

活动2：关掉录音带

活动目的：透过停止练习增加对思考和情绪的管理。

活动步骤：

（1）领导者带领成员认识"生气火山"，让成员当有负面想法和情绪时能及时停止，回到呼吸，保持冷静。

（2）关掉录音带练习。

①随机分成两人一组，一人扮A角，一人扮B角；

②A角想象有负面想法的情境并说出，B角大喊"停"协助成员停止负面想法；

③A角想象有负面想法的情境，B角大喊"停"协助成员停止负面想法；

④成员想象有负面想法的情境，成员自己喊"停"以停止负面想法；

⑤成员想象有负面想法的情境，成员无声自己喊"停"以停止负面想法；

⑥A、B交换角色练习。

（3）分享。

①A、B角互相分享活动感受；

②团体间分享。

活动3：想法变变变

活动目的：识别不幸信念、结果，学习乐观的归因方式。

活动材料：每人一张乐观训练记录表（见表6-2）。

表6-2 乐观训练记录表

A 事件	B 信念	C 结果	D 辩论	E 效果
			证据 其他可能 影响 功能	

活动步骤：

（1）上个活动的两人再找一组合并。

（2）每人发一张乐观训练记录表，思考最近的一个负面事件，填写表格前四列。

（3）在小组内分享事件，小组共同讨论，根据四个提示来帮助小组成员找到信念、不合理的认知。

（4）最后每个小组成员在自己的表格里评估效果。

（5）小组讨论及大组分享。

活动4：体验分享

（1）让全体成员围成一圈；提出哪个活动印象深刻、你从活动中体验到了什么等问题，同学们自由发言。

（2）一句话评价本次活动的感受。

（3）和左右同学拥抱分别。

活动5：家庭作业

做一周的乐观训练记录表，记录生活中引起负面情绪的事件，练习对负面信念的辩论。

二、时间均衡

主题二　均衡你的时间观

（一）活动介绍

活动目的：发现和探寻个人时间导向，学习如何规划及均衡时间。

活动材料：津巴多时间观量表、愿望卡。

活动关键词：期望、时间观、目标。

（二）活动过程

活动1：求同存异

活动目的：暖身，促进成员相互了解，引入希望的概念。

活动步骤：

（1）全体成员手拉手围成一圈，手放下，站立。

（2）由一位成员先说"我期望……"，说出自己的一个期待，如我期望四级顺利通过，拥有同样期望的成员就向前迈一步，形成一个新的内圈，内圈的一位成员继续说出"我期望……"，拥有同样期望的成员就再向前迈一步，再形成一个新的内圈，直到内圈变得很小，仅剩3～5人，一轮结束。

（3）重复3～5轮活动。

活动2：探讨时间观

活动目的：了解及交流成员的时间观。

活动步骤：

（1）为每位成员发一张津巴多时间观量表，让每位成员了解自己的时间取向，领导者解释五种时间取向的内涵：过去—消极；过去—积极；现在—宿命论；现在—享乐主义；未来。

（2）分小组讨论分享，每位小组成员分享一下问题。

①你对五种时间观的理解？

②你常用的时间取向是什么？对自己的时间取向是否认同？

③你认为哪种时间取向更适应现在的学校生活？

活动3：我的小目标

活动目的：学习理智地看待希望和目标，学会把对未来的目标分解成小目标完成。

活动材料：愿望卡。

活动步骤：

（1）在活动卡上写下自己的希望和目标，例如：

我希望不感到孤独。

我希望体重更标准一些。

我希望父母能更理解我一些。

……

（2）分类。看一看你的目标，先按照"对自己的愿望"和"对他人的愿望"分类，找出"对自己的愿望"，把它按照"近一年可以完成的愿望"和"一年以上的愿望"分类。

（3）计划思考。思考"近一年可以完成的愿望"可以分解成哪些小的目标完成，给自己制订一个计划，越细越好，越具体越好。

（4）小组讨论。小组成员讨论每个计划实行的可能性，集思广益更合适的方案。

（5）大组分享。每组派一名代表展示小组最佳方案。

活动4：一分钟拍手

活动目的：体验时间的长短。

活动材料：计时器。

活动步骤：领导者计时，团体成员一起拍手计数，看看一分钟内可以拍多少次手。

分享：感觉一分钟是长还是短，思考怎样珍惜和利用时间。

活动5（结束活动）：体验分享

（1）让全体成员围成一圈；提出哪个活动印象深刻、你从活动中体验到了什么等问题，同学们自由发言。

（2）一句话评价本次活动感受。

（3）和左右同学拥抱分别。

活动6：家庭作业

从第二节"生活提升策略练习"中选择一个提升练习，一周内完成。

三、发展智慧与勇气

主题三　插上勇气的翅膀

（一）活动介绍

活动目的：让成员意识到自己有克服逆境的勇气，提高承受高压的能力，在逆境面前保持良好的心志，增强自信心。

活动材料：A4纸、大白纸、记号笔。

活动关键词：勇气、压力、控制。

（二）活动过程

活动1：走过压力场

活动目的：热身，提高压力承受能力。

活动步骤：

（1）全体成员围成一圈，中间作为压力测试场。

（2）每位同学需要单独从自己站的位置走到对面，同时做一个标志性动作，任何一位同学走过的时候不能重复动作。

（3）选3位同学分享走过压力场的心得。

活动2：绝地反弹

活动目的：让成员意识到自己有克服逆境的勇气，提高承受高压的能力，在逆境面前保持良好的心志，增强自信心。

活动步骤：

（1）小组活动。

①全体组员参加，分8人一小组进行；

②其中一人承担挑战者的角色；

③其他人则分成两排面对面地站好，扮演参与者的角色（站成两排的人相互之间要保持距离）；

④挑战者要在两排的中间分别向每一位参与者面带微笑地打招呼，要求参与者提供帮助；

⑤挑战者在请求的同时，站成两排的参与者都要一脸严肃地拒绝他。无论挑战者说什么，都要从不予接受的角度去找理由予以驳斥（比如用手势、语言暗示等）；

⑥在挑战者要求帮助的时候，站成两排的参与者要不停地缓慢地移动并向挑战者靠拢，缩小空间，将挑战者夹在中间，给其空间压抑感；

⑦换一个挑战者进行活动。

（2）分享感受。

①挑战者回答：你被拒绝并看到大家向你不断靠近的时候，你是怎样想的？在这种情况下，你会做些什么来改善你的状况？你的做法有效吗？

②组员分享：你观察到了什么？你觉得什么样的应对方法更有效？

活动3：超级英雄

活动目的：探讨勇气的内涵。

活动材料：A4纸、大白纸、记号笔。

活动步骤：

（1）小组成员回想一个真实生活中的超级英雄或者一个你认识过的最有勇气的人，在A4纸上写下这个人的简短传记，内容是你认识到的他们所展现的身体的、道德的或者生命力的勇气。

（2）小组分享勇气的内涵，并把讨论的结果写下来，向大组展示。

活动4：体验分享

（1）让全体成员围成一圈；提出哪个活动印象深刻、你从活动中体验到了什么等问题，同学们自由发言。

（2）一句话评价本次活动感受。

（3）和左右同学拥抱分别。

活动5：家庭作业

勇气之信：写一封信给活动3中你会想到的人，告诉他们，为什么你认为他们拥有勇气。

本章小结

本章介绍乐观、希望、勇气和智慧四个方面的理论及实践方案，为个人和团体提供提高积极认知及转变思维方式的多样选择。在设计团辅的时候，融入提高积极认知的理念和技术，设计了习得乐观、均衡时间、发展智慧和勇气三个团辅方案，旨在通过团辅了解调整认知的方式，学习转移注意力的方法，学习乐观的归因方式，发现和探寻个人时间导向，学习如何规划及均衡时间，让成员意识到自己有克服逆境的勇气，提高承受高压的能力，在逆境面前保持良好的心志，增强自信心。通过学习，了解乐观、希望、勇气和智慧的心理机制，理解他们对个人身心健康、人际关系和自我管理的影响，在日常生活或者团体活动中做出乐观的归因，增强希望感和对未来的控制感，提升勇气和智慧，从而获得长远的发展。

(本章作者　赵晓川　江苏理工学院)

第七章

积极情绪与情感体验

一般将情绪简单区分为喜、怒、哀、惧等几类以及希望、困窘、羞耻、骄傲等复合情绪,从效价的角度又可以将所有的情绪区分为积极情绪和消极情绪。首先被心理学家和临床医师们关注并加以研究的是那些消极情绪,对积极情绪的关注较少。随着积极心理学的兴起,研究者越来越关注积极情绪的力量,有关积极心理学的情绪情感理论及其应用也如雨后春笋般涌现出来。本章主要介绍在积极心理学领域应用较广、理论体系较为完善的三种积极情绪理论,即情绪智力理论、理性情绪理论、正念理论及其应用。

第一节 积极心理学的情绪情感理论

一、情绪智力理论

(一)情绪智力的定义

1. Mayer、Salovey 的情绪智力定义

情绪智力,简称情商,由新罕布什尔大学的 Mayer 和美国耶鲁大学的 Salovey 提出的。Mayer 和 Salovey 的情绪智力理论自 1990 年正式提出,经

过 1993 年、1996 年修改，至 1997 年基本定型，历经 8 年，数易其稿。2000 年他们将情绪智力更严格地定义为一种能力，情绪智力表示一种认识情绪意义和关系的能力、利用知识推理和解决问题的能力以及使用情绪促进认知活动的能力，并且认为是横跨认知系统和情绪系统的操作（运算），通常以整体的方式进行❶。

2. Goleman 的情绪智力定义

"情绪智力"术语被大众所熟知以及情绪智力理论被广泛传播要首推 D. Goleman 于 1995 年出版的《情绪智力》（*Emotional Intelligence*）一书。Goleman 的情绪智力理论在企业界及人力资源研究领域反响强烈并备受青睐。Goleman 于 1995 年将情绪智力定义为：控制情绪冲动、解读他人情感和处理各种关系的能力，情绪智力是一种中介能力，决定了我们怎样才能充分而又完美地发挥我们所拥有的各种能力，包括我们的天赋智力。2000 年 Goleman 等人对情绪智力给出了描述性定义："情绪智力能够被观察到，当一个人在情境中，在适当的时候经常以有效的展示构成自我意识、自我管理、社会觉察和社会技能的胜任力。"

3. Bar-On 的情绪智力定义

2000 年由 Bar-On 主编的《情绪智力手册》的出版，标志着情绪智力的研究进入一个快速发展的新阶段。该书涵盖了几十位情绪智力研究者发表的最新研究成果。Bar-On 的情绪智力理论与 Mayer、Salovey 和 Goleman 的理论构成了国外情绪智力理论领域的三大主要流派。Bar-On 1997 年提出的对情绪智力的定义是"一系列影响个人成功应对环境需求和压力的能力的非认知能力、胜任力和技能"，并且他还认为情绪智力是决定一个人在生活中能否取得成功的重要因素，直接影响人的整体心理健康。Bar-On 进一步指出，情绪智力是影响有效应对环境要求的一系列情绪能力的社会能力。他还对情绪智力和社会智力进行区分，把情绪智力看成个人管理能力，如冲动控制；而把社会智力看成关系技能。他认为那些能力强的、成功的和情绪健康的个体是情绪智力高的人。情绪智力是随着人的成长而逐

---

❶ 许远理. 情绪智力组合理论的建构与实证研究［D］. 北京：首都师范大学，2004.

渐发展起来的，并且一生都在变化，能通过训练和采取矫正措施以及治疗干预得到改善和提高。

（二）情绪智力的测量

1. Mayer、Salovey 和 Caruso 的情绪智力量表

Mayer、Salovey 和 Caruso（2003）根据他们情绪智力的能力模型编制了多因素情绪智力量表（Multifactor Emotional Intelligence Scale，MEIS）。他们在 1997 年开发了 MSCEIT（Mayer-Salovey-Caruso Emotional Intelligence Test，MSCEIT1.1）。但对该量表的准确性及评分标准的争议较多。Mayer 等人认真对待各种批评，对 MSCEIT 进行了修改和完善，2000 年出版了 MSCEIT 2.0。评分标准与 MSCEIT1.1 一致，采用大多数人一致的评分和专家评分两种方法。该量表的信度证明大多数人一致意见的评分准确性是可信的。验证性因素分析支持他们构建的情绪智力理论模型。

2. Goleman 的情绪智力量表

最初 Goleman 设计了由 10 个问题项目组成的情感智力问卷，然而因为没有测验指南，Goleman 是如何编制或选择测验项目和 EI 量表信度、效度的数据也不清楚，因此遭到了一些批评。Goleman 于 1998 年参照 Boyatzis 等人的工作胜任力模型建构了情绪胜任力模型，Boyatzis，Goleman 和 Rhee（2000）编制了根据绩效理论的情绪胜任力量表（Emotional Competence Inventory，ECI）。2002 年 Boyatzis，Goleman 等人对 ECI 的内容进行了大幅度的修改，出版了 ECI 2.0，也称 ECI 360 度量表。结构形式由 4 个因素 20 种情绪胜任力组成，内部一致性系数、再测信度、内容效度、结构效度、区分效度、校标效度都非常清楚。

3. Bar-On 的情绪智力量表

Bar-On 于 1997 年编制出版了世界上第一个测量情绪智力的标准化量表《Bar-On 情商量表》（Bar-On Emotional Quotient Inventory，即 EQ-i），该量表已成为国际上著名的心理量表之一。EQ-i 量表由 133 个题目组成，内容结构与理论结构模型基本一致。总量表由 15 个因素的 15 个分量表构成。量表采用自陈法、5 点记分法。量表结果分别有一个总 EQ 分数，5 个成分量表分数和 15 个分量表的分数。EQ-i 量表将原始分数转化为标准分数，

EQ 分平均数是 100，标准差是 15。EQ-i 量表具有较高的内部一致性信度，且具有较高的聚合效度和区分效度。

（三）情绪智力理论的应用

情绪智力这一概念如今已经家喻户晓，或者说"情商""EQ"这样的字眼人们更加熟悉。这一切都归功于时任美国《时代周刊》作者的 Goleman，他于 1995 年出版了《情绪智力》一书，在媒体的推动下该书连续数周位居美国畅销书排行榜前十名，情绪智力很快被世人所知晓，同时也带来了市场炒作的热潮。市场炒作大多围绕 EQ（情商）展开，互联网上出现各种各样、名目繁多的情商测试和各种名不副实的情商培训班，以及各种以"情商""EQ"为噱头的出版物。经过一段时间的热潮后有关情绪智力的研究逐渐走向了去伪存真的阶段，牟利炒作市场开始萎缩，人们正在用冷静的目光、理性的思考、科学的态度分析和展望此理论的应用前景。

情绪智力理论在诸多领域展现了其应用性：在组织行为领域，许多研究已经表明，情绪智力与诸多组织行为变量关系密切，如工作满意度、领导效能、工作绩效等。在身心健康领域，研究者关注了情绪智力与压力的关系，情绪智力与抽烟、酒精成瘾等不良生活方式的关系等；在教育领域，教育者在情绪智力对认知智力的促进作用，情绪智力对于改变高分低能现象、社会适应不良现象的影响方面给予了更多的关注。也有学者尝试探讨促进情绪智力的学习因素，并且发现书法练习对于儿童情绪智力的某些方面能够起到积极的促进作用。随着理论研究和实践探索的不断深入，情绪智力理论将会辐射到更广泛的应用领域❶。

二、理性情绪理论

（一）理性情绪理论的定义

该理论是由美国临床心理学家 Albert Ellis 于 20 世纪 50 年代创立的一种心理治疗体系，他认为人有其固有本性，人的先天倾向中有积极的取

---

❶ 王晓钧，廖国彬，张玮. 22 年情绪智力研究的现状、特点及趋势 [J]. 心理科学，2013，36（3）：753 – 760.

向，也有消极的本性，换句话说人有趋向于成长和自我实现的内在倾向，也具有非理性的不利于生存发展的生活态度倾向，而且 Ellis 更强调后一种倾向，他认为正是这种非理性的生活态度导致心理失调。

理性情绪理论又叫情绪 ABC 理论，A 代表诱发事件（Activating Event），B 代表信念（Belief），是指人对 A 的信念、认知、评价或看法，C 代表情绪与行为（反应）（Consequence）。Ellis 认为并非诱发事件 A 直接引起症状 C，A 与 C 之间还有中介因素在起作用，这个中介因素是人对 A 的信念、认知、评价或看法，即是信念 B，Ellis 认为人极少能够纯粹客观地知觉经验 A，总是带着或根据大量的已有信念、期待、价值观、意愿、欲求。因此，对 A 的经验总是主观的，因人而异的，不同的人面对同样的 A 会引起不同的 C，主要是因为他们的信念有差别，即 B 不同。换言之，事件本身的刺激情境并非引起情绪反应的直接原因，个人对刺激情境的认知解释和评价才是引起情绪反应的直接原因。在 ABC 理论中，D 代表驳斥治疗（Disputing），通过 D 来影响 B，认识偏差纠正了，情绪和行为困扰就能在很大程度上得以解除或减轻，最后达到 E 效果（Effect），负性情绪得到纠正，如图7-1所示❶。

```
A  ←——————  B  ——————→  C
活动事件      信念        情绪和行为结果
Activating    Belief      Emotional and
Event                     Behavioral
                          Consequence
              ↑
              │
              D  ——————→  E
           驳斥治疗       效果
           Disputing      Effect
           Intervention
```

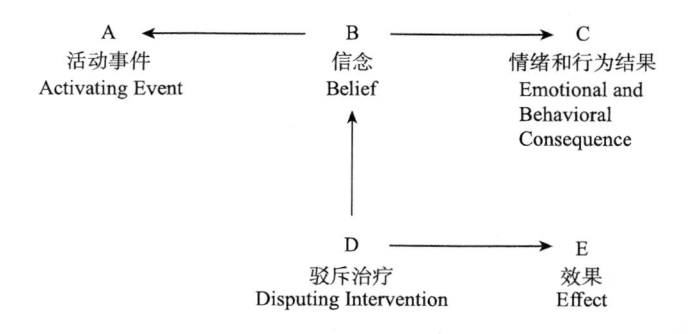

图7-1　情绪 ABC 理论

（二）理性情绪理论的运用

理性情绪理论的运用是理性情绪疗法，它科学地解释了人对客观事件

---

❶ 段兴华，张星杰，侯再芳. 理性情绪疗法的理论及应用 [J]. 内蒙古农业大学学报（社会科学版），2003（3）：105-107.

的看法和其行为之间的必然因果关系，由此提出了解决心理困惑的关键是改变看法，即把不合理的、造成心理困惑的看法，通过反诘教育——心理学上的"诘难"而改变成为合理的、健康的看法。理性情绪疗法在运用中可以分为以下四步：第一步，直接或间接地向治疗对象介绍情绪 ABC 理论的基本原理，了解治疗对象的思维方式；第二步，要使治疗对象明白其情绪困扰是由于自身不合理的信念导致的，他们应对此负责；第三步，通过与不合理信念辩论等方法和技术帮助治疗对象认清其自身存在的不合理信念，帮助其建立合理的信念；第四步，帮助治疗对象学会以合理的信念代替不合理的思维方式。理性情绪疗法中最常见的技术就是与不合理信念辩驳的技术，该技术在运用时可分为质疑式提问法和夸张式提问法两种。质疑式是指工作者直接向被治疗者的不合理信念发问；夸张式是工作者对被治疗者信念中存在的不合理、不合逻辑之处向其提出夸张性问题。此外，合理情绪想象技术以及认知的家庭作业技术作为理性情绪治疗法的辅助技术，可以进一步帮助治疗对象认识自身存在的不合理信念，建立合理认知。

三、正念理论

（一）正念的定义

正念概念的界定，经历了三个发展阶段，最初的概念源自佛教的本意，被引入临床心理学界后正念有了描述性定义，在正念得到广泛关注后，对其又有了更为精确的操作性定义❶。

1. 正念的本意

"正念"这一术语源主要包括觉察（Awareness）、专注（Attention）和忆念（Remember）。其中，觉察是指对发生于内外事务的知晓，而专注是对觉察本身的强有力的集中。通过引导专注力指向觉察，而不是试图控制和压制觉察，以此获得一个对内外部世界全面而且综合的感知。忆念不是

---

❶ 顾瑛琦. 正念的去自动化心理机制及临床干预效果研究 [D]. 上海：华东师范大学，2018.

对过去事件和经历的记忆,而是指能持续用心于觉察与专注过程,正念是一种将专注力保持在当下的状态。

2. 正念的描述性定义

自正念进入临床心理学领域,其内涵变得更加丰富。学者们纷纷给出了更正式的定义。首先将正念运用到临床中的 Kabat-Zin 博士,他将正念定义为"引导人们专注眼前的目标而形成清醒的觉察状态,并且不加评判地接纳此刻的各种体验"。相比于早期佛教领域的正念,临床心理学领域的正念还包括接纳和不评判两个主要要素。其中接纳强调接受自己的身体和心理状态,与自己建立密切而真实的联系,不是逃避不适、回避症状或压抑某些心理感受、负性情绪,接受发生在其内部或外部的任何事情或状态。另一个关键性因素是不评价,主要指在接纳过程中,应表现为不带任何的主观评价,不能出现好、坏,有价值、没有价值等评判性想法。

3. 正念的操作性定义

尽管许多实证研究表明,"接纳"和"不评判"是正念其能促进个人健康和提升幸福感的核心要素,但究竟怎样才是不评判的接纳,怎样测量个体是否达到不评判的接纳这种状态。针对正念缺乏操作性定义的问题,数位学者通过研讨达成共识,认为正念是"一种对注意的自我控制",从而可以"将注意力保持在当前经验或体验上,并可以深入理解当前的心理活动,特别是对当前的经验或体验,如好奇心、开放性和接纳度,采取特定的导向和态度"。该定义将正念视为一种状态特质,包括"对注意的自我控制"和"对个体经验的导向"两个成分。首先,"对注意的自我控制"主要是对当下的一种觉知,这种觉察包括思维、情感、情绪、行为等方面。其次,"对个体经验的导向"方面,要求个人对经验采取开放的态度,并且带着好奇与接纳。因此,正念的操作性定义可以概括为"注意力从意识到的非自愿的内在活动转移到当前的经验,并保持对当前经验的好奇心、开放性和接受度"。

(二) 正念理论的应用

正念理论的应用使传统临床心理学出现了重大的改变。其中,比较有影响力的是正念认知疗法,主要用于抑郁症复发且处于康复期的患者;辩证行为疗法，主要用于认知模式习惯性僵化的抑郁症、强迫症患者；接纳与承诺疗法，主要针对物质滥用、进食障碍的患者。这些以正念为基础的疗法，曾被誉为"行为与认知疗法的第三次浪潮"。

以正念为基石的正念减压疗法、正念认知疗法都表明，通过对自己身体和思维、情感、情绪进行清晰的觉察和注意，可以与真实自我建立联系，从而减轻生理和心理的痛苦，改善生活品质。比如，正念认知疗法应用于各类神经症，包括焦虑症、抑郁症、边缘型人格障碍、强迫症、多动症、创伤和创伤后应激障碍以及进食障碍等的治疗上，都有明显的疗效及相对稳定的预后。大多数患者在干预治疗完成的数周或数个月后，身心症状均得到显著的改善，症状行为减少甚至消失。又如，临床研究显示，正念减压疗法对一些慢性疼痛、癌症、冠心病的辅助治疗效果显著。再者，近年来正念疗法的应用已超越了临床领域，很多研究开始触及积极心理学领域，比如在学校、居民社区、老年人健康管理等领域传播正念训练的理念，旨在挖掘正念心理因素、增强幸福感、提升生活满意度、促进自尊、自主、宜人性，提高希望、乐观、同情等积极心理健康指标。因此，由于正念对个体身心健康和幸福感有着积极促进作用，其引起了广大学者的广泛关注和讨论，近年来，以正念为主题的相关研究大量发表在经同行匿名评审的学术期刊上，可以说正念已成为健康心理学领域的一个亮点。

第二节 积极情绪与情感体验的基本策略

一、品味愉悦

品味（Savoring）是积极心理学中的一个重要概念，它主要指个体延长和增强积极体验的过程[1]。1989 年 Bryant 提出了生活感知控制（Perceived Control）的四因素模型：避免（Avoiding）、应对（Coping）、获得

---

[1] 郭丁荣，任俊，张振新，等. 品味：主动用心地感受积极体验［J］. 心理科学展，2013，21（7）：1262－1271.

（Obtaining）和品味（Savoring）。即个体在日常生活中首先要尽可能避免应激事件的发生，一旦发生则需要采取相应的应对手段来减少消极体验。同样，人们在面对积极事件时不仅可以被动地获得积极体验，还可以通过第四个因素"品味"来主动增强和延续积极体验。2007 年 Bryant 和 Veroff 在出版的专著《品味：一种新的积极体验模型》(*Savoring: A new model of positive experience*) 中明确了品味的定义：品味是指人们引起、欣赏和增强积极体验的能力以及以这种能力为基础的加工过程。为了进一步说明品味的实质，研究者指出了品味发生的 3 个理想基础：①对当下发生事物的直接感受或直接联结；②从社会需要和自尊追求的压力中释放出来；③对体验的聚焦与用心，而非享乐主义的愉悦或各种自我需要的满足。由此也可以看出，与积极心理学中涉及积极体验的其他概念相比，品味强调了一种积极主动的过程，更加关注人们面对积极事件时与环境的互动。

品味的类别划分基于早期经济学文献中引发个体积极体验的 3 种方法，即对过去积极事件的回忆、对现在积极事件的感受和对未来积极事件的预期（Jevons，1905）。据此，品味可以按照时间维度分为 3 种类型：①回想（Reminiscing），强调通过回忆过去相关的积极体验而增强现在的积极体验；②品味当下（Savoring the Moment），强调增强"此刻"的积极体验程度；③预期（Anticipating），强调通过想象未来的积极体验而增加现在的积极体验。这 3 种品味分别通过练习过去、专注现在和期待未来而延长和增强当下的积极体验，其中最核心的是品味当下，如图 7-2 所示。

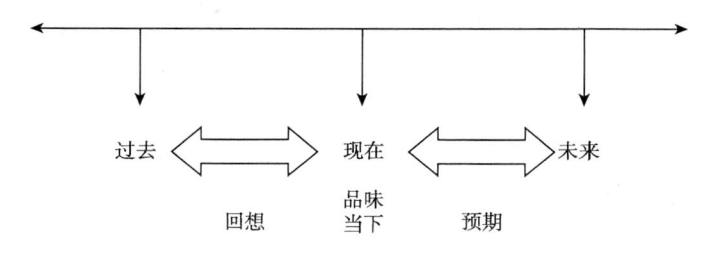

图 7-2 三种品味类型的时间关系

二、善爱冥想

冥想（Meditation）来自五千年前的东方文化。目前，冥想已经成为心理学家研究和关注的焦点。[1] 对于冥想，心理学界尚未给出统一的定义。有些学者从认知角度概括为"练习者通过一系列复杂的情绪和注意调节训练进入冥想状态，该状态具有提高幸福体验和平衡情绪的效果"；有些学者从行为角度概括为"冥想是一种由放松身体阶段、调节呼吸阶段和注意专注阶段组成的训练过程"；有些学者从心理体验角度概括"冥想可以使练习者通过自我调控训练获得宁静、专注状态，体验到一种幸福感"。根据以往学者对冥想的定义可以总结，冥想是一种通过特定的技术使练习者放松身体和心理的综合性训练。

冥想的种类繁多，根据注意的朝向可以将冥想分为正念（Mindfulness）冥想和专注（Concentrative）冥想两大类。正念冥想的定义为："一种即时即地的、不判断的觉知，通过专注来培养冥想者沉浸在此时此刻的状态中，尽可能不作出任何反应。"专注冥想要求冥想者在冥想过程中摒弃任何想法和感觉干扰，尽可能地将注意力集中在感受呼吸、想象图像等心智活动上。大部分冥想方式都是介于这两者之间。

冥想是应用和研究最广泛、最持久的心理训练之一。近年来，由于其显著的效用，越来越多的人参与冥想练习。冥想的应用从最初的临床领域扩展到学校、老年人护理、工作场所和社区等众多领域。认知心理学和神经科学中与冥想有关的研究越来越流行，已有的研究显示，冥想会通过提高注意力对多种认知功能产生积极的影响，如工作记忆、执行功能、长时记忆和创造性思维等。

三、正念训练

正念是个知易行难的过程，必须有坚定的信念、百分之百的努力，才能让正念之光照亮自己的身心。然而，仅凭决心和努力，显然难以对抗难

---

[1] 贺淇，王海英. 冥想对注意能力的影响 [J]. 心理科学进展，2020，28（2）：284–293.

以平息的思绪,对于正念练习者来讲,以下的基本准则是必要的❶。

1. 当下即是的原则

在高速发展、日新月异的当代社会,每当一个行为表现后人们都急切地想知道结果,即对自己有何种益处、能收获什么。当下即是要帮助人们觉察自己那颗不安的心,呈现出人到了哪里就在哪里的状态,我们便可以舍下过去、未来,在当下的、此时此刻的状态中觉醒。

2. 感知呼吸的原则

正念指引我们将注意力关注在当下,你会发现头脑中无数个念头出现,要让你的注意力有个聚焦的目标,当我们感知自己的一呼一息时,就已经全然置身于此时此刻了。这种对呼吸的感知,并不是要你控制呼吸本来的节奏,只是单纯的呼吸,不需要试图想获得什么感觉,没有对错,没有技法。

3. 耐心的原则

如果把正念比作种子,那么耐心就是能滋养种子的土壤。显然,越耐心土壤就会越肥沃,个体就会收获更多正念。耐心并不是说你只能以稳定的脚步慢慢走,同样可以加快脚步,甚至跑起来,只不过仍是带着正念地跑,不去预想结果地跑,这样不但能提高做事的效率,还能变得更有耐心。

4. 放下的原则

放下是个体下意识的决定,意味着对当下的所有体验完全接纳。不再因为喜欢或是厌恶,而强求或是放弃什么。通常我们会被渴求外界事物的欲望所缠住,手紧抓着欲望不放,心也紧抓不放,拼命抓着狭隘的观点来困住自己。当深陷泥潭之际,仍旧在衡量某些事件的好与坏。在正念练习中,能秉持放下的原则,平静地觉察自己的喜欢或厌恶,看着它们不停地拉扯,好似旁观者一般,这种远离我执的状态,便会滋养出更多的正念。

5. 不加批判的原则

在正念练习过程中,我们会发现总是与评价有着割舍不断的联系,因

---

❶ 顾瑛琦. 正念的去自动化心理机制及临床干预效果研究 [D]. 上海:华东师范大学, 2018.

为我们总是会忍不住地问这样做对吗？领导者说的体验跟我的一样吗？我距离领导者说的那种体验还有多远？种种类似的问题，无不反映出我们的评价态度。这种评价态度归根结底是由于我们有想要作为的人生信条。如果对事情评价为有利，那么内心就喜悦，接下来就会谋划怎样让这件好的事情长久围绕着自己。如果对事情评价为不利，自然就会产生厌恶的情绪，而后想办法压抑或逃避这件坏事情。倘若能以一颗不加评判的心去看待一切，以事情本来的面目看待它、体验它，你将很自在、幸福。

6. 信任的原则

当我们不了解将来会发生什么时，如果你相信自己，就不会体验到焦虑、害怕等负面情绪，而且，你会在信任这块沃土上滋养出安全感、开放性。修习正念时，信任感非常重要，只有相信自己有能力与自己建立联结，有能力时刻与真实的自我同在，有能力保持稳定的觉察，我们才会体验到正念的状态。信任感可以通过正念练习来培育，先从可以信任自己的地方入手，觉察自己。

第三节　积极情绪与情感的团体心理辅导

一、EQ 知多少？

主题一　EQ 知多少？

（一）活动介绍

本次活动从情绪智力的视角出发，分别从情绪认知、情绪整合、情绪理解以及情绪管理等多角度对成员进行情绪智力的训练。

活动材料：情绪卡片、A4 纸、多媒体。

活动关键词：情绪知觉、情绪整合、情绪理解、情绪管理。

（二）活动过程

活动1："我演你猜"（15 分钟）

活动目的：通过活动让成员了解情绪的类别及健康情绪，提升情绪知觉的能力。

活动材料：情绪卡片。

活动步骤：

（1）领导者准备六张"情绪卡片"，卡片上分别写上"喜、怒、哀、惧、爱、恶（厌恶）。

（2）让自愿上台的成员随机抽出一张卡片，用表情、动作等非语言信息表达卡片上所写的情绪，不能用言语表达。让台下的成员猜测台上的成员要表达什么情绪。

（3）请出六位成员表演六张"情绪卡片"上所写的内容。

（4）组织成员讨论："情绪有好坏之分吗？为什么？"

（5）成员交流并请代表发言。

（6）领导者小结：情绪没有好坏之分，关键要表现适当。一些消极情绪只要表达恰当也是有益的，例如我们的考试成绩不如意时，产生了羞愧、内疚的情绪，这有助于促使我们反思自己，努力学习。

活动2："镜子"活动（15分钟）

活动目的：让成员明白装着某种情绪就会产生某种情绪，掌握镜子技术，提升对情绪理解的能力。

活动步骤：

（1）成员两人一组，甲成员做出各种愉快的表情，乙成员作为"镜子"模仿甲的各种表情。时间为2分钟左右。

（2）双方互换角色。

（3）成员围绕刚才的活动讨论分享。看到"镜子"的表情，你有什么感受？情绪可传染吗？在努力做各种愉快表情时，你的情绪有变化吗？

（4）成员发言、领导者小结：心理学研究表明，当我们装着某种心情模仿某种心情时，往往能帮助我们真的获得这种心情。因此，每天早上起床后我们对着镜子笑一笑，告诉自己"今天会有个好心情"，往往会为你带来一天的好心情。即使没有镜子的时候，也可利用镜子技巧，使自己脸上露出很开心的笑容，挺起胸膛，深吸一口气，然后唱一段歌曲，或吹一小段口哨，哼哼歌，记住自己快乐的表情。

活动3：凡人、天使与魔鬼（20分钟）

活动目的：帮助成员们认清自我的内在冲突，看到积极的一面和消极的一面。提升个人情绪整合以及情绪认知的理性化能力。

活动材料：A4 纸若干，分别用彩笔写上"凡人""天使""魔鬼"字样。

活动步骤：

（1）分组：每 3 人一组，领导者向成员解释角色任务。

（2）"凡人"第一个发言，负责产生情绪，把身为一个凡人可能遇到的困惑苦恼尽量具体化，有情节、有内容，3 分钟；"魔鬼"第二个发言，负责给"凡人"的生活和心愿泼冷水，尽力打击"凡人"；"天使"最后发言，负责鼓励"凡人"，尽力让他感受事情积极光明的一面。

（3）领导者请每个小组中的 3 人分别自愿担任，规定时间内可以轮换角色。

（4）小组内角色轮换后，组内成员彼此握手，互相说"谢谢你给我的忠告"。

（5）领导者提问：在这三个角色中，你认为哪个角色最好扮演？你认为自己扮演的哪个角色最棒？想想看，在生活中，你自己是如何扮演自己的"天使"和"魔鬼"的？

讨论及分享。

活动 4：EQ 知多少？（30 分钟）

活动目的：让成员领悟情绪智力对自身发展和取得成功的重要影响，激发成员情绪管理的强烈需要。

活动步骤：

（1）领导者介绍"软糖实验"，引发成员讨论：这个实验说明了什么？

1960 年，著名心理学家瓦尔特·米歇尔（Walter Mischel）进行了"软糖实验"。在斯坦福大学附属幼儿园里选择了一群 4 岁的孩子，这些孩子多数为斯坦福大学教职员工及研究生的子女。让这些孩子走进一个大厅，在每一位孩子面前放一块软糖。测试老师对孩子们说：老师出去一会儿，如果你能坚持到老师回来还没有把自己面前的软糖吃掉，老师就再奖励你一块。如果你没等到老师回来就把软糖吃掉了，你就只能得到你面前的这

第七章 积极情绪与情感体验

一块。

在十几分钟的等待中,有些孩子缺乏控制能力,经不住糖的甜蜜诱惑,把糖吃掉了。而有些孩子领会了老师的要求,尽量使自己坚持下来不吃糖,以得到两块糖。他们用各自的方式使自己坚持下来。有的把头放在手臂上,闭上眼睛,不去看那诱人的软糖;有的自言自语、唱歌、玩弄自己的手脚;有的努力让自己睡着。最后,这些有控制自己能力的小孩如愿以偿,得到了两块软糖。

研究者对接受这次实验的孩子进行长期跟踪调查。中学毕业时的评估结果是,4岁时能够耐心等待的人在校表现优异,入学考试成绩普遍较好。而那些控制不住自己,提前吃掉软糖的人,则表现相对较差。而进入社会后,那些只得到一块软糖的孩子普遍不如得到两块软糖的孩子取得的成就大。

这项实验使人们意识到对智力在人生成就方面所起的作用估价有些偏高;而对原本并不陌生的人类情感,在人生成就和生活幸福方面实际上所起的巨大作用估价太低了。正是这项实验研究引发了人们对情感智力研究和教育的重视。

(2)成员讨论并发言。

(3)领导者介绍情绪智力的内容:在一个人成功的要素中,情绪智力占了极大的比重。1990年,美国学者Mayer和Salovey首先提出情绪智力的概念。他们认为,在一个人成功的要素中,智力因素仅占20%,而非智力因素,其中主要是情绪智力,则占80%。他们认为情绪智力是个体准确而有效地加工情绪信息以及控制自身和他人情绪的能力。它具体包括以下五种能力:清楚地认识自己的情绪;妥善地管理自己的情绪;激发自己的正面情绪;认识他人的情绪;安抚他人的情绪。

(4)讨论:举例说明以上能力与你的成功有什么关系。

(5)成员代表发言。通过成员自身的论证,让成员感悟情绪智力的重要性。

活动5(结束活动):体验分享(10分钟)

(1)让全体成员围成一圈;提出哪个活动印象深刻、你从活动中体验到了什么等问题，成员们自由发言。

（2）一句话评价本次活动的感受。

（3）和左右成员拥抱分别。

二、积极情绪管理

主题二　积极情绪管理

（一）活动介绍

本次活动从积极心理学的视角出发，以理性情绪理论为理论基础，结合理性情绪疗法 RET。通过改变不合理的信念和建立现实的认知结构，帮助成员排除消极情绪，发展健康情绪。

活动目的：了解情绪 ABC 理论的实际运用，理解并合理使用理性情绪疗法。

活动关键词：情绪调节、情绪 ABC、积极情绪。

（二）活动过程

活动1："想法"决定情绪？（30 分钟）

活动目的：明白影响我们情绪的不是事件本身，而是我们对事情的看法。不同的看法引起不同的情绪。明白产生什么样的情绪完全由自己控制。

活动材料：漫画三幅（或可用小品演示），内容是反映不同的人对同一件事会产生截然不同的情绪的素材。

（1）荒岛上的鞋子推销员（两位鞋子推销员到一个荒岛上，发现荒岛上的人都不穿鞋。一个感到非常失望，因为他认为这个岛上的人都不愿穿鞋，要成功推销是没有希望的；另一个感到非常兴奋，因为他认为这个岛上的人还没有鞋子穿，成功推销的希望极大。）

（2）玫瑰花（A 的看法："这世界真是太美好了，在这丑陋、有刺的梗上，竟能长出这么美丽的花朵。"B 的看法："这世界太悲惨了，一朵美丽的鲜花，竟然长在有刺的梗上。"）

（3）半杯水（两个人都十分口渴，当见到有半杯水时，他们产生了不同的情绪反应。A："还好，还有半杯水——满足。"B："怎么只剩半杯水了——不满！"）

活动步骤：

（1）成员观看三幅漫画，思考：为何对同一件事，不同的人会产生截然不同的情绪？

（2）成员讨论、发言。

（3）领导者小结：情绪ABC，A——事件、B——想法、C——情绪，我们通常认为"某某事情使我产生了某某情绪"。其实，影响我们情绪的不是事件本身，而是我们对事情的看法。对同一件事，不同的人会有许多不同的想法。即使同一个人也会对同一件事有不同的想法。不同的想法则引起不同的情绪。

（4）练习：请就以下事件尽可能多地写出你的想法，并注明每一种想法下的情绪。

事件：你的好友说周末会找你去逛街，但整个周末他都没有和你联络。

想法A：   情绪A：

想法B：   情绪B：

想法C：   情绪C：

想法D：   情绪D：

（5）成员分享交流。

（6）领导者举例分析。

想法A：这个人一点都不讲信用。   情绪A：讨厌、生气

想法B：他根本不当我是朋友。   情绪B：气愤

想法C：他可能突然有急事来不及通知我。   情绪C：谅解

想法D：他不会是来找我时出了什么意外吧？ 情绪D：担心

讨论及分享：可见"怎么想"会使我们产生不同的情绪。情绪其实操控在我们自己手中，记住："换个想法，快乐自然来。"

活动2：我的情绪ABC（15分钟）

活动目的：学会分析自己的情绪ABC，进一步体会"换个想法，快乐自然来"。

活动步骤：

（1）请成员写出近来令自己快乐、生气、伤心、紧张、受挫或自卑的事件（A）和当时的想法（B）与情绪所导致的行为结果（C）。

事件（A）	想法（B）	情绪的行为结果（C）
例：某某叫我绰号	我感到不被尊重	生气或不理他

（2）成员思考：这些事件和想法是否引起了你的情绪困扰？如果原来的想法引起了你的情绪困扰，试试换种想法会怎么样？

（3）小组内交流分享。

（4）请部分成员代表发言分享。

进一步强调"换个想法，快乐自然来"。

活动3：合理？不合理？（15分钟）

活动目的：让成员学会分辨哪些想法是合理的，哪些想法是不合理的。

活动步骤：

（1）读完下列题目后，首先试着写下你觉得不合理的想法，以及你可能有的感受和行为，然后试着写下你觉得合理的，以及你可能有的感受和行为。

题目自选或自拟。如我的一帮朋友相约外出活动，却没有通知我参加。

（2）小组内分享交流：这活动给你什么启示？并请成员代表发言。

（3）领导者小结：想法决定情绪。通常对事件持合理的想法，则情绪行为OK，而对事件持不合理的想法，则容易引起负面情绪反应，造成困扰。常有情绪困扰的人，通常有较多的不合理想法。若要去除情绪困扰，就必须分辨自己的想法中哪些是理性的，哪些是非理性的。到底如何区分理性与非理性呢？

（4）成员小组讨论：理性的想法与非理性的想法分别有什么特点？

（5）成员发言。

（6）领导者小结。

理性：符合现实、客观、合理、合逻辑的想法。例如："人无完人，总会有犯错误的时候。"

非理性：不合理、缺乏清楚思考、易引起负面情绪的荒谬想法。例如：我不容许自己犯错；成员都应单纯，应远离功利和虚伪；我必须和中学时代一样优秀；我真诚待同学，同学也必须同样待我；别人应该按照自己的意愿行事……

（7）领导者进一步介绍不合理信念的三个特征、默兹比提出的五条区分合理与不合理信念的标准。

（8）区分非理性想法的关键词。

有一些关键词常和非理性想法联结在一起，如"受不了""糟透了""以偏概全""必须""应该""一定要"等，可作为寻找非理性想法的线索。但要注意，困扰并非由这些表达的字本身引起的，而是由这些字句背后所隐藏的意义和态度所引起的。这些字可能是非理性想法的关键所在，但仍要注意它们是否真的和非理性想法有关联。有些人只是不经意地使用，或当口头禅说说而已，并未造成任何不愉快，这样便与非理性想法无关。例如，"闹钟按下钮后，应该就不会响了"是一种合理想法。记住："常引起极端负向情绪与困扰的想法和字句才是非理性的。"

（9）成员练习分辨非理性。

下列句子分别属于哪一类型的非理性想法？

我受不了他那爱表现的样子。（不切实际的夸大）

表弟将我的簿子撕了，真气人，这是不得了的事，明天我怎么办？（夸大）

这次考试成绩糟透了，我真不是读书的料，我的前途没希望。（夸大）

父母不答应我和同学远足旅行，实在太过分了。（对别人不切实际的要求）

这次考试没有保住全班第一的位置太让我伤心、生气了，我必须要保持第一的位置。（对自己不切实际的要求）

讨论及分享。

活动4：理情调节ABCDE（20分钟）

活动目的：成员学会运用理性情绪法来调节情绪。

活动步骤：

（1）领导者介绍理情调节法的 ABCDE 步骤。

确定引发情绪的事件（A）

自己对此事件的想法（B）

这想法所引发的情绪（C）

对原想法的不合理成分进行驳斥（D）

建立理性的想法和适当的情绪（E）

（2）成员运用练习：以你最近产生过的一种消极情绪为例，按上述步骤进行情绪调整，并把调整过程记录在纸上。

（3）领导者举例分析：最近我总处在焦虑不安和自卑的情绪中。

A. 事件：最近一次考试没考好。

B. 原想法：我真没用，不是读书的料。

C. 引发的情绪：焦虑不安、自卑。

D. 驳斥原想法的不合理性：一次失败不代表一个人永远失败，这次发挥不好也不代表我笨、没用，这一次犯了以偏概全的错误。

E. 建立理性的新想法：这次发挥不好不代表我笨，这次没考好的原因是自己没有认真复习，下次我认真做好考前准备，情况会好转。

新情绪：自信。

（4）小组内交流自己的调整步骤并互相评析。

（5）每组选一个代表说出自己的调整过程及体会。

（6）练习：请用合理情绪理论对自己的一个负性事件进行分析。

A. 发生了什么事？

B. 当时有什么想法？

C. 是怎样的情绪反应？（用词语表达，且用 1～10 程度词语描述）

D. 对"当时想法"进行辩论。"想法"对吗？证据是什么？按当时的想法去做的最大好处是什么？最大坏处是什么？

E. 若再来一次，现在"我"会怎样处理，会说些什么，会做些什么，感觉如何？

讨论及分享。

活动5（结束活动）：体验分享（10分钟）

（1）让全体成员围成一圈；提出哪个活动印象深刻、你从活动中体验到了什么等问题，成员们自由发言。

（2）一句话评价本次活动的感受。

（3）和左右成员拥抱分别。

三、正念训练

主题三　正念训练

（一）活动介绍

本次活动从正念的操作性定义出发，带领参与者体验正念训练的力量。自我觉知当下的体验，并保持开放的态度，主动积极地进行正念训练。

活动目的：使初学者感受正念训练的过程，从掌握理论知识到福流体验。

活动材料：葡萄干等。

活动关键词：正念吃葡萄干、身体扫描、正念听声音。

（二）活动过程

活动1：正念吃葡萄干

活动目的：调用我们的五官六感来体验当下的感受，可以帮助你把全部注意力集中在"葡萄干"上，体验平常觉察不到的美好。

活动材料：葡萄干。

活动步骤：

正念吃葡萄干通常作为正念训练开始的第一步，它带给我们对于正念最初的体验——日常生活中最常见、最不起眼的食物，你是否真正发现过它的美妙之处？每天都在做咀嚼、吞咽的动作，你是否真的清楚你做这些时自身的感受？

放慢速度，带着好奇、开放的态度来觉察，看、触、嗅、品，以也许是全新的方式再次与手中这粒我们常见却又是第一次带着好奇、开放态度而见的葡萄干进行接触,同时细细关注自己的眼、鼻、口、舌与它接触时的感觉。看看这次会不会带来什么不一样的体验。

正念吃葡萄干练习开始一场新的美妙体验。

讨论及分享。

活动 2:正念之身体扫描

活动目的:提高对身体感受的觉知,对自己身体乃至情绪的变化更加敏锐,同时也提高我们进行清醒觉察的能力。

活动步骤:

(1)首先放松身体,开始几分钟专注于呼吸,注意每一次呼吸时,腹部的起伏感受正念之力。

(2)接下来,如果你坐在椅子上,请将自己的注意力集中在自己身体和座椅及地面的接触面上,感受自己的变化;如果你躺在床上,请将注意力聚焦在自己身体和床的感受上。

先把对呼吸的专注放在一边,感觉自己身体在重力作用下被支撑物托住的感受。

当获得自己身体的空间感觉后,将注意力集中在一只脚的脚趾上,感受来自脚趾的感觉,是紧张还是松弛,是冷还是热?以充满好奇心的态度全身心专注于这一系列短暂的细微感受,虽然有时候我们感受到它们是孤立的,你可以尝试着去把它们串在一起。如果在此期间发现自己被吸引到其他感受时,请将自己轻轻地拉回到对脚趾的专注上,直到有一种完全的专注状态出现。

(3)接下来以同样的方式将注意力集中在另外一只脚趾上,做同样的练习。在你准备将专注力移至其他部位之前,请将专注力在脚底部位做少许时间停留,认真体会这个部位的各种感受。

(4)就这样继续将观想过程进行下去,依次到小腿、膝部、大腿、腹股沟部、腹部、胸部以及颈部等。

在这个练习中,练习者要带着好奇、开放的态度,有意识地觉察身体的每个部分。从脚趾到头顶,每个在日常生活中可能被我们忽略的身体部位,我们都要借此机会与它们"单独"相处。

（5）讨论及分享。

活动3：正念听声音

活动目的：正念听声音练习可能会提供一种方法，让我们觉知到这些声音本来的样子。我们与每天听到的声音乃至每天身处其中的环境，以一种全新的方式相处。

活动步骤：

正念听声音的练习要求练习者用耳朵如实地观察出现在周围的任何声音。怀着开放、好奇的心态，听一听出现在周围的声音。

若没有声音也不用刻意去寻找声音，有声音则去细心地认识它们：来自哪里、频率、次数、距离远近等。但是这里不要去判断，比如判断：哦，这声音听了好烦躁、不喜欢，等等。试着只是观察它们本来的样子，去接受它们。

练习者可以通过这个练习如实地、一刻接着一刻地、不加判断地觉知其身处的环境。

讨论及分享。

本章小结

情绪状态及情绪管理能力对个人成就的影响重大。积极心理学的兴起，使人们越来越重视情绪智力的作用。本章主要介绍情绪智力理论、理性情绪理论、正念理论的内涵。阐释情绪智力理论的定义、测量及应用；理性情绪理论的定义及应用；正念理论的定义及应用；介绍积极情绪体验的三种策略，品味愉悦、善爱冥想、正念训练，为个人和团体提供消除消极体验，延长和增强积极体验的多样选择。提供积极情绪与体验的团体辅导方案，如"EQ知多少""积极情绪管理""正念训练"。通过本章的学习，了解品味、冥想、正念训练的方法和意义，运用这些方法更好地观察他人、了解自我，调节自身的情绪状态并维持和谐的人际关系。

（本章作者　刘娴　江苏理工学院）

第八章

积极自我与人格特质

我是谁，谁是我，如何才能更好地了解自己，如何与自我相处，这是个体终其一生致力探讨的问题。积极心理学以个体的自我管理、自我导向和适应性调整为理论前提，关注积极人格特质的养成。本章在积极心理学视角下讨论自我发现和自我认识，了解积极自我形成的可能途径，引导个体探索自身积极心理体验，挖掘积极人格特质。

第一节 积极心理学的人格理论

阿方索·卡尔曾说过："每个人都有三重人格：他所显露出来的；他所具有却未显露出来的；他认为自己所具有的。"自我是一个古老而恒新的研究课题，自我心理学更加关注主观体验，即人们认为自己是什么样的，而人格心理学则关注客观体验，即人们实际上是什么样。本节主要介绍积极自我与人格特质相关的基本理论。

一、自尊

（一）自尊的内涵

自尊是人格的重要方面，是自我的核心，与个体的心理健康、生活幸福等密切相关。究竟什么是自尊？20世纪60年代人本主义倾向的临床心理医生纳撒尼尔·布兰登出版《自尊心理学》一书，将自尊理解为一种相信自己有能力生存下去并值得生存下去的信念。第一次把能力和价值感作为自尊中同等重要的成分，并把自尊视为人类最基本的一种需要。

20世纪90年代，克里斯·默克发展和完善了自尊的现象学理论，认为能力和价值感是决定自尊的两个主要维度，自尊是通过价值感和能力的相互作用而产生的。按照二者的不同组合关系，可将自尊分为四类：高自尊、低自尊、防御型自尊和中间型自尊。其中，高自尊又称真实的自尊，这一类人能力和价值感都高，并且认为自尊是通过个体努力取得的而非外界给予的。低自尊的人能力和价值感都低，面对挑战通常采取消极防御或逃避方式。防御型自尊包括Ⅰ型和Ⅱ型，其中Ⅰ型拥有高的价值感、低的能力，通常表现为以自我为中心和自恋倾向，当自尊受到威胁时，会产生强烈的负面反应；Ⅱ型的人拥有低的价值感、高的能力，通常过分担心成功和失败，缺乏安全感，特别渴望成功或避免失败，遭遇挫折容易导致自残或暴力行为。中间型自尊的人则具有中等的价值感和能力，这部分占人群大多数。

（二）自尊的发展

克里斯·默克认为自尊在早年形成，最初来源于对他人评价的接受或拒绝，成年期主要任务是自尊管理。生活中会有许多事件对我们的自尊造成威胁，当自尊需要被唤醒时，个体通常希望能够调用能力储备，顺利解决挑战，从而维护和管理好自尊。

泰勒·本·沙哈尔将自尊发展分为三个层次，即依赖性自尊、独立性自尊和无条件自尊。依赖性自尊是指由他人表扬和认同而产生的自尊，具有依赖性和比较性，是自尊的最初层次，也是大部分人所处的阶段。拥有独立性自尊的人对自己的评判是根据内心的标准而定的，他们清楚地知道自己学习是否努力、工作是否用心，评量自己的能力大小时，不和他人比较而是和过去的自己比较，不畏惧批评和消极的判断。他们生活动力主要来源于对以下问题的追问："我对什么感兴趣？我关心什么？我到底想要怎样的生活？"无条件自尊则是一种自然存在的、稳定的自尊状态，其自尊既不依靠他人的看法，也不来源于自我评判，能够与他人感同身受，不用考虑别人是不是比我厉害，或者我这次的表现是不是优于上一次，而是事情本身需要如何呈现，随情境发生呈现本该有的情绪和状态。假如能有其他人跟自己一样，不仅不会嫉妒还会产生类似伯牙子期的知音之感。

这三种状态是渐进关系，只有经历依赖性自尊并发展为健康的状态，才有可能进入独立性自尊阶段，而培养出健康的独立性自尊，才能达到无条件自尊。而后两者都有助于实现个体的快乐和幸福。❶

（三）自尊的意义

大多数研究者都认为自尊是一种比较稳定的自我情感，以深层心境的形式存在于人的心理活动中，会直接制约人的情绪、情感，影响个体动机强度。高自尊个体情绪总体较为高昂，表现出较强的好奇心、独立性、创造性、乐群性，乐于冒险，往往能超越自我，以较大的热情去追求目标的实现，表现出积极行为模式。具体来说，自尊对于个体具有如下重要意义：①情感上的安全感，知道自己不会被抛弃，面对恐惧和不安时，相信他人是可靠安全的；②体验到自我认同感，相信自己是一个有价值的存在，知道自己的价值、需要和愿望，与自己是友好而非敌对的关系；③体验到归属感，感到自己是被接受、被欣赏、被需要的个体，更易展现出对他人的尊重与合作，更易与他人建立心理联结。

二、自我同一性

（一）自我同一性概述

自我同一性是美国心理学家埃里克森提出的青少年发展理论中的核心概念，认为青年期是形成自我同一性的重要阶段。自我同一性的获得代表个体内部状态与外部环境的协调一致，比较容易建立自我认同感，悦纳自我，接受挫折和挑战，健康成长。反之，则会发生自我同一性混乱或自我同一性危机，较难定位自我角色，不知道自己需要什么、该做什么。

自我同一性重点回答三个问题：我是谁，我想成为什么样的人以及我

---

❶ 王滟明，邹简. 哈佛积极心理学笔记 [M]. 北京：中国言实出版社，2011：204.

在群体中处于什么样的位置。❶ 通俗地讲就是人在不同的时间内能认识到自己是同一个人，在时空跨度中具有一致性和连贯性。尽管时间的流逝会带来经验的丰富、知识的增多以及形体胖瘦的变化，但仍然是同一个人。

（二）自我同一性状态

马锡亚通过个体对两个问题的回答区分出自我同一性发展的四种状态：同一性获得、同一性延缓、同一性扩散和同一性早闭，如表 8-1 所示。❷

表 8-1　自我同一性四种状态划分

问题	状态			
	同一性获得	同一性延缓	同一性扩散	同一性早闭
个体是否积极寻找、探索同一性？	是	是	否	否
个体已经确定自己的选择了吗？	是	否	否	是

自我同一性获得的个体经过积极的自我探索与思考，已经明确了个人的价值观、目标、发展方向和生活的意义，获得了内在的成长动力。他们通常是思想成熟、喜欢思考的人，表现出较高的自主和自尊水平，具有较强的自我发展潜力，能对生活中的重要问题进行积极探索，主动解决成长中的困扰，主动适应外部的环境变化。因而，能够不断战胜成长中的各种挫折，以积极的心态向人生的目标迈进。

自我同一性延缓的个体正处于积极的自我探索之中，他们试图从无数的可能中对个人的职业、价值观、人际关系等方面做出选择，但还没有获得最后的决断。他们往往具有较高的焦虑水平，并通过拒绝、发泄和认同来控制焦虑。此外，还表现出对他人经验的高水平开放性。埃里克森和马锡亚都认为，每个健康的青年人都有可能会经历自我同一性的延缓状态，即努力寻找恰当的自我同一性但又没有完全确定下来。

自我同一性扩散是最不成熟的状态，处于这种状态的个体对自己的探索是肤浅的，或者根本就没有，缺乏明确价值观、目标及投入。他们或是

---

❶ 郭金山，车文博. 自我同一性与相关概念的辨析 [J]. 心理科学，2004，27 (5): 1266-1267, 1250.

❷ 陈晶. 大学生自我同一性的确立 [J]. 教育评论，2007 (2): 66-69.

不能理解自己，对自我缺乏清晰的同一感，自我评价偏低，自尊心不足；或是因自我认识和别人对自己的认识不一致而困惑、苦闷；或是对生活与工作缺乏热情，生命价值迷失，难以承担生活责任等。

自我同一性早闭的个体通常只采纳来自父母或其他权威人物的唯一一套价值观和目标体系，很少思考所认定的选择是否适合自己、阻碍自我的其他可能性发展，是一种较低级的自我同一性状态。自我同一性早闭的个体过分看重别人对自己的看法，极力寻求他人的认可，可能十分遵从权威；自我评价建立在他人评价基础上；较易附和他人而缺少自主；对传统的价值观感兴趣，少有自己的思考，在遇到紧急认知任务时，难以做出灵活、合适的反应；喜欢有组织有秩序的生活；倾向于与父母保持密切的关系，如在高考志愿、职业、异性朋友等重大选择上易采纳父母的价值观。

三、自我效能感

（一）自我效能感概念

现实生活中，即使相同智力和技能水平的人在同一任务环境下，也会有不同的行为表现，其中，个体对自己的判断起到重要的作用。班杜拉在研究个体、环境与行动三者交互作用的基础上，提出自我效能感的概念，将其定义为人们对自己能够利用所拥有的技能完成某项工作的自信程度并进一步区分为结果预期和效能预期。结果预期是对某种行为导致某种结果的预测，效能预期则是对自己能否顺利地进行某种行为以产生一定结果的预期，个体知觉到的效能预期越强，越倾向于做出更大努力。

后续很多研究者对自我效能进行研究，强调自我效能感不完全反映客观能力，而是个体主观上的信念；它不仅是对过去经验的反映，更多的是对未来行为的预测。同时，研究也发现自我效能不是一般的个性特质，而是针对具体任务领域而言的，如教师教学自我效能感、学生某个科目的学习自我效能感、管理人员的管理自我效能感等。因此，一个人在不同的领域中，自我效能感可能是不同的。

（二）自我效能感影响因素

自我效能感直接影响个体执行某项活动的动力心理过程，其具体影响主要包括以下四个方面。

1. 行为选择

人们会尽量回避那些自认为超过自身能力的环境，而选择自觉可以应付的环境或活动。自我效能感较低的人在面对挑战时，往往将其视为威胁，采取回避态度，而具有较高自我效能感的人，对挑战则采取积极应对的态度，相信正是挑战提供了个体各种学习技能的好机会。

2. 努力程度

自我效能感不仅影响个体选择做什么，而且影响其付出努力的程度。当人们感觉自己在某项工作上有较高自我效能感时，工作就会更加积极，否则便不会付出努力。

3. 认知过程

面对困难和挫折，个体会呈现出不同的自动思维过程，可能是自我阻碍的，也可能是自我促进的。自我效能感较高的人倾向于采取积极主动的行动，注意的焦点放在怎样更好地解决问题；而自我效能感低的人则总是担心所有可能出错的地方，不自觉地构建失败者剧情，从而降低努力水平。一般来说，自我效能感高的人往往把行为的成功归因为自己的能力和努力，把失败归因为努力程度不足。这种思维方式能促使个体提高努力动机，发展技能。而自我效能感低的人则多认为行为结果完全由环境控制，自己无能为力。

4. 情绪反应

在面对厌恶性情境条件，如危险、不幸、灾难时，自我效能感低的人可能怀疑自己处理、控制环境中潜在威胁的能力，因而体验到较为强烈的应激状态和焦虑唤起，并以各种保护性的退缩行为和防御行为来被动应对。这不仅妨碍其主体性在活动中的发挥，也不利于个体人格的发展。

四、自我决定理论

（一）自我决定理论概述

自我决定理论作为人本主义的一种动机理论，是由美国心理学家德西和莱恩等在20世纪80年代提出的。它假设人是积极的有机体，天生就具有追求心理成长和发展的倾向，努力应对持续挑战，并把外部经验与自我感进行整合。但是，这种先天的倾向不会自动地起作用，而是需要社会环境中的持续影响和支持才能发挥其功能。

自我决定理论不对动机进行简单的内外部区分，而是根据自我决定的不同程度把动机看作从无动机、外部动机到内部动机的连续体，外部动机又可以根据外部规则和个体自我感的整合程度分为四种状态：①外部调节，个体的行为与奖励、报酬或者避免惩罚相联系。②内摄调节，当行为与自尊或自我价值密切相关时，个体就会在乎外部的规则和要求，但并没有真正接受，这些规则的遵守与个体的自尊密切相关，否则会感到内疚和羞愧，感到个体是受规则控制的。③认同调节，当个体充分地认识到某种行为对于自己的重要性，并认同这些规则时，在行动过程中就不会感受到压力和受控制，而是更多地体验到自由和意志。④整合调节，这是最高程度的外部动机的内化，它与内部动机有很多共同之处，但还不是内部动机，因为它还有工具性的成分，行动本身还不是个人的终极目标。

（二）需要理论

需要理论是自我决定理论的新发展，聚焦滋养个体自我整合活动的环境特征因素，提出胜任感、自主感、关系三大心理需要的满足是促进个体人格及认知结构发展与完善的条件。当环境因素满足这三大心理需要时，不仅能激发个体内部动机，还能促进外部动机的内化，并有利于个体的工作产出和心理健康。

胜任感是个体感觉到自己是有能力和影响力的，当环境反馈满足个体对于能力的需要时，个体的内在动机则变得更加强烈。

自主感是个体感觉到自己能控制自己，是自主和自治的。人们会把行为看成是自我选择、自愿的，并进而感觉到快乐。当个体感受到自己有自主权的时候就会更加活跃起来，充分调动自己，充满动力而积极地参与到活动中。

关系是指与别人建立相互尊重和依赖的联系的需要，作为群体性动物，人们希望和自己有类似价值观、动机的他人产生联结。但是人们参与的活动并不总是有趣，经常要参与许多并非自我驱动的活动，包括日常杂务、工作任务和社会义务等。某些情况下，人们还是愿意并且自觉承担这些工作，甚至全身心地投入社会所提倡的甚至被命令完成的活动。满足个体关系的需要可能在这类行为中扮演重要的动机角色。

第二节　积极人格养成的基本策略

积极心理学从人格优势的角度，提出 6 大美德、24 个积极品质，并认为每个个体的内心都存在相互对立的消极和积极力量，到底哪一面占优势，关键要看个体不断给哪一面注入力量。也就是说一个自我完善的个体需要不断培养自身固有的积极力量，使其强大，而不是将重点放在消极方面的抑制和消除上。因此，个体的良好人格并不一定意味着没有任何人格问题或心理疾病，关键在于是否能积极主动地在生活中不断地追求幸福并体验到快乐，同时又能使自己的能力和潜力得到充分发挥。

一、积极自尊发展与调节

（一）无条件自我接纳

高成就一定带来高自尊吗？自尊与效能感和价值感相辅相成，如果缺乏其中之一，就算取得再高的成就，都不能带来很高的自尊。真正高自尊的个体通常都是自我接纳的。无条件自我接纳强调个体要充分接受自己，不论是否有高自我效能感，也不论他人是否接受自己或喜爱自己，人们都应该将自己看作一个有价值的、愉快的人。❶

无条件自我接纳是这样一种状态：面对自己或独处时，个体能够卸下自我监控，对自己坦诚而从容。首先，保持个人诚实，拒绝与自我对立，坦然面对内心最需要关注的东西而不必有任何自我厌弃、自我否认的感觉。其次，不回避、不拒绝、切实地去体验、感受和行动。只从尊重事实的视角纯粹地接受自己，而不是将自己割裂，保留所谓好的，剔除坏的。最后，与自己做朋友。很多人都以为只有具备某种条件，如漂亮的外表、

---

❶ 刘翔平. 积极心理学 [M]. 2 版. 北京：中国人民大学出版社，2018：172.

优秀的学习成绩、过人的专长、出色的业绩等，才能获得被自己和他人接纳的资格；有的人由于曾经被挑剔，也逐渐习惯用挑剔的眼光看自己，越看越觉得无法接受。其实，接纳自己就是无条件、无批判地接受自己的现状，学习做自己的朋友，站在自己这一边，接受并且关心自己的身体和心理状况，不加任何附加条件地接纳自己的一切。

（二）发展自尊调节能力

自尊调节能力是个体在经历失望或冷遇后还能逐渐找回自我的能力，是人们能在世界上应对自我的重要条件。当人们受到自尊的威胁时，更具适应性的反应模式是在维持其他功能运行的同时灵活地修复个体的积极体验，而缺乏适应性的反应模式则经常危及个体的人际关系及其他功能发挥。

在经历失望、挫败后，首先应该进行合理归因，避免将失败完全归结于外在的、不可控的因素。例如，再多一点时间、"猪队友"、休息不够等，以这种归因逃脱对自我能力的客观评量，能一定程度上避免自尊受到伤害。但长此以往，会无法认清努力方向，影响自尊发展。

另外，避免夸大化或以偏概全，将结果归因为自己是没有能力的人，例如，别人做得很好，可自己就做得不好；这些事情我总是做不好；我就是一个没有能力的人。这些想法会极大地伤害个体自尊，影响后续行动和自我提升的动力，从而形成恶性循环。

适应性自尊调节能够将"问题"与"人"分开，不因不足而否认"人"本身，"人"本身不是问题，"问题"才是问题。在这种前提下，思考如何解决问题、改进现状，而追求自我提升的过程更加证明个体是努力上进、对自己有要求、有行动力、善于解决问题的人。通过适应性调节，我们要不断确认自身所具备的智慧与知识、勇气、仁慈与爱、正义、修养与节制等积极心理品质。

二、提高自我效能感

大多数人在其成长过程中都会感觉到某些时刻他人对自己失去信心，真正成功的个体是那些即使在困难时期仍然坚信自己能够成功的人。提高自我效能感可以从以下方面着手。

（一）品味成功

自我效能感提高的主要动因是通过成功经验证明自己，尤其是多次成功。最初的成功经验对于个体在今后取得更大的成就来说非常重要，所以重视与新任务的初次邂逅，充分准备，可以为自己提出分阶段、小模块的任务，以此增加成功体验。在获得成功后学会品味成功，用自己特有的方式留下纪念，比如日记、照片、一个小礼物、与他人分享等，重复体验当时的情绪和感受，甚至是当时的温度、湿度、声音、味道等。

（二）重视榜样示范作用

根据社会学习理论，如果看到与自己相似的人通过持续的努力获得成功，就更易相信自己也是有可能成功的。对于大学生而言，可以看看身边的同龄人、优秀的学姐学长是怎样通过努力实现目标的。在网络资源发达的今天，还可以通过各种网络平台，看看其他学校的同龄人在过什么样的生活，如果能够从中找到认可的榜样，放大榜样示范作用，也是有助于提高自我效能感的。

（三）寻找社会支持系统

社会劝说是加强自我效能感的信息源之一，当人们被劝说拥有完成某项任务和工作的能力时，更有可能投入更多的努力和毅力坚持下来。尤其是举步维艰、怀疑自己的时候，社会劝说的作用更明显。对于个体来说，需要找到身边具有正能量、信任和了解自己、善于给出建设性意见和正向关怀的个体，在需要的时候，可以向他们寻求支持和建议。在日常生活中，可以多学习一些基本的沟通交流技能，如真诚、尊重、共情、温暖、倾听、积极关注等，学会给予他人正向关注和能量，成为有助于提高他人自我效能感的社会支持系统。

（四）自我信念分析

当发现自己在某一方面存在较低自我效能感时，可以尝试进行自我信念分析，采用认知行为疗法常用的七栏表（见表8-2）书写任务进行自主思维分析和不合理信念驳斥，看清影响自我效能感的认知因素，阻止"情境—不自主思维—逃避行为"的恶性循环。其中，情境是描述自我效能感较低的情境，不自主思维是在此情况下脑中出现的想法、图景，这里常包含那些阻碍自己行动的想法，通过找支持和不支持的证据，了解想法的来源、其他可能性，通过这种分析，可在一定程度上给予自己行动的勇气和能量。

表 8-2　七栏表[1]

情境	情绪感受	不自主思维	支持的证据	不支持的证据	替代/平衡的思维	重新评估情绪
①何时？ ②何地？ ③何人？ ④何事？	①你那时的感受如何？ ②评估情绪（0~100%）	①把困扰你的思维圈起来； ②在你有这样的感受之前，你想到些什么	支持困扰你想法的证据	不支持困扰你想法的证据	①写下替代或平衡的思维； ②评估你对每一种替代或平衡思维的相信程度（0~100%）	重新评估第二栏中的或任何新的情绪（0~100%）
上午，在学校公告栏看到广告大赛通知	兴奋（80） 担忧（70） 烦躁（90）	①能力不够，上一次广告作业，老师说我创意不够； ②那几个同学又该说我爱表现	③上一次的创意的确不好； ②很多同学比我有想法； ③我参加了很多校内外的活动，有人说过我爱表现，不踏实	①我的作品在校内外得过奖； ②自己作品不断在进步； ③我享受设计的过程	①我的设计不是最好，但是我喜欢设计，我也在进步（90）； ②不可能所有人都了解我的想法和感受（95）	兴奋（80） 担忧（40） 烦躁（60）
其他						

---

[1] GREENBERGER D, PADESKY C A. 理智胜过情感：如何改变你的抑郁、焦虑、愤怒和内疚情绪 [M]. 2 版. 宋一辰，李稔秋，译. 北京：中国轻工业出版社，2018：316.

三、培养自我决定能力

(一) 培养独立自主能力

人的自我意识是在他人评价、社会比较、实践及自我反省下形成的,始于他人又要脱离他人。《无声告白》里说:我们终此一生就是要摆脱他人的期待,找到真正的自己。独立但不孤立,独立而不对立,一个独立自主的个体不用向别人证明自己,也不需要时刻猜疑别人是否喜欢自己、认同自己,而是更需要问自己:"我为什么在做这件事情?"是因为大家都在做、有人希望你做、能向别人证明自己、自己喜欢还是其他?为了更加了解自己,培养独立自主能力,以下练习可供参考使用。❶

1. 隐形设想

假设自己是"隐形"的,没有人知道你的相貌、品行、兴趣爱好,只有你知道自己多慷慨大方、胸怀抱负、追求向往的生活,你会选择什么样的工作?会用自己的一生去做什么事情?

2. 确定自己的兴奋点

问自己"上一次让我废寝忘食、形劳而心不倦的事情是什么"?这种"忘我"境界往往就是我们的兴奋点,如果能够遵从自己的意愿,从事自己真正感兴趣的事情,就会发现自己变得有能力而且快乐。

3. 坚持不撒谎

不撒谎是指对自己诚实,坚持对自己诚实就是给自己传递"我的话很有价值,很重要"。坚持练习直到重视自己说的话、重视和自己交流。长此以往,行为改变认知,不断靠近独立自主的自我。

4. 冥想

丹尼尔·格尔曼说过:"一个人警觉的程度越大,这个人就越倾向于产生烦乱的情感。"通过冥想,可以使人达到一种相对冷静的状态,让身心更有活力和弹性,极大地提高心力和身体免疫力。学习找到真实的自我,找到内心本身就有的东西,迈向更自主、更积极、更幸福的生活。

---

❶ 王滟明,邹简. 哈佛积极心理学笔记 [M]. 北京:中国言实出版社,2011:212-213.

（二）发展自我调控能力

根据自我决定理论，出于自主需要设定符合自身的需要、兴趣，满足关系需要的目标，更易让人们感到愉悦、满足或自我实现。设定目标后，主动计划、监控、调节和反思，直至目标达成，这一过程被称为目标达成的自我调控过程。研究发现，目标达成过程比结果本身对人的幸福感的影响更大。

对于自己想要完成的事情都可以尝试按照图8-1模型进行自我调控，直至目标达成。首先，设定目标，按照SMART原则，设定具体的（Specific）、可测量的（Measurable）、可实现的（Achievable）、相关的（Relevant）和有时限的（Time-bound）的目标。个体可以根据当前的主要任务和目标询问"具体目标是指什么""可以用什么来衡量""是否可实现""为什么想实现这一目标"以及"准备在多长时间内达成"等，来帮助自己形成一个SMART的目标。

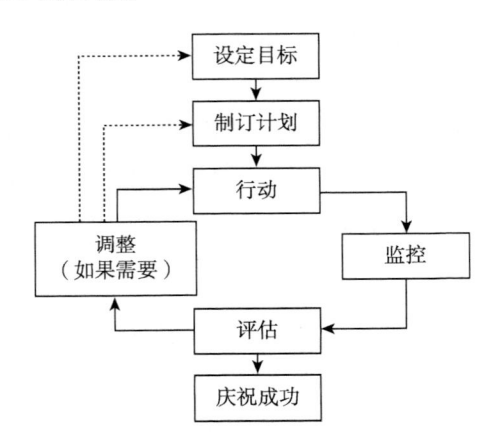

图8-1　目标达成的自我调控模型[1]

其次，计划和行动。目标的实现离不开行动，很多的目标都死于所谓的"拖延"。个体可通过以下方式强化行动：①根据自我调控循环模型，

---

[1] 曾光，赵昱鲲. 幸福的科学：积极心理学在教育中的应用[M]. 北京：人民邮电出版社，中国工信出版集团，等，2018：156-158.

计划是可以在行动后不断调整的,所以不要想着有了完美的计划后才开始行动;②学会拆分目标,了解下一步我可以做什么,过于笼统庞大的目标,的确让人不知如何下手;③激发动机,想一想这是我选择去做的,为什么我如此选择的,目标达成过程中会收获什么。

再次,监控、评估和调整。这是自我调控模型中的关键环节,也是个体最需要培养和提高的能力。"过去一周我都做了些什么?""哪些按计划顺利进行的?""有哪些成功或失败的经验?""下一步需要做出哪些调整?"在这样的思考中,逐步形成自我监控、评估和调整的习惯。这个过程实质是培养个体形成自我评价的习惯和能力,掌握自我监督和调控的技能,对于个体自我发展意义重大。

最后,庆祝成功。经反复多次的自我调控后若目标达成,应该进行自我奖励。总结在目标达成过程中的努力和付出,回味在遇到困难时采取了何种有效的方法,给自己什么样的不同感受和体验,还可以做一个"纪念品"保留对于目标达成的喜悦。

四、培养成长型思维,发展健全人格

拥有成长型思维的个体能灵活地看待世界,相信事物是发展变化的,认为每个人都在不断地成长、进步。他们更能看到人的优点和潜力,拥有积极的人生观,包容自己的缺点,喜欢自己,也欣赏他人优点,包容他人的个性。面对自己时自信从容,面对他人时更加宽容大度。因而,成长型思维可以使人拥抱学习和成长,理解努力对成长的积极作用,拥有面对挫折的良好适应能力。

如何才能养成更全面的成长型思维模式呢?最重要的是个体应明白每个人都有混合的思维模式,然后观察是什么引发了混合思维模式中固定型思维模式的那一部分。固定型思维模式是出现在舒适区之外,让你感到焦虑不安的时候,还是出现在你犯错或失败并使你感到羞愧或变得保守的时候?找到之后可以用任何专用名称给这个固定型思维模式命名,如小米、多多、蓝蓝之类,当它再出现时,就以成长型思维模式的角度与它谈话。

告诉它接受挑战有多重要，教会它错误和挫折是学习的一部分，向它展示你如何向眼前的那些技术更加高超的人学习，说服它专注长期的成长而不是短期的表现。❶ 培养成长型思维最重要的是要向自己传递成长性信息，更多地看到自己的努力。

健全人格本质上是一种舒展自在的状态，既不紧张也不放纵，既不卑微也不高傲，既不讨好也不回避。对于自我完善的追求并不意味着对自身所谓不健全人格的消除、消灭。当我们学会无条件自我接纳，才有发展健全人格的可能。人格发展过程本质上就是去除偏见、消除认知扭曲的过程。比如，"我这个人总喜欢逃避，这种人格不健康，我要改变，以后再也不逃避了"，这是一种以偏概全的认知偏见。陷在问题的视角中，个体便无法认清全貌。我为什么习惯逃避？在不明白这个问题前，每天给自己"打鸡血"，强迫自己去面对任何自己想要逃开的情境，陷入一个自我否定、无力改变的怪圈中。如果个体能够认识到"我过去只会使用逃避这种生活模式"，这是一种理解自身的视角，有助于个体摆脱问题症状的限制，逐渐认识到原来生活中遇到的情境是多种多样的，而逃避是自己采用的众多模式之一，有的时候甚至还挺好用。自己需要发展的是在不同情境下采取不同的模式去应对，而不是使用社会标准认可的"好"的应对模式。因此，个体着手自我改变的点可能放在"这样的情境下，除了逃避还有没有其他方式可以应对""这样的情境，如果用逃避去应对可能是行不通的"等。

这是一种更广阔、灵活的，也更利于人格舒展的视角，不是僵化的自我对立，而是将自身的一切变成可用的、能够协调运用的资源。用从不加评判的视角看待自己目前的状态，接纳、理解进而发展它。

---

❶ STERNBERG R J. FISKE S，FOSS D. 心理学改变世界：当代心理学100杰［M］. 张卫，等译. 上海：华东师范大学出版社，2019：265.

第三节　积极人格塑造的团体心理辅导

一、你比想象更美丽

主题一　你比想象更美丽

（一）活动介绍

活动目的：每个人身上都有比较了解的主线故事，但还是有很多被自己忽略或者未被赋予足够权重的支线故事。通过本次活动，引导成员更全面、多角度地观察自己的过去，发现被遗忘的美好和低估的潜能。

活动关键词：自我发现、自信、潜能。

（二）活动过程

活动1：给名字积极赋义（20分钟）

活动目的：暖身活动，让成员彼此熟悉，正向解释名字。

活动步骤：

（1）每个成员给自己的名字赋予一个正向积极又方便记住的意义。如黎小花，千树万树梨花开——黎小花。

（2）所有成员围成大圈，依次进行自我介绍。邀请3～4位成员分享印象深刻、意料之外的名字。

（3）领导者喊一位成员的名字，该成员左侧同学喊"到"，右侧同学举起右手。

讨论和分享：

（1）当对自己的名字进行积极赋义后，对自己的名字产生什么样的不同感受吗？

（2）努力地记住别人的名字，而不是自己的名字，你有什么诀窍吗？

活动2：二十个我（15分钟）

活动目的：帮助成员自我探索，梳理自我概念，体验自己和他人印象中的"自己"的差别。

活动材料：白纸、笔。

活动步骤：

（1）报数，5人一组，分组围坐。

（2）在规定的时间内写出20个"我是谁"的陈述句，将自己脑海中出现的描述写下来，不考虑各句之间的意义和逻辑顺序。每一条不可以重复，要表达不同的内容，比如外貌、性格、态度、脾气、价值观、特长等。

（3）组内分享，每组商定，选出一位你觉得没有写出他的好，或者低估了自己的人，并说明理由。

（4）请与被选为低估自己的人简短分享体验和感受。

活动3：你比想象更美丽（30分钟）

活动目的：回顾和挖掘自己被欣赏的体验，寻找过去被自己忽视或者没有给予足够重视的体验，相信自己比想象中更美丽，从而获得成长力量。

活动材料：视频《你比想象更美丽》。

活动步骤：

（1）观看视频《你比想象更美丽》。

（2）引导：《你比想象更美丽》是来自多芬的广告。多芬对一些女性做了调查，结果发现，仅有4%的女性觉得自己是美丽的。于是他们找了美国FBI画像师为她们画像，画像师并不接触当事人，仅凭当事人对自己的描绘画出她们眼中的自己，在这之后，节目组又将她们的朋友带到房间，让画像师根据朋友的描述画出另一张画像，接下来让被画者本人自己观察自己眼中的自己和朋友眼中的自己有什么区别。当被画的女性看到在别人眼中自己如此美丽时，她们先是惊讶，继而露出了会心的微笑。自己眼中那个不自信、沮丧、忧郁的自己，在他人眼中却是可爱、乐观、灵动的；自己眼中五官的不足，在别人眼中恰恰是美丽的存在。短片意在告诉人们：学会欣赏自己，才是人生最重要的意义所在。

（3）小组讨论：对于这个视频中所讲到的你比想象更美丽，成员是否有所体验，或者说你能想起来哪些自己觉得一般，别人却给过你很高评价的经验。邀请成员面向全体分享。

(4) 听到别人的分享,你有什么样的感受和体验,请用一句简短的话表达并写下来,邀请成员自愿分享。

活动4:天生我才(20分钟)

活动目的:帮助成员了解自己的优点,珍惜自己的潜能,学习自我欣赏、自我肯定,学习欣赏别人,增强自信和信任。

活动材料:天生我才练习表。

活动步骤:

(1) 成员按小组坐好,领导者先介绍活动,每人一张"天生我才练习表"(见表8-3),请成员填写,然后请成员在小组中讲出自己所填的答案。要求:每位成员说出同一项的答案后,再开始下一项。

(2) 所有成员全部讲完之后,开始小组内讨论:你是否同意"每个人都有长处"?原因是什么?你向别人介绍自己优点时的心情怎样?这个练习让你对自己的认识跟以前相比有没有不同?当你发现自己有这么多优点的时候,你的感受是什么?同学们在介绍其优点的时候,你觉得跟以前自己对他(她)们的认识有没有不同?当你发现别人有这么多优点时,你的感受是什么?

表8-3 天生我才练习表

提问	回答
我最欣赏自己的外表是	
同学最喜欢我的是	
在学习中我最有成就感的事情是	
我最喜欢的一门课是	
我最欣赏自己的学习态度是	
我最欣赏自己的一次成功是	
我最让父母满意的是	

活动5:告别结束(5分钟)

(1) 所有成员围成一圈,哪个部分对自己触动最大?从活动中体验到什么?收获到什么?成员自由发言。

(2) 每人依次用一个词评价本次活动。

（3）和左右成员拥抱分别。

二、我信我行

主题二　我信我行，为自己掌舵

（一）活动介绍

活动目的：引导成员发现自身积极优势，激发成员发展积极优势、积蓄幸福能量的动机；了解不断练习以纠正"负面偏差"的重要性，逐步养成注意他人和自己的优点以及事物正面性的习惯，以获得更为准确的认知；意识到自己是一个独立自主的主体，意识到发展自我决定、自我调控能力对自己的重要意义。

活动关键词：积极优势、自主选择、成长。

（二）活动步骤

活动1：小小动物园（15分钟）

活动目的：暖身活动，发现自己的优势。

活动材料：毛绒玩具。

活动步骤：

（1）领导者在场中放置好毛绒玩具，组员每人选择能够代表自己一个优点的毛绒玩具。

（2）两两互相交谈、分享选择毛绒玩具的原因。

（3）可依据人数和时长，每人完成3~5次的分享。

活动2：积极自我介绍（20分钟）

活动目的：引导成员通过刻意练习发现、发展自己的优势，提高自信和自尊水平。

活动步骤：

（1）课件或者板书中详细地列出6大美德、24个积极品质。

（2）将成员分成六组，每一组分别对应一种美德，即智慧、勇气、仁爱、公正、节制和卓越。

（3）每组成员从自己对应的美德中，选择一个积极心理品质，讲一个"最佳的我"的故事，即积极自我介绍。要求通过这个故事让别人了解自己作为有血有肉的人，有着什么样鲜活的积极心理品质。

（4）组内分享，每组选一人，向全体成员分享一个他听到、印象深刻的故事。

（5）邀请部分成员分享，从以下问题中挑选几个提问：这个故事是多久以前的事情？在今天分享之前，除了你自己还有谁知道这个故事？为什么在这个主题下想起这件事？这个故事说明你是什么样的人？将这个故事告诉别人，对你来说意味着什么？现在回头看这个故事，有什么不同的感受？

（6）启发引导：生活塑造故事。每个人的生命中都发生过很多事情，有些事情被我们清晰地记住，成了我们以为的主色调。有些事情随着时间慢慢褪色，甚至记不清，但并不是没有存在过。可能我们记得自己是弱小的人，却忘了曾经为了同伴奋不顾身，虽然最后被打得很惨，还被说傻（最好结合成员分享过的故事作为例子）。每个人身上都闪耀过光辉，有些只是被我们忘了而已。有没有一些办法，经过一些刻意的练习，让这些重新被看到，让我们看到更完整、更客观的自己？

（7）邀请部分成员分享自己的感受和想法。

活动3：我选择（30分钟）

活动目的：学会用"我选择"代替"不得不"，减少消极被动，了解个体对自己人生的掌控性。

活动材料：白纸、笔。

活动步骤：

（1）站队游戏，写出一些接近成员生活经验的选项，让成员们进行"不得不"和"我选择的"站队，针对大学生，可以列举：逃课、考计算机二级证、玩游戏、谈恋爱、参加社团、兼职打工、坚持准时上课等。挑选在"不得不"或者"我选择"做高频选择的成员进行分享。

（2）重新分组，4~6人一组。请成员列出5件生活中自己不喜欢但又不得不做的事情，写在一张空白纸上。邀请成员分享列出的事件，并思考看到所列出的这些事件，你的身体有什么反应？有什么情绪？强度如何？

（3）请在这些事情前面加上"我选择做"。例如，你认为上某一门课是你不喜欢但又不得不做的事情，那么告诉自己："我是自己选择去上这门课，而不是不得不做。"看到这句话，很多成员都会出现不同程度的抗拒感，引导成员基于练习的态度尝试接受自己的这种感觉。

（4）选择列出的第一件事情，继续补充完整："我选择_____是因为我想要_____。"活动领导者先声明纸上的内容不会分享，可以按照自己的真实想法填写，引导成员仔细思考自己背后的动机，可能是为了钱、为了赞同、为了逃避惩罚、为了避免内疚、为了履行职责等。

（5）请成员分享，当你完成这个句式，你看待这些"不得不做"的事情？之所以会把事情当成"不得不"是因为忽视了什么？

（6）请思考为了达到这个目的，是否还有其他可能的、更好的选择，如果有，请写在相应动机的后面。邀请成员分享。

（7）启发引导：首先，引导成员了解很多事情是自己的选择，而不是"不得不"。简要介绍自我决定理论中关于个体自主、胜任和关系的需要，根据自主的需要，那些我们自己选择去做的事情，总能让我们觉得更能接受、更舒服和高效。其次，思考自己做这些"不得不做"的事情是为了什么？自己看重的是什么？并把这些选择都替换成自己的主动选择，减少消极被动，主动掌控人生。

活动4：成长之路（20分钟）

活动目的：感受成长是一个艰辛和不断努力的过程，鼓励成员不惧挫折、勇敢突破。

活动步骤：

（1）游戏规则：配合激励人心的音乐，按照鸡蛋—小鸡—大鸡—凤凰的进化过程，处于同一角色的两人石头剪刀布，输的人自动降一级，如果为鸡蛋，则不降级，赢的人自动升一级，如已为凤凰，不升级。给四种角色设定不同的动作，设定时间，时间一到游戏结束。凤凰，依次接受大家的表扬："××，你真棒！"根据人数，可以再进行一至两轮。

（2）从以下方面引导成员的感受和分享，如人生缩影，同一起跑线，经各自不同的努力，有了不同的发展，有些人先成为凤凰，有些人还一直是鸡蛋，但是随着时间推进，凤凰也可能遇到挫折，鸡蛋也可能迅速成长；又如跳出自己的舒适圈，勇敢地去挑战，可能会有失败，但是只有挑战才有可能进步。最后分享对于结果和过程的体验和感受。

活动5：告别结束（5分钟）

（1）所有成员围成一圈；哪个部分对自己触动最大？从活动中体验到什么？收获到什么？成员自由发言。

（2）所有成员依次用一个词评价本次活动的感受。

（3）和左右成员拥抱分别。

三、未来之路

主题三　我的未来之路

（一）活动介绍

活动目的：从自我接纳、自我关爱的角度，学会无条件接纳自己，客观理性地认识自己；了解自省的重要性，注重自我感受和体验；掌握分辨和选择性接受他人观点的能力，理性看待他人评价。

活动关键词：自省、自我接纳、完整。

（二）活动过程

活动1：集体雕塑（15分钟）

活动目的：暖身，通过团队协作体会自我成长的过程。

活动材料：彩布。

活动步骤：

（1）将成员分组，6~8人一组，每组用彩布做出一个主题为"我的成长之路"的雕塑。每个成员都要参与创作和雕塑，雕塑开始可以是动态的，最后的造型是静止的。

（2）分享。

活动2：优势取舍（20分钟）

活动目的：引导成员悦纳自己，发现自身已有的积极优势并有意识地扩大和发展优势。

活动材料：白纸、笔。

活动步骤：

（1）请每位成员写出自己认为最重要、最引以为傲的五种品质或者五种优势。重视自己的感觉和判断，不用考虑在群体中进行比较。

（2）请成员两两分享你的优势，并做简要的介绍。对方倾听，并尽可能地帮助发现和扩大优势，表达欣赏。最后确定下来五种优势。

（3）请大家思考，并从中删除一种优势，删除后不再获得，也不可以在后面进行修改。感受删除时自己的感觉，并思考删除这种优势，你可能会和现在的自己有什么不同，请部分成员回答。

（4）依次，删除第二种、第三种、第四种优势。

（5）请大家回顾自己的优势被删除的过程，邀请部分成员描述一下活动过程中的心情，看看最后留下的是什么？有什么办法能够扩大这种优势？

（6）启发思考：每个人都不是十全十美的，但也不是一无是处的，我们往往对自己已经拥有的东西看得很轻，对于尚未拥有的非常重视，能否真正悦纳自己，看到并接受完整的自己是需要每个人努力修炼的。

活动3：阅读分享（15分钟）

活动目的：引导个体学会无条件自我接纳。

活动材料：绘本《大卫，不可以》电子版。

活动步骤：

（1）分小组，6~8人一组。

（2）播放《大卫，不可以》绘本电子版引导将文字部分读出，要求成员注意观看每页文字和插图。

（3）组内讨论读后的感受、印象最深刻的部分以及接收到的信息。小组选派代表分享。

（4）引导：无条件自我接纳。每个人都可能在生活中的某些时刻甚至很多时刻，对自己感到失望，但是能否以"我爱自己"作为每天的结束语呢？我们总以为要变成什么样，具备了某种条件，如漂亮的外表、优秀的学习成绩、过人的专长、出色的业绩等才能获得被自己和他人接纳的资格。由于曾经被挑剔，也就逐渐习惯于用挑剔的眼光看自己，越看越觉得无法接受。接纳自己就是无条件地、无批判地接受自己的现状。学习做自己的朋友，接受并且关心自己的身体和心理状况，不加任何附加条件地接纳自己的一切。

活动4：东南西北中（25分钟）

活动目的：了解不同的人对不同的事件会有不同的理解和解释，学习分辨和选择性接受他人观点，学会理性看待他人的评价。

活动步骤：

（1）领导者向成员示范讲述一个客观事件，如"今天打饭被插队了""今天上课被老师提问了""男朋友又迟到了"，只是简单的陈述，不要加入个人的感受、情绪或者想法。成员学会后，邀请一名成员站到场地中间，讲述一个客观事件。

（2）在活动场地，区分出东南西北或者前后左右4个空间，分别代表"正向情绪""负向情绪""平静""不确定何种情绪"。提问其他成员，遇到这个事件的心情，并根据自己的可能情绪选择位置。

（3）按人数多到少的方位选择2~3人讲述情绪反应及其原因。

（4）请陈述人说出自己的情绪，并说明原因。

（5）引导与启发：同样的事件，不同的人会有不同的感受，所以当人们从他人的角度对我们的所为所想提出批评和建议时，我们应该理性思考，选择性接受。似乎每个人都是有理有据，记住不要在道理面前放弃自己的道理，而是试着理解和尊重别人的想法，但不为别人所左右，学会在重视自己和尊重他人之间获得一种平衡。

活动5：我的过去、现在与未来（5分钟）

活动目的：通过身体动作表达自己对过去、现在和未来的理解。

活动步骤：

（1）内容：三人一组，一人在中间，左右手分别拉住另两名成员，左手是过去，自己是现在，右手是未来，请做出身体动作表示你的过去、现在和未来之间的关系，可以拽着未来倒向过去，也可以抓着过去倒向未来，也可以在过去和未来之间来回晃动，也可以把过去和现在都一起抓向现在。

（2）三人依次轮流站到中间扮演自己的现在。

（3）启发与引导：体验自己的选择，什么样的关系状态才使自己最舒服，而这种关系状态的选择权在于自己。

活动6：告别结束（5分钟）

（1）所有成员围成一圈，哪个部分对自己触动最大？从活动中体验到了什么？收获到什么？成员自由发言。

（2）所有成员依次用一个词评价本次活动的感受。

（3）和左右成员拥抱告别。

本章小结

自我是一个复杂而重要的课题。积极的情绪、认知、关系、成就等最后都落脚于积极的自我状态，包括较高的自我评价水平和自我发展能力。本章主要阐释积极自我与人格特质相关的理论及其应用，简要介绍与积极自我密切相关的自尊、自我同一性、自我效能感、自我决定理论，并强调不断加强自身固有的积极力量，而不是消极地抑制和消除。本章讨论在此视角下如何从无条件自我接纳、适应性自尊调节、品味成功、自我信念分析、独立自主和自我调控能力、成长性思维等着手发展积极自我，培养健全人格。本章还介绍了三个与积极自我与人格特质相关的主题实践活动。

（本章作者　许惠芳　江苏理工学院）

第九章

积极关系与人际交往

积极心理学倡导积极的人际关系，而积极关系的核心内容之一是积极情绪。东西方文化中把感恩作为交往中的美德之一。感恩、宽恕、亲密关系，在人际交往中无处不在。本章主要了解积极心理学的相关理论，探索感恩、宽恕、利他、亲密关系的积极功能，掌握培养提升积极品质的策略和方法。

第一节 积极心理学的关系理论

积极心理学不仅关注积极情绪，而且关注积极心理学领域相关特质理论，如感恩、宽恕、利他、亲密关系理论。积极品质有助于化解人际关系冲突，保持心理健康和幸福感，优化人与人的互动，对于心态的调整可以起到助力的作用。感恩、宽恕、利他、亲密关系在人际交往中无处不在，作为积极的心理潜能，可以促进关系的稳定，使人们在关系中体验到幸福。

一、感恩的理论

感恩一词衍生出来的是带着善良的心、慷慨的心做事，感受给予和获得之美。感恩是一种感激的情绪，或者收到礼物时快乐的反应，不管这份礼物是实实在在的利益还是自然之美带来的片刻震撼。通常情况下，感恩也可以理解为一个人因为另一个人的行为而获益后的感觉。一个人收到礼物会感恩，送礼物的人因为礼物的价值得到赞同和欣赏也会感恩。

埃蒙斯和麦卡洛认为，感恩建立在个体对于外界正性刺激有益的感知上。所谓的外界正性刺激，可以是别人给予我们的一件礼物，也可以是我们对命运的感知，或者是感受到的自然界的美丽或伟大。但是，仅有外部正性刺激并不能使人自动产生感恩，还要有主观上的积极感受和体验。拉扎勒斯夫妇认为，作为一种情感，感恩需要两个条件：①对获得的积极刺激的感知；②对积极刺激来源的认可。个体如果能有意识地觉知施惠者是主动、努力地施惠，则会扩大这种感恩的体验。皮特森进一步扩展了感恩体验的来源，认为感恩情绪的产生，不局限于接收到他人恩惠后产生的一种感谢和喜悦的情感，也可能是来自对大自然或环境的欣赏。

在认知上，伯特茨和米勒德认为，感恩是个体愿意承认在自己的经历中存在不应得的价值增量。这意味着在认知层面，感恩实际上是一种受惠者对所受恩惠的理解和认识。同样，埃蒙斯和麦卡洛也认为，感恩源于他人对个体做出的善意行为的一种感知。

而从行为的角度，根据中世纪哲学家托马斯·阿奎纳的观点，感恩是利他行为的动力基础，首先需要感谢施惠者，然后才能产生合适的反应。麦卡洛进一步提出，感恩在利他行为中具有重要的道德意义，具有三种基本功能：第一，感恩作为一种道德显示器，可以使个体从中得到一个分数，这个分数代表了他人对个体的亲社会行为发生后，个体所感知到的情感程度，即感恩可以显示出施惠者对受惠者施惠；第二，感恩作为一个道德动机它会激发人们在成为他人亲社会行为的受益者之后做出亲社会行为，即感恩可以促进受惠者对他人特别是对施惠者的亲社会行为；第三，感恩作为一种道德强化物，它通过强化之前人们的善举而增加他们做出亲社会行为的可能性，即感恩可以强化施惠者以后的亲社会行为。

虽然很多心理学家从不同的角度对感恩进行了不同的描述，但是也存在一定的共性。总结起来，感恩就是对外界的积极刺激进行感知后产生的持久的、稳定的感谢状态,并因此诱发积极的关系。而且这种状态和关系具有泛化的性质。

值得注意的是,感恩的产生是基于双方的,不是一方单独可以完成的,它至少需要感恩者与施恩者两个对象。如果我们在接受别人恩惠的时候,发自内心地表达出感恩,这种情感就会被别人感知到,从而更加愿意对我们施惠,我们本身也从中得到益处,同时更愿意对别人进行施惠。一旦这种良性的循环建立,人们之间的关系就会发展得很好,更加被社会认可,我们的主观幸福感也会随之提升。

二、宽恕的理论

宽恕是那些被侵犯和被伤害的人的一系列亲社会行为。[1] 当人们选择原谅时,他们会更积极正面地看待伤害自己的人和行为,报之以仁慈、善良和慷慨,而不是对其仇恨或逃避,即古人说的"以德报怨"。宽恕也可以看成是善良的一种表现。

麦卡洛等则认为宽恕是一种人们受到冒犯后其亲社会性动机的改变。这种改变有两个内容:一是动机结构的变化,二是亲社会行为的出现。他将宽恕与动机相联结,但并不认为宽恕就是动机,而是将其视为一系列动机变化的过程。其中,亲社会行为是指当人们宽恕时,他们会更愿意做出有益于施害者或者与施害者关系的行为,更不愿意做出伤害施害者或者破坏与施害者关系的行为。而在中国本土化的研究中,罗春鸣和黄希庭认为,宽恕是一个从惊恐愤恨、惊疑惧悲、惊怕恶羞等复杂的负面情绪向正面情绪转变的过程。

我们在日常生活中所说的宽恕更多的是心理学中的"人际宽恕"。上文中介绍的定义也是针对人际宽恕而言的。而宽恕还有另一种含义,即指向自我的态度和情感,心理学上称为"自我宽恕"。

梅杰等率先指出,除了人际宽恕之外,自我宽恕也值得研究。鲍尔等

---

[1] PINGLETON J P. Why don't forgive: A biblical and object relations theoretical model for understanding failures in the forgiveness progress [J]. J Psychol Theol, 1997 (25): 403-413.

则进一步提出:"自我宽恕是当事人由自我疏远的状态转向自我亲近、自我接纳的过程。"之后,恩莱特和帕克对自我宽恕的定义做出了更新,即"个体在面对自己已经认识到的错事时,愿意放弃对自己的不满,并给予自己同情、宽大和关爱"。与人际宽恕不同的是,自我宽恕会更加困难,因为自我宽恕没有外在的对象,宽恕与被宽恕的主体都是自己,很容易让人钻牛角尖,且不宽恕自我的后果会很严重,甚至会有"畏罪自杀"的危险。

麦卡洛认为在人际宽恕中,对冒犯者的两种消极应对措施是逃避和报复,同时也与共情和沉思等因素相关。基于这种论述,霍尔和芬彻姆认为自我宽恕与人际宽恕在伤害的形式,与受害者的调和、逃避、报复与善待的对象,以及不宽恕的后果上存在区别。首先,在人际宽恕中,伤害的形式只能是行为;而在自我宽恕中,除了行为,思想、欲望和感觉都能对自己造成伤害。在行为标准上两者有区别,自我宽恕的个体会确定某种标准,只有达到这种标准,个体才会宽恕自己;而在人际宽恕中则不需要这种标准。其次,在对象上有区别,在人际宽恕中,受害者逃避、报复与善待的对象都是他人;而自我宽恕中都是自己。最后,在没有达成自我宽恕时,其后果可能很极端;而没有达成人际宽恕的后果可能比较平和,但却有人际关系的危机。

三、利他的理论

社会学家和社会心理学家很早就对利他行为进行了大量的科学研究,根据学者公认的看法,我们将利他行为定义为对别人有好处,没有明显自私动机的自觉自愿的行为。诸多研究者认为利他行为不仅存在于现实生活中,也存在于网络中,相比于现实来讲,网络利他行为发生的概率更高。[1]

从利他行为的定义中,我们可以看出利他行为有如下几个特征:①以帮助他人为目的;②不期望有精神或物质的奖励,如荣誉或奖品;③自愿

---

[1] 梁芹生. 积极心理学视角下青少年的网络利他行为研究［J］. 教育理论与实践, 2017, (23):24-26.

的;④利他者可能会有所损失。其中第二个特征是利他行为的主要特征。如果某人冒着生命危险去救火而不期望得到什么回报,那么这种行为就属于利他行为。然而,人们利他行为的动机很少如此单纯。通常的利他行为既包含利他的因素,也包含利己的因素。当一个慈善家大量捐款帮助穷人的时候,他可能也会期望在社会上获得声誉的回报。如此说来,利他行为可能有不同的动机,其中有些行为是以利他为手段、以利己为目的,有些行为有微妙的利己动机,有些是纯粹意义上的利他主义,即为他人的幸福而助人,丝毫没有想到自己的得失。

巴特森认为,利他行为应该指那些不图日后回报的助人行为,分为自我利他主义取向与纯利他主义取向。当一个人看到有人需要帮助的时候,他既有可能产生专注于自我的内心焦虑,也有可能产生专注于他人的同情情绪,因此,可能产生两种相对应的利他行为取向:一种是为了减轻内心的紧张和不安而采取助人行为,这种情况的动机是为自我服务的,助人者通过助人行为来减少自己的痛苦,使自己感到有力量,或者体会到一种自我价值,可以称之自我利他主义取向;另一种情况是受外部动机的驱使,因为看到有人处于困境而产生移情,从而做出助人行为以减轻他人的痛苦,其目的是为了他人的幸福,这种情况才是纯利他主义取向。根据利他行为所发生的情境特点,还可以将之划分为紧急情况下的利他行为和非紧急情况下的利他行为。

四、亲密关系的理论

人类与生俱来具有一种归属和爱的需要,亲密关系的形成就是这些需要的满足❶。近年来亲密关系的研究取得了丰厚成果,也阐释了亲密关系对心理健康的重要作用。自从 19 世纪后期,亲密关系理论的研究不断丰富,形成了众多亲密关系的模型理论。❷

---

❶ PERLMAN D. The best of times, the worst of times: The place of close relationships in psychology and our daily lives [J]. Canadian Psychology/Psychologie canadienne, 2007, 48 (1): 7.
❷ 齐海静,蔡颖. 亲密关系综述 [J]. 社会心理科学, 2013 (9): 26-30.

(一) 爱情三原色理论和六维度模型

李（Lee，1973）以文学作品和来访者的感情经历为材料，创造性地使用爱情故事卡片分类法进行分析研究。他认为爱情的三原色是"激情""游戏"和"友谊"，代表爱情的三种主要风格：激情型的爱情是强烈的情绪体验，游戏型的爱情是吸引异性青睐的一场游戏，友谊型的爱情是缓慢发展起来的情感与伴侣关系。三原色的再次组合产生爱情的三个次要风格：占有型爱情包含激情和游戏，以占有、忌妒、强烈情绪化为特征；利他型爱情包含激情和友谊，是一种无私的爱，是不图回报的；现实型爱情包含游戏和友谊，是一种务实的或功利的风格。主要风格和次要风格构成了爱情的六种形态。一个特定的人在不同的亲密关系中可能会表现出不同风格的爱，即使在同一段关系中，爱情风格也可能随着时间的推移或情境的变化而变化。亨德里克根据上述模型，编制了爱情态度量表。他们的研究发现，六种爱情风格相互独立，且与尊重、沟通、亲密以及人格特质存在稳定的相关关系。

(二) 爱情三角形理论和故事理论

斯腾伯格采用定量分析与定性分析相结合的方法，提出了爱情三角形理论。他认为爱情是个三角形，三条不等长的边分别为亲密、激情和承诺。亲密要素是能促进亲近、联结、结合等体验的情感，具有热情、理解、交流、支持等特点，能引起温暖体验。激情要素是以身体上的欲望为特征，是一种内驱力，这种内驱力能引起浪漫关系、身体吸引、性完美以及亲密关系中的其他现象。承诺要素是指做出将自己投身于爱情的决定及维持这份亲密关系的努力。爱情三要素之间的不同组合又分出 8 种爱情关系类型：无爱（三要素皆无）、喜欢（只有亲密要素）、迷恋（只有激情要素）、空洞的爱（只有承诺要素）、浪漫的爱（包含亲密和激情要素）、友谊的爱（包含亲密和承诺要素）、愚昧的爱（包含激情和承诺要素）、完美的爱（三要素皆包含）。

爱情三角形理论虽然揭示了复杂的爱情关系，但现实生活中的爱情往往涉及不止一个三角形。于是，斯腾伯格又提出了多重三角形理论，包括现实三角形和理想三角形、自我三角形和对方三角形、自己知觉到的三角形和对方知觉到的三角形。这些三角形能够准确预测亲密关系满意度和质量。

(三) 爱情四因素理论

耶拉在爱情三角形理论的基础上,提出爱情四因素理论,即性的激情、浪漫的激情、亲密和承诺。性的激情是指对肉体适当的渴望与需要;浪漫的激情是心理层面上对爱情的渴望、需求、想法和信念;亲密是伴侣之间的一种联结,其特征是信任、支持和交流;承诺指对恋爱关系的一种长期的打算,让人有稳定感,并有面对一切困难的决心。

四因素理论对三角形理论进行了进一步细化和阐释,将激情区分为性的激情和浪漫的激情,并深入地探讨了亲密和承诺的含义。因此,爱情四因素理论被视为对斯腾伯格理论的扩充和发展。

第二节 积极关系建构的基本策略

积极关系的建立具有感恩、利他、宽恕的成分,感恩是其核心内容之一,在人际交往中促进关系的稳固,能使人们在关系中体验到幸福。建立了良好的人际关系,人与人之间的关系就会发展得更好,个体更加被认可,社会也更加和谐,主观幸福感也会进一步提升。

一、感恩的积极心理功能

感恩可以给身心带来积极的变化,常怀感恩之心的人更加幸福。沃特金斯等认为感恩作为一种积极特质,与个体的适应性功能具有紧密的联系,特别是主观幸福感。麦卡洛与同事在大学生样本中发现,感恩水平能够显著正向预测生活满意度、积极情绪、乐观以及活力程度。沃特金斯等在研究中验证了这一发现,即感恩水平高的个体对生活更加满意,体验到更多的积极情绪。埃蒙斯和麦卡洛采用实验法,验证了感恩对主观幸福感独特的预测作用。他们在研究中将随机抽取的被试者随机分配到三个实验条件中。实验组的被试者,被要求每周写一篇日记,以尽量简短的语言记录上周发生的 5 件令其感恩的事情;对照组的被试者,被要求以非常简短的语句报告在上周发生的5件令其心生抱怨的麻烦事；控制组的被试者，则被要求记录上周发生的5件对其产生影响的事情，并不特定要求是积极影响还是消极作用。三组被试者在实验启动之前要对自己的基本情况进行自我评估，包括生活满意度、积极情绪与消极情绪水平，即接受基线水平的测量。经过10周时间的感恩日记干预研究，实验结果表明三组被试者，在积极情绪以及生活满意度方面有显著的差异。实验组中的被试者，对生活的一般评价以及幸福感程度显著高于其他两组，他们很少抱怨生活中的琐事，较少出现情绪不良反应，对现有的生活感到满足。

根据弗雷德里克森提出的积极情绪的扩展建构理论，当人们体验到积极情绪的时候，这种积极情绪会帮助人们找到更多的社会资源来保持这种情绪，从而建立稳定的行为情绪的反射模式。而这种模式在经历了多次强化后会具有持续性和泛化性。即二者可以螺旋式增长，互相成为彼此的催化剂。伍德、弗罗和杰拉蒂综述了大量实证研究，进一步确认了感恩在提升主观幸福感方面的有效作用。

所以，感恩作为一种具有持久性的积极情感，可以使人们在获得幸福感的同时，消除消极的情感，更可以使感恩的对象和感恩的行为泛化，从而使整个生活充满了感恩的味道。同样的一枝玫瑰，有人说："花下有刺，真讨厌！"有人说："刺上有花，真好！"看到刺的人，挑着毛病，盯着不足，他们注定是不快乐的。而看到花的人，则有颗感恩的心，认为尽管刺扎手，但花朵芬芳，从而感受到幸福。所以，拥有感恩之心的人是幸福的。

高感恩水平的个体，其亲社会性更高，更加倾向于帮助别人。麦卡洛发现高感恩个体更愿意去帮助、支持以及同情其他社会成员。巴里特和德斯迪诺在研究中采用三个实验，进一步验证了感恩情绪能够激发个体的亲社会行为，并且即使帮助他人需要耗费很多精力，高感恩个体仍然愿意伸出援手，而这种积极的效应是独立于积极情绪而产生作用的。在实验室中启动个体的感恩情绪，同样发现其表现出更多的亲社会行为。因此，当一个人具有较高的感恩水平时，他们往往表现出更具有亲和力，因此更容易和社会产生积极的关系。与此同时，高感恩个体所获得的人际支持也更多。弗罗等在青少年样本中发现,感恩水平能显著正向预测同伴和家庭支持。格兰特和基诺从施惠者的角度进一步探索了感恩与亲社会行为的交互作用,研究发现施惠者在接收到受惠者的感激表达之后,会施以更多的援手。这一作用的心理机制在于,当施惠者给予受惠者恩惠的时候,受惠者感知到并做出感恩的回应,这时施惠者会在自我评价上对自己进行积极的评价,认为自己是一个善良的人,同时感受到的感恩也对这个积极的评价做了验证性的强化。这使施惠者更愿意做出亲社会行为,同时愿意泛化到其他的人或事上。这会使他在社会支持系统中稳固其地位。而受惠者在接受施惠者的恩惠时,会对自己同样做出积极的评价,他会认为这是因自己的道德水平高或者某个优秀的人格特征而应得的恩惠,这种积极的并且是道德上的积极自我评价会促使其以感恩的行为来巩固这种积极评价。这两方面的作用力推动了社会关系的稳固,也使这套社会支持系统更加持久地维持下去。

此外,感恩也有助于提升宽恕的程度,抑制破坏性的人际行为。麦卡洛等在研究中发现高感恩个体更愿意去宽恕别人的过错。内托对宽恕和感恩的关系进行了研究,结果显示,在多元回归模型中,感恩对宽恕的解释率很高。我们如果时刻怀着感恩的心,那么对很多事情就会有不同的归因。例如,我们会对一个人的不理智行为积极地进行外部归因,认为他的心情不好,那只是暂时的冲动行为;而不会进行内部归因,认为他就是一个坏人。这样的归因方式,可以让我们更容易理解别人,宽恕别人。布林等采用自我和朋友双重报告的形式,进一步验证了感恩和宽恕之间紧密的联系。因此,高感恩个体在关系中的宽恕程度更高,更容易原谅对方的错误,这有助于维持同伴关系的稳定。

二、如何提升宽恕水平

20 世纪 80 年代末 90 年代初,大量关于宽恕治疗的文章开始出现在主流杂志上。尽管已有研究在相关领域的实际应用中,对于宽恕的应用还是相对较少。同时,宽恕干预中仍存在诸多误区,对心理咨询与治疗师的临床实践有很消极的作用,这表现为来访者会误解宽恕的含义和目标,从而对咨询师和咨询过程本身产生明显的愤怒和阻抗。宽恕的衡量指标对宽恕与心理健康各指标无调节作用。[1] 其实很多时候,人们并不是因为不宽恕而无法处理愤怒,反而是因为不知道或者不能合理地处理自己的愤怒,而无法实现那些其实原本可以实现的宽恕。青少年宽恕教育的实质就是要在学校教育中引导青少年学会用宽恕正确地面对问题。宽恕教育在尊重自我和他人的前提下,通过教育活动准确科学地认知宽恕,促使宽恕行为发生。[2]

研究者们在对宽恕他人的心理过程进行细致研究的基础上,提出了宽恕干预的理论模型。恩莱特和巴斯金组建了一个名为"人类发展研究小组"的学术联盟,对宽恕和宽恕治疗的临床应用进行了深入细致的科学研究,在总结前人研究的基础上,建立了宽恕的过程模型。该模型经过不断扩展,最终发展成为今天被广泛应用的宽恕干预模型。该模型共包含四个阶段,每一阶段又由若干环节构成,该模型细致地描述了宽恕一个人可能会经历的心理过程。

阶段一:体验伤害。其目的是帮助个体认识、体会和接纳自己在受到伤害后可能出现的一些消极反应,如愤怒、羞愧、对事件的过度关注、拿自己的不幸与冒犯者的"幸运"做比较等。这些消极反应加深了个体的愤怒和悲伤的情绪。只有当个体认识到自身存在这些消极情绪及认知后,他才能做出改变,进而促使自身的情绪得到宣泄。

阶段二:决定宽恕。该阶段的目的是向个体阐明宽恕的含义,引导其将宽恕作为一种可供选择的策略,并考虑是否愿意宽恕。在这一阶段,个体将重新审视自己的所作所为,当他发现先前的一些应对策略毫无意义时,就会思索宽恕的意义,并考虑是否通过宽恕来解决问题,进而做出宽恕的承诺。

阶段三:实施宽恕。在这一阶段,个体将从新的角度看待冒犯者,重

---

[1] 付伟,张绍波,李欣,等. 宽恕与心理健康关系的 mate 分析 [J]. 中国心理卫生杂志, 2016, 30 (5):395 – 400.

[2] 乔虹,黄俊. 核心素养视域下的青少年宽恕教育建构 [J]. 教育科学研究, 2019 (2): 68 – 73.

新构建对他的认知,并体会他的困惑、脆弱或压力,增加对对方的同情。在这一阶段,个体不再局限于自己曾受到怎样的伤害,而是能主动地站在对方的角度考虑、理解对方。这时,他甘愿忍受痛苦,放弃报复,从而获得内心的平静。

阶段四:收获成果阶段。这一阶段的目的是巩固个体的宽恕意愿,促使其真正地宽恕冒犯者。首先,引导他思考这场磨难带给他的积极影响。研究表明,赋予遭遇以更积极的意义能够促使个体宽恕。其次,引导他认识到每个人都是不完美的,有时自己也需要得到他人的宽恕。再次,引导他认识到他人也会像自己一样受到伤害,这时个体先前那种孤立无援的感受会减少。同时,还会引导他树立新的生活目标,进而激发其对未来生活的希望。通过以上种种措施,个体渐渐意识到自身的消极情绪逐渐减少,积极情绪逐渐增加。最终,其内心得以释然,从而真正地宽恕冒犯者。

该模型详细描述了宽恕的心理过程,这对我们理解受害者,帮助其走出困境具有指导意义。第一阶段侧重于对受害者心理的分析,着重讲述哪些情绪、想法或行为可能困扰受害者,这有助于加深我们对他的理解。其余三个阶段为促进宽恕的阶段。首先,引导受害者树立宽恕意识。其次,改变受害者对冒犯者的消极认知,促进受害者共情。最后,促使受害者真正地宽恕冒犯者。当然,每个宽恕者并不一定都要经历上述所有过程,上述过程是逻辑上的顺序而不是心理上的不变的顺序,不同个体存在差异。

三、培养利他品质的策略

(一)利他行为的唤起

有些心理学者认为,观察者在决定是否做出利他行为之前,会做出一系列的判断。他必须观察当时发生了什么事?当事人是不是需要帮助?这种帮助是不是非常紧急的?自己是否应该伸出援手?应该采取什么样的行动?借助什么办法完成这一行动?人们在做出助人的决定之前,有许多事需要考虑,在一些非常迫切的情况下,某些人很快就做出了反应。一些心理学家认为,他们在决策之前,通常会逐个考虑到如上几个问题。

经验表明，旁观者认为情况紧急的时候，他们通常会对当事人施予帮助。为了研究哪些情况会被定义为"紧急情况"，美国心理学家兰斯·肖特兰德和泰德·哈斯顿曾做了一项调查研究，研究者事先把"事件的紧急程度"区分为五个层次：第一级是非常紧急的情况；第二级是比较紧急的情况；如此递减，第五级被定义为最不紧急的情况。他们列举了一系列事件，让69名女大学生和21名男大学生对事件加以评价。结果发现，紧急事件有如下特点：①突然或出乎意料地发生；②当事人可能要受到伤害；③随着时间的延续，情况越来越严重和危险；④没有其他人可以帮助当事人；⑤旁观者有能力给予当事人帮助。

随后的几项实验纷纷证明：无论是什么事件，如果人们将其判断为紧急的，就有可能给予帮助，事件被认定的紧急程度高低，决定了旁观者给予帮助的可能性大小。因此，紧急情况是利他行为唤起的决定性因素之一。求助者的需要也是重要的因素之一，但助人者是否有能力提供有效的帮助，也会影响助人与否的决定。如果求助者的困境严重到没什么办法帮助他，那么旁观者很可能不会提供帮助；反之，如果旁观者感到有能力帮助求助者，就很有可能给予实际的帮助。例如，当一位心脏病患者突发病症摔倒在街上，想要帮助他的人只需要打一个急救电话，或者拦车送他上医院就可以了，多数人都能做到，所以会有很多人乐于提供帮助。

（二）助人的得与失

当紧急情况非常明显，而且人们也有能力提供帮助时，为什么还有人见死不救、漠然视之呢？其中一个很重要的原因就是，旁观者考虑到帮助他人的行为可能会带来麻烦和损失。例如，当两个人非常凶狠地互殴时，旁观者一般不会贸然插手干预，因为大部分人担心自己会受到伤害。

当一种助人行为不会威胁到旁观者的人身安全时，仍然会有人畏惧不前。当旁观者看到有人跌倒在马路旁边，他会想到如果去帮助此人，就会浪费许多时间，假如旁观者没有急事，或许会上前相助；反之，就会减少相助的可能性。如果救助这位跌倒的路人需要花自己的钱，那么代价就更大了。如果需要帮助的人非常肮脏、浑身是血，那么与他的近距接触有可能会带来不愉快的体验，这也是助人的代价之一。但是，当旁观者考虑到帮助此人有可能会带来奖励时，他就有可能提供帮助。

（三）求助者的特点

人们不愿意帮助一个喝得醉醺醺、晃晃悠悠地走在路上的酒鬼。求助者需要帮助的程度是决定人们是否给予帮助的重要因素。一般来说，人们更愿意帮助那些没有解决问题的能力而必须求得帮助的人。例如，迷路的小孩比迷路的大人更容易得到别人的帮助；尽管现在世人对女人的看法有所改变，不再像从前那样认为她们没有能力自助，但是人们仍然认为女人应付困难的能力比男人低，因此人们会感到有责任去帮助一个遇到麻烦的女人。人们还愿意帮助自己喜欢的人。另外，如果有人由于外在的、大家也认为合理的原因（如疾病或意外事故）而陷于困难，他们会比那些自己造成困难的人更容易获得帮助。也就是说，人们往往拒绝帮助那些由于自己的过错或不适当的行为而遇到麻烦的人，例如酗酒者、粗心大意而酿成大错的人，等等。

许多事实和实验研究还证明，外貌有吸引力或者人品好的人更容易得到别人的帮助；相反，如果某人的外表令人讨厌，则大大地降低人们帮助他的可能性。求助者对自己所处困境应承担的责任，也是影响他人给予帮助与否的一个重要因素。同样是一个跌倒在路边的行人，如果他手里拿着拐杖，人们就愿意帮助他；如果他手里拿着一个酒瓶，就很少有人愿意提供帮助。

有些心理学家在采访助人者的过程中发现，早期的社会化对成年以后的利他行为有非常重要的影响。利他者在儿童时期形成的观念以及父母的言传身教，都是其成人以后所做出的利他行为的重要原因。有人认为，如果父母以热情、支持和爱护的方式对待儿童，那么儿童就会发展出一种利他和助人的心理倾向。总之，人格特征在利他行为当中只是起到某种中介的作用。有些研究表明，女性的人道主义思想比男性强烈。但人们的观念与现实的行为往往是脱节的，许多利他行为研究表明，女性不像男性那样爱帮助别人，尽管女性常常较容易得到别人的帮助。

四、培养亲密关系的策略

情绪每时每刻都影响着个体的行为反应，个体每时每刻都进行着情绪调节。通过情绪调节缓解亲密关系中的消极情绪，保持积极的关系互动，同时向对方及时表达情绪，进行有效的沟通。

归因即人们对事件的解释方式，亲密关系双方对伴侣的行为归因包括因果和责任。责任归因是指个体对事情应负的责任，与亲密关系有着更加紧密的联系。因果归因涉及影响事情发生的因素，包括确立事件的产生、结果及分析等。幸福的伴侣倾向于将对方良好的行为归因于对方内在的原因，而把对方的不良行为归因于情境等外部因素；而不幸福的伴侣则相反，倾向于将对方良好的行为归因于运气等外部因素，而将对方的不良行为归因于人格等内部的、稳定的因素。这两种不同的归因方式反过来又会促进或阻碍亲密关系质量的提高，从而影响伴侣对亲密关系的满意程度。同时，对亲密关系满意程度的下降也会使消极归因增加，从而导致更多的冲突行为，使亲密关系满意度进一步降低。

动机是指激励和维持行动并使行动导向某一目标，以满足个体某种需要的内部动因。心理学研究通常按动机的起因不同，将动机分为内部动机和外部动机两类。在亲密关系中，个体的内部动机被激发时，在日常的亲密关系活动中会感到愉悦和快乐，并更加积极地参与到亲密关系中。帕特里克等运用日记法对亲密关系进行研究，发现亲密关系动机在心理需求满足和亲密关系质量之间起中介作用。邱莎莎在研究中探讨了亲密关系动机、成人依恋及归因风格对大学生亲密关系质量的影响，研究表明亲密关系动机在依恋回避和亲密关系满意度、承诺度、知觉冲突、消极归因之间具有显著的调节作用。

积极心理学的研究指向的结果是一致的，越是爱他人、越有良好的关系质量、越愿意积极分享的人，就越幸福。积极的爱与关系对于心理健康和幸福感都是必不可少的因素。

第三节　积极人际交往的团体心理辅导

一、习得感恩

主题一　感恩的心

（一）活动介绍

活动目的：了解感恩，学会分享情感体验。

活动材料：音乐片段、眼罩或者头巾、抽签扑克、桌椅、纸、笔。

活动关键词：感恩、正面感受、积极关系。

（二）活动过程

活动1：突破重围

活动目的：促进成员熟悉度。

活动材料：音乐片段。

活动步骤：成员手拉手组成一个包围圈，一名成员站在圈外要努力冲进包围圈。包围圈要力求坚固，避免被对方击破。圈外的成员可以采取各种方式力求突围成功。

分享：交流活动中的感受，领导者要引导成员明确个人的力量是有限的，被排斥在集体之外是痛苦的，从而增强成员的团队意识和对新集体的认同感。

活动2：信任之旅

活动目的：促进成员消除陌生感。

活动材料：眼罩或者头巾、抽签扑克、桌椅。

活动步骤：事先准备好盲行路线，设置桌、椅等障碍物；准备好蒙眼睛用的头巾。团队成员按照随机抽取的扑克牌确定"盲人"的扮演者，"盲人"被蒙住眼睛，在原地转3圈，使其暂时失去方向感。其余的成员继续抽签，抽到与"盲人"牌面相同的成员扮演该"盲人"的向导，协助"盲人"。然后，"盲人"在向导的搀扶下，沿着领导者指定的路线，带领"盲人"沿室内外行走。

要求：活动中向导不能暴露自己的身份，不能讲话，大家都要保持安静，向导只能用非语言的方式引导"盲人"走完全程，让"盲人"自己体验各种感觉。

分享：该活动结束后扮演盲人或向导的成员说出活动中遇到的困难；扮演盲人与向导的角色时心里各有什么不同的感受？扮演盲人角色时，开始对"向导"有信心吗？整个活动过程你的信心是恢复了，还是丧失了？扮演向导角色时，你是如何传递信息的？"盲人"收到没有？后来如何进行调整？你是否是一个成功的带领者？本次活动你得到哪些有益的启示？分享活动中的体验和感悟。

活动3：感恩你我

活动目的：分享自己感恩的事件，理解感恩的意义。

活动材料：完成布置的作业、纸、笔。

活动步骤：完成布置作业的成员直接进行分享；若未完成，发给成员纸笔现场完成。不要求感恩事件的大小，只要对自己有触动的事情。每个成员进行分享。

分享：引导成员之间进行讨论。同一件事情，用心仔细体会，会有不同答案。这些事情有没有在你的身上发生？当在你身上发生时，你的感觉会是怎么样的？你会如何处理？有没有发现我们都有一颗感恩的心？

活动最后播放《感恩的心》，对每天的生活怀着一颗感恩的心，获得心灵的安宁。

二、学会利他

主题二　赠人玫瑰，手有余香

（一）活动介绍

活动目的：了解利他的基本方式，感受利他的快乐，增强自信。

活动材料：A4纸、大开的纸、笔、卡片。

活动关键词：利他、优点、自信。

（二）活动过程

活动1：捶捶他的肩

活动材料：A4 纸、大开的纸、笔、歌词卡。

活动目的：热身活动，成员互相了解彼此。

活动步骤：

（1）让所有成员围成一个大圈。

（2）所有成员先左转，将双手搭在前方成员的肩上，为其按摩两分钟，被按摩的人要对后面的人说：谢谢。

（3）所有的成员再向后转，给刚才为自己按摩的成员按摩两分钟，同样被按摩的人也要说声谢谢。

（4）成员谈感受。

活动2：解手链

活动目的：让队员体会在解决团队问题方面都有什么步骤，聆听沟通的重要性以及团队的合作精神。

活动步骤：

（1）每组成员站成一个大圈。

（2）领导者说：先举起你的右手，握住对面那个人的手；再举起你的左手，握住另外一个人的手；现在你们面对一个错综复杂的问题，在不松开的情况下，想办法把这张乱网解开。

（3）告诉大家一定会解开，但答案会有两种：一种是一个大圈，另外一种是套着的环。

（4）如果实在解不开，可允许团队成员决定相邻两只手断开一次，但再次进行时必须马上封闭。

分享：

（1）你开始的感觉怎样，是否感觉思路混乱？

（2）当解开一点以后，你的想法是否发生变化？

（3）最后问题解决以后，你是否感觉很开心？

活动3：优点大轰炸

活动目的：促使成员了解自身优点，增强自信。

活动步骤：

（1）小组中每个人轮流被其他同学评价。

(2) 要求：评价内容必须是积极正面的，不需要解释。

分享：分享此次团体辅导活动印象最深刻的环节，分享自己的感受。

三、学会沟通

主题三 积极沟通你我他

（一）活动介绍

活动目的：了解积极沟通的重要性，学会积极沟通。

活动材料：性格列表表格、纸、笔。

活动关键词：积极沟通、识别情绪。

（二）活动过程

活动1：我说你做

活动目的：暖身，通过活动联系沟通与配合的能力。

活动步骤：

（1）左边的同学问"你在做什么？"右边的同学回答"我在做××"左边的同学要做相应的动作，依次类推。

（2）注意：动作指令不可以过于复杂，或者带有侮辱性质。左边的同学没有问，右边的同学需要一直维持着动作。

活动2：魅力测试站

活动目的：了解沟通的重要性。

活动步骤：打印性格列表。

（1）领导者描述情景：你参加了一个夏令营，在这个夏令营里你结识了很多性格迥异的人，有真诚的、善解人意的、乐于助人的、体贴的、热情的、善良的、活泼开朗的、风趣幽默的、聪明能干的、自信的、心胸宽阔的、脾气古怪的、不友好的、饶舌的、自私自利的、自负傲慢的、虚伪的、恶毒的、不可信任的、性情暴躁的、孤僻的、冷漠的、固执的、心胸狭隘的，等等。

（2）组织成员进行讨论：你最不愿意与哪三种人做朋友？最愿意与哪三种人做朋友？并简要地说明理由。请每位成员在心底对自己做一个评判（不需要说出来），你认为自己最类似于以上哪两种人？优缺点各选一个。

然后仔细倾听其他成员对此的评价，从而了解自己的性格在人际交往中受欢迎的程度。

（3）领导者根据团队成员的发言，记录下每种性格的魅力指数。最愿意与哪三种人做朋友。那么根据喜欢程度的高低，这三种性格分别记+3，+2，+1分；反之，最不愿意与哪三种人做朋友，那么根据讨厌程度的高低，这三种性格分别记-3，-2，-1分。所有成员发言后，计算每种性格的总分，得出该性格的人际魅力指数。

（4）组织成员进行分组，讨论"如何培养最受欢迎的三种性格"，以及"如何克服最不受欢迎的三种性格"。

活动3：情景剧

活动目的：模拟情境，理解沟通的重要性。

活动步骤：

（1）活动成员分组。

（2）分别表演宿舍冲突的情景剧。

小组1：夜晚，宿舍的同学已经睡觉了，可是小张还在没完没了地打电话，同宿舍的小李很气愤，对其进行指责，结果话不投机，两人发生争吵。

小组2：小刚个人卫生习惯不好，脚臭却不爱洗脚、洗袜子，还经常乱丢袜子。小明忍无可忍，要求其改正恶习，及时洗脚、洗袜子。结果，小刚振振有词，拒不改正，双方不欢而散。

小组3：楼管阿姨马上要来检查卫生了，小明提醒舍友打扫卫生，可小雷只当作耳旁风还在打游戏。小明一再催促，可小雷就是不行动。这个时候楼管阿姨进来了。

引导成员讨论，在上述情境中为什么会发生冲突，应该怎样正确处理情境中的问题？引导成员发现交往中的技巧。分析用怎样的沟通方式化解矛盾、解决问题。

小组4：舍友说："我成为班长了！"小组两人按以下方式回应：

A. 积极的—建设性的回应（一种乐观主义的反馈）："太好了，你一定会有很多锻炼的机会！"

B. 积极的—破坏性的回应（指出潜在消极面的反馈）："哦，那个活挺累的，你吃得消吗？"

小组 5：舍友说："我成为班长了！"小组两人按以下方式回应：

C. 消极的—建设性的回应（沉默的回应）："哦，不错。"

D. 消极的—破坏性的回应（一种漠不关心的反应）："天天下雨，真烦。"

引导：请小组其余人解读接收到不同回应时的感受。

如何成为团队中受欢迎的人。选择一个你所在的并且正在运行的团队，下定决心，尽你所能，在接下来的一个月里成为一名最好的队员。想要成为一名好的队员，需要做到以下几点：

①表明自己的观点，明说或打比喻都可以；

②不要发牢骚、抱怨，或者在团队里搞分裂、嫉妒别人；

③在所分配的任务之外，再多干一点；

④积极主动地去做事情，不要等着别人催；

⑤在团队里博得众人的好评；

⑥"让别人闪光"。

帮助团队的领导者以及整个团队完成团队目标，记录你做了什么，以及你做这些的感受是什么。

（3）体验分享。

①让成员围成一圈；提出哪个活动你印象深刻、你从活动中体验到了什么等问题，同学们自由发言；

②所有成员用一句话评价本次活动的感受；

③与左右成员拥抱分别。

本章小结

理解积极关系与人际交往、倡导积极的人际关系是积极心理学应用的重要内容。本章介绍感恩、宽恕、利他和亲密关系四个方面的理论及实践方案，为个人和团队提供积极沟通方式的多样选择。通过本章学习，了解

第九章 积极关系与人际交往

感恩、宽恕、利他和积极沟通的心理机制，了解其对个人身心健康、人际关系和自我管理的影响，学习在日常生活或者团体活动中怎样做出宽恕的归因、增强感恩的愉悦感和对未来的控制感，提升积极沟通的能力，改善人际关系，从而获得长远的发展。通过团辅活动，提高人际交往能力，促进积极关系的稳定，使人们在活动中体验幸福，进而在日常生活中发展积极关系，学习提升积极品质的策略和方法。

（本章作者　孙崇　江苏理工学院）

第十章

积极投入与卓越成就

积极投入是指通过培养青少年对生活与学习的内在动机,提升专注度与投入度,帮助青少年学会主动创造"福流",投入并热爱所做之事,体会过程中的快乐。卓越成就是指通过培养青少年遇到挫折后复原的韧性、坚持不懈的毅力、解决问题的才干、成长型思维模式来提升其实现有价值的目标的能力。近年来,研究者们常从福流理论、自我决定理论等入手研究积极投入,整理出学习任务福流化、深化学习兴趣、提高教师和家长的自主支持等方法和应用技术,提升青少年的积极投入水平。同时,研究者通过梳理坚毅理论、目标设定理论、希望路径理论、思维模式理论、精深训练理论、脑神经可塑性理论等,制定出具有针对性的策略和应用技术,以此帮助青少年获得更好的生活和学业方面的成就。

第一节 积极投入与成就的基本理论

一、福流理论

(一) 理论研究

20世纪60年代,芝加哥大学心理学家米哈里·契克森米哈赖(Mihaly Csikszentmihalyi)首次提出了"Flow"概念——一种重要的积极情绪体验,

第十章　积极投入与卓越成就

并于1975年系统地构建了"Flow"理论模型。目前，我国心理学界对"Flow"这一概念还没有统一的译法，主要有"福流""福乐""沉浸""心流"和"流畅感"等多种译法。[1] 清华大学彭凯平教授将之翻译成"福流"，这是目前用得最广泛的一种。福流可以被定义为一种沉浸式情绪体验，也可以被定义为一种投入状态。在此状态下，个体能专注于当下的任务，朝着清晰的目标迎接各种挑战，此时的挑战既不会阻碍其充分发挥现有的技能，也不会使其产生无力感。

> 跳舞时，我的身体不知不觉地与音乐融为一体。一开始时我对身边的事物有所知觉，容易受到干扰，但是一旦进入状态，我就可以完全融入音乐中。那是我表达的方式，很难用语言来说明，因为它是由心而发的感觉。跳舞时不知不觉地跳出有节奏的舞步，我不用刻意去想下一步怎么跳。这是一种神奇的状态，你感觉自己几乎不存在，我时常有此般体验。
>
> ——一位舞蹈家对自己福流体验状态的描述

米哈里·契克森米哈赖在一项长期实验中观察画家、棋手、攀岩者以及作曲家等人的活动，他们性别不同、年龄不同、阶级不同，但他们都能够全神贯注地投入自己的工作或活动，甚至感觉不到时间的流逝，最终都成为自身专业领域中小有成就的人。可见，福流体验的发生跨越了阶级、年龄、性别、活动类别和文化背景。只要个体全身心地投入活动当中，集中注意力在具体的活动上，有明确的目标和及时的反馈，他就能够体验到福流。同时，研究发现个体在福流状态下会有很多共同特征，如内在动机、注意力集中、自我意识暂时丧失、行动与意识相融合、暂时性体验失真（觉得时间过得比平常要快）和对当前的活动具有较好的控制感等。

（二）福流的影响

每个人面对的压力与焦虑大都源于对自身的过分关注，而非正在从事的任务，而福流可以帮助个体更好地解除压力与焦虑，获得成功。近年

---

[1] 任俊. 写给教育者的积极心理学 [M]. 北京：中国轻工业出版社，2010：62.

来，福流的价值越来越被人们所认可，因为人们发现，福流在人生方方面面的应用可以使他们的生活质量得到提高，进而达到最优化。

1. 福流体验有助于提高效率

个体在福流状态下的注意力会高度集中，甚至会忘记疲劳、忘记饥饿。全身心地投入活动中，动用全身的能量，屏蔽掉周围的干扰，一定能够提高做事的效率。因此，在教育情境下，青少年在高度的投入状态可以提高学习效率，当精神集中于复杂活动或更具挑战的任务时，会获得更高的学业成就。

2. 福流体验有助于摆脱消极情绪

当个体处于福流状态时，所有注意力都集中于当下的任务，无暇顾及其他事物，包括"愉悦"的积极情绪或"无力感"的消极情绪。而在之后的回顾中，能重新体验到从事任务过程中的充实感和成就感等。

3. 获得成长

要达到福流的状态，当前正在进行的任务就必须要有一定的挑战性，而这种挑战性要与我们的能力相匹配。以下棋为例，对手实力太强，则会感到焦虑；对手水平太低，又会感到没有挑战性。只有当对手的水平与自己不相上下时，才容易进入福流状态。因此，在福流状态下，青少年往往会充分发挥自己的能力，将个人水平发挥到极致，加上精神高度集中，更容易突破自我，获得成长。

二、成就目标理论

（一）理论研究

20世纪80年代，随着认知科学的发展，认知因素在激发人类行为中的作用引起了心理学研究者的广泛关注。他们先后提出了一批用社会认知观念解释成就动机行为的精细理论，如成就目标理论等。1988年，美国心理学家德韦克（Dweck）及其同事在能力理论的基础上，结合社会认知的最新研究成果，提出了较为完善的成就目标理论，该理论也成为20世纪末21世纪初动机研究的一个热点。成就目标理论，也称目标定向理论，是学习动机的社会认知理论，聚焦于个体对成就意义和成就目的的感知。本章所阐述的成就目标理论的取向与其他理论是有区别的,其更多地使用术语"Goals",关注学习或目标的行为取向。"Goals"不仅强调青少年想要实现的事情,更强调实现的原因。❶

　　大多数研究者关于目标定向的研究集中在两个不同的方向,它们的差别主要在于:①关注学习改进和掌握内容——掌握目标定向(或称为学习目标或任务目标);②基于外部定义的标准或别人对能力展示的评价——成绩目标定向。每一种目标定向都可以表现为趋近或回避的倾向。研究表明,若 A 学生是属于掌握趋近目标取向的,为了提升自身能力,他会把学习看成进步的机会,并享受掌握学习内容的过程;若 B 学生是属于掌握回避目标取向的,则他会尽量避免被误解及自身能力的下降;若 C 学生属于成绩趋近目标取向的,他会将完成任务看作一次展示技能的机会,试图通过他人的评价来证明自己的能力;若 D 学生属于成绩回避目标取向,他会关注避免自己无能或不被认可的行为出现❷(见表 10-1)。

表 10-1　目标定向趋近/回避表

	掌握目标定向	成绩目标定向
趋近	关注学习的过程,通过进步或获取知识来定义成就	关注展示自己的能力,通过获得奖励或外界肯定来定义成就
回避	避免被误解,通过保持技能或不犯错误来定义成就	避免无能行为的出现,通过在别人看来没有失败或不比别人差来定义成就

　　在实际应用中,成就目标理论的运用会受获得成就所存在的社会情境影响,对于青少年来说,常见的有班级或学校。我们可将班级或其他影响场域视为掌握趋近、掌握回避、成绩趋近和成绩回避的综合。成就目标理论的一个核心假设是,在特定情境中强调的目标结构会影响青少年个体对自身目标设定的倾向,即青少年更倾向于在强调掌握目标定向的情境中制

---

❶ 迈克尔·J. 弗朗,里奇·吉尔曼,E. 斯科特·休布纳. 学校积极心理学手册[M]. 2版. 张大均,张骞,王金良,译. 重庆:西南师范大学出版社,2017:110.
❷ HULLMAN C S, SCHRAGER S M, BODMANN S M, et al. A meta analytic review of achievement goal measures: Different labels for the same constructs or different constructs with similar labels? [J]. Psychological Bulletin, 2010:136(3):422-449.

定掌握目标定向的目标。❶

(二) 成就目标的影响

在青少年的学习生活中，如果急于求成，会产生焦虑和紧张，干扰记忆和思维活动的顺利进行，反而使效率降低。比如，考试中的"怯场"现象很有可能就是由于动机过强造成的。美国心理学家耶克斯和多德森研究证实，各种活动都存在一个最佳的动机水平，动机强度与工作效率之间的关系呈现倒 U 形曲线关系（如图 10-1 所示）。

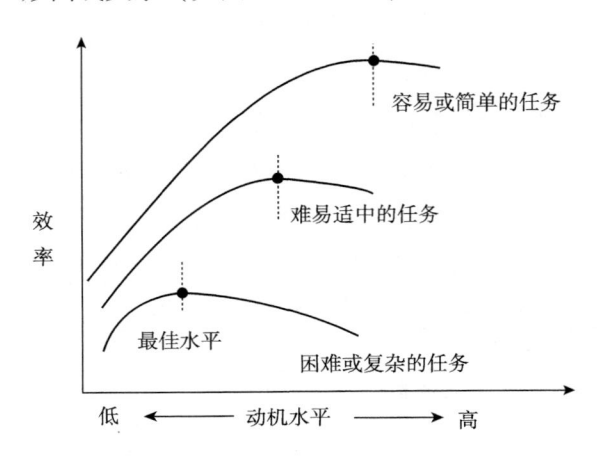

图 10-1 动机强度与工作效率关系

从图 10-1 中可以看出，动机不足或过分强烈，都会使效率下降。也就是说，动机强度处于中等水平时，工作效率最高；一旦动机强度超过了这个水平，对行为反而会产生一定的阻碍作用。这种规律，在青少年的学习生活中，同样适用。

1. 掌握目标定向和优异的学习成绩之间存在一定的正相关

结合成就目标理论和耶克斯-多德森定律，青少年面临的学习内容或生活挑战越困难，越容易受到较高动机水平的干扰。如高度愤怒或过分高兴时，解答难题的效果不佳。因此，设定目标时选取掌握目标定向的青少年，更倾向选择相对中等难度的学习任务，这样他们在学习时能较好地进

---

❶ MIDGLEY C. Goals, goal structures, and patterns of adaptive learning [M]. In C. Midgley (Ed.), 2002: 55-84.

行新旧知识的联系，面对困难时更能坚持并进行自我调节。

2. 掌握目标定向和学生对学习任务的坚持性有关

当青少年经历失败时，掌握目标定向的青少年比成绩目标定向的青少年坚持的时间更长。❶ 前者会把失败归因于努力不够，而不是能力不足，更加重视学习的过程，通过改进方式方法掌握更多的知识，以此来达到成就目标。即使面临任务枯燥或有较高难度，前者可能也不会回避付出或放弃。因此，掌握目标定向对鼓励面对失败或挑战的坚持性上有重要意义。❷

三、成长型思维理论

（一）理论研究

心理学家德韦克研究发现，人的思维模式可分为固定型思维模式和成长型思维模式两种。固定型思维模式的人每天都在试图证明自己智力高、品行强，且认为这些品质是天生确定、无法改变的；成长型思维模式的人则认为一切都可以通过努力得以培养和提高，每个人都可以通过实践得到改变和成长。❸ 人们坚持固定思维模式，一般出于某些原因，比如它能符合自己的心理需求，或者能够提供获得自尊心的方案，或是让自己获得外界的喜爱和尊敬。尤其是青少年，受人认可、被人喜爱是非常重要的，固定型思维模式为他们提供了简单直接的解决方案。但是久而久之，这类青少年就会认为人的能力是一成不变的，就会一遍遍地证明自己的能力。而拥有成长型思维模式的人相信，人类真正的潜能是不可知的。这种思维模式是建立在如下理念上：人的基本能力是可以通过努力来培养的，即使事情发展得不顺利，个体也会拥有想要提升自己并坚持不懈的激情。

心理学家奈吉尔·霍尔姆斯研究制作了两种思维模式的对比图（如图 10 - 2 所示）。从图中我们很容易看出成长型思维注重能力的增长，强调

---

❶ SIDERIDIS G D, KAPLAN A. Achievement goals and persistence across tasks: The roles of failure and success [J]. The Journal of Experimental Education, 2011; 79, 429 - 451.

❷ 迈克尔·J. 弗朗, 里奇·吉尔曼, E. 斯科特·休布纳. 学校积极心理学手册 [M]. 2版. 张大均, 张骞, 王金良, 译. 重庆：西南师范大学出版社, 2017: 111.

❸ 于彩霞. 大学生成长型思维模式的培养探究 [J]. 吉林工商学院学报, 2017, 33 (6): 122 - 124.

智力具有可增长、可塑造、可调控的特性。青少年可以通过努力学习和坚持训练不断提高自己的智力水平，将困难和失败看成帮助自己进步成长的有趣挑战，选择相对具有挑战性和开创性的工作。❶ 因此，我们鼓励青少年学习并培养成长型思维，让青少年认识到真正的自我。

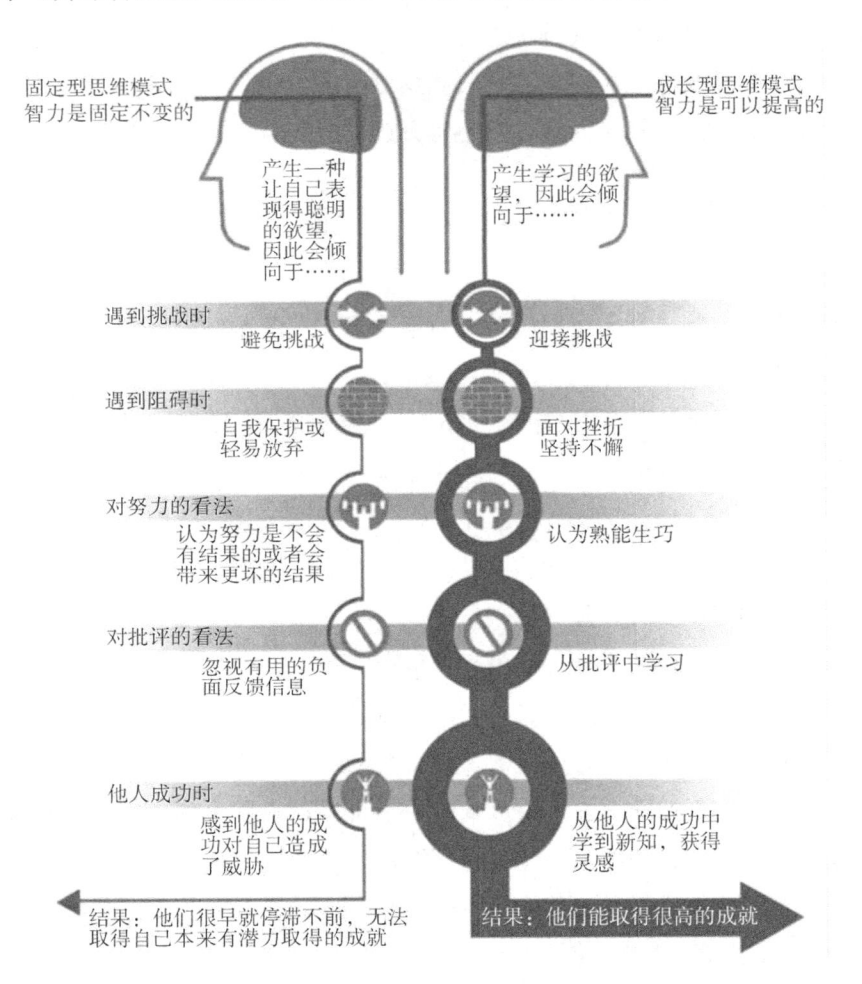

图 10 - 2　两种思维模式对比关系

---

❶ 翟乡平. 成长型思维与坚毅的关系：未来时间洞察力、成就动机的多重中介作用 [D]. 烟台：鲁东大学，2018.

（二）成长型思维的影响

郭士纳：摒弃固定型思维模式

　　IBM（国际商业机器公司）是全球最大的信息技术和业务解决方案公司，1911年创立于美国纽约。目前拥有全球雇员31万多人，业务遍及160多个国家和地区。1993年，公司内部出现财务危机，洋溢着自命不凡的文化氛围、竞争代替了合作，没有人关心客户需求和订单后续发展。当时的董事长意识到了问题的严重性，找到了路易斯·郭士纳。

　　郭士纳担任CEO之后，摒弃固定型思维模式，打通了公司从上到下的交流渠道。在接管公司6天后，开始走访公司的每个部门，和大家一起讨论如何使公司强大起来。他解散了IBM的最高权力部门——管理委员会，并经常向高层之外的人员咨询专业意见。他重视团队协作，开除了喜欢玩弄权术的人。他要求并鼓励员工展现更好的执行力，并经常激励员工：天赋不能决定一切，我们需要把工作做好。郭士纳还很重视客户的感受，将顾客放在第一位，赢得了客户的信任。

　　2002年3月，当他完成使命卸任CEO的时候，不仅公司的股票价值增长800%，更是培养了注重成长和团队协作的企业文化，给公司带去了巨大的变化。

——摘自卡罗尔·德韦克《终身成长》

　　近年来，国内外关于思维模式相关因素的研究越来越多。相比而言，研究者们更热衷于讨论成长型思维模式的影响以及如何才能帮助青少年更好地形成成长型思维模式。一方面，研究者发现，个体的思维模式除了受大脑可塑性的影响之外，更主要的是受周围文化观念的影响，尤其是身边其他重要人的评价性反馈，这其中影响最大的是父母和教师[1]；另一方面，也有研究者发现，成长型思维可以不同程度地促进个体的心理幸福感、学

---

[1] 宋淑娟，许秀萍. 思维模式对留守经历大学生心理韧性的影响 [J]. 中国特殊教育，2019（11）：64-68.

校参与度、习惯养成、情绪控制和信心的培养。❶ 其中，成长型思维对青少年学业成就、坚毅品质和人际交往的影响更为显著。

1. 成长型思维有助于提升学业成就

德韦克在2011年的一项研究发现，成长型思维模式与成绩目标关系密切。❷ 心理学家布莱克韦（Blackwell）等人也曾对300多名初中生进行追踪研究，当学生的成绩出现下滑的迹象后，只具有固定型思维模式的学生会持续下滑，并在接下来的两年里越来越差；而具有成长型思维模式的学生在后来的两年里成绩逐步提高。这两类学生刚进入初中时的成绩几乎一样，但当他们遇到学习挑战之后，差距开始增大，成绩"两极化"分层由此出现。具有固定型思维模式的学生会将结果归因于"我不擅长"或者"老师不好"；而具有成长型思维模式的学生则会尝试动用他们的全部能力来学习。

2. 成长型思维有助于培养坚毅品质

West和他的团队研究证明，成长型思维和坚毅品质之间呈现显著正相关，❸ 坚毅就是一种长期坚持目标并努力的热情。成长型思维模式的青少年更加享受自己不断努力的过程，与自己的过去进行纵向比较而不是与他人进行横向攀比，坚持目标不断前进。一项针对美国西点军校的研究表明，士兵们正是拥有坚毅的品质，才更能经受严苛而残酷的训练并成长为优秀的军人。

3. 成长型思维有助于改善人际交往

有关人格领域的研究表明，成长型思维有助于新技能的学习和人格完善。在有关害羞者的研究中，成长型思维的害羞者更愿意与善于使用社交

---

❶ ZENG G, HOU H, PENG K. Effect of Growth Mindset on School Engagement and Psychological Well-Being of Chinese Primary and Middle School Students: The Mediating Role of Resilience [J]. Frontiers Media S. A, 2016: 7.

❷ DWECK C S. Award for Distinguished Scientific Contributions [J]. The American psychologist, 2011, 66 (8): 658-660.

❸ WEST M R, KRAFT M A, FINN A S, et al. Promise and paradox: Measuring students' non-cognitive skills and the impact of schooling [J]. Educational Evaluation & Policy Analysis, 2015, 38 (1).

技巧的交谈对象交流，经过一段时间的交谈，他们的社交技巧得到改善，内心的紧张和焦虑感也有所缓解；有关失恋者的调查研究表明，成长型思维者更善于从失败的情感经历中吸取教训，更容易感到释怀并关注创造更好的未来；在有关干预人际冲突的研究中，成长型思维的人更愿意与外界进行互动，通过干预能够更好地消解人与人之间的冲突，达到改善人际关系的效果。

第二节　积极投入和成就的基本策略

一、任务福流化

青少年如果能够体验到福流，他们就会更愿意在学业和生活中投入时间和精力。因此，教师和青少年的身边重要他人如何引导青少年将生活和学习中的任务福流化，就显得尤为重要。

（一）学会选择性注意，提高专注力

选择性注意有助于青少年在参与生活和学习活动时清晰地理解完整内容，从而达到活动任务高效化的目的。在学习的过程中，青少年要学会自我赋能、科学用脑，当学习疲惫时，可以用舒缓的音乐或冥想的方式帮助大脑得到休息。生活中，如果从事一项活动的过程中遇到被打断的情况时，可以通过深呼吸让注意力再次集中起来；或者冷静地想一想"是什么干扰了自己"，然后自我调整一下，利用积极肯定的语言替代消极否定的语言，恢复专注的状态。

（二）制定合理规则，提高自控力

合理清晰的规则有助于青少年更好地投入学习和生活的各项任务中。个体参与活动就像参与游戏一样，需要花时间了解"游戏规则"。只有充分清楚活动规则，才能全身心地投入其中。人们面对理解范围内、感兴趣或有成就感的事物，往往会较为主动地去研究和投入，且自控力较强；反之，则会出现难以坚持，甚至不愿参与的情况。

外在活动是不断变化发展的，这意味着青少年所从事活动的复杂度会不断增加，只有具备清晰的规则和指导，青少年才能更加清楚如何一步一步走下去。比如在完成一项课程作业时，学生需了解考察内容、做题方法与逻辑以及预期效果。所以要想维持福流状态，需要建立清晰的规则意识。

（三）建立目标反馈体系，提供原动力

目标对人生有巨大的导向作用，能够带来希望和行动方向。青少年可以根据自己的兴趣和潜能制定适合自己的生涯规划，明确自己努力的方向。但生涯规划是一个长远目标，青少年需要对自己当下的生活和学习有一个具体规划。若想进入学习的福流状态，青少年就必须理解学习的意义和价值，清楚学习的任务和重点，明确当下学习的具体目标。

与此同时，及时的反馈可以帮助个体检验是否完成目标，前进的方向是否正确。如果当前有一个找错的小游戏，当我们做完了20题后都不知道自己的答案是否正确时，还会有兴趣继续做下去吗？如果在做完每题或者每3题时得到反馈又会如何？哪怕得到3题全部做错的反馈，也会比毫无反馈更有乐趣。及时的反馈在其他活动中同样会产生神奇的效果，很多闯关类游戏都使用了这种策略，每通过一道关卡，就会获得相应的"金币"或类似的奖励，正是这种反馈机制，让游戏者乐此不疲。这里体现了及时反馈的优越性，及时反馈是产生福流的重要因素。因此，不管是引导青少年制定积极的目标，还是给予青少年及时、合理的反馈，都可以大大激发青少年实现目标的动力，从而更好地体验福流状态。

（四）选择适宜挑战，提高掌控力

从福流的定义和对福流状态的描述中，我们可以看到要想进入福流状态，最关键的条件是个体的技能与当下活动的挑战难度相匹配。在早期福流模型中，心理学家认为当个体的技能与挑战难度相匹配的时候，个体就可以体验到福流。美国心理学家米哈里·契克森米哈赖对挑战与技能的关系进行了全方位的梳理，最终得到8种组合关系。

如图 10-3 所示，当个体的技能高于挑战水平时，就容易感到无聊，比如要求成年人完成小学题时，他就会产生无聊的感觉，只有当活动带来的挑战恰巧与我们的能力相匹配时，才容易进入福流状态。所以，无论我们是学习还是进行其他活动，都要考虑自己的技能水平与当下的任务挑战难度是否相匹配。只有任务难度与我们的能力水平相匹配时，才能更好地投入活动中，才更容易体验到福流。

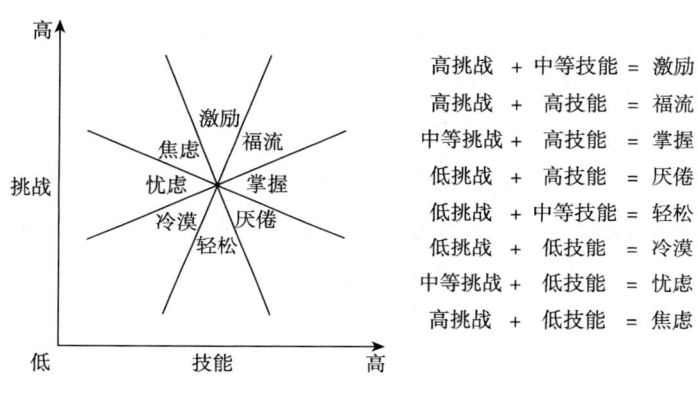

图 10-3 技能与挑战

二、目标设定的刻意练习

（一）SMART 目标管理法

众所周知，学会一项专业技能或取得某种成就，练习必不可少。这里的"练习"并非不加分辨的刻苦、盲目练习，而是需要"刻意练习"。刻意练习的前提就是需要一个清晰、有效、可量化的目标。美国管理学家乔治·多兰在 1981 年 11 月美国《管理评论》杂志发表的一篇题为《用 SMART 方法写出愿景及管理目标》的文章，提出了一种 SMART 目标管理法（见表 10-2），并对其做了详细的界定。这一方法最初被企业使用，随后各个领域都开始争相使用它来提高目标设定的效用。

表 10-2 SMART 目标管理法

简称	含义	目标管理法
S	具体的（Specific）	要指向一个具体的需要改进的区域
M	可测量的（Measurable）	有具体数量，或者至少有一个参考指标

续表

简称	含义	目标管理法
A	可分配的（Assignable）	明确由谁来完成这件事
R	可实现的（Realizable）	明确现实的可实现的结果，并提供可能的资源
T	时间限制（Time-related）	明确获得结果的时间

（二）实现成就目标的 TARGET 模式

在青少年的学习生活中，关于任务目标的信息会影响他们从事该任务的出发点，掌握目标定向对青少年有非常明显的积极效果。20 世纪 90 年代初，教育学家 Ames 提出影响青少年学习动机的六大因素——任务设计、权利分配、个体认可、小组安排、评价活动和时间分配——后被称为 TARGET 模式。该模式重视青少年的学习过程，而非仅仅是学习结果，创造了一种有利于提高学生学习动机的学习氛围。随着时代的发展，社会支持理念逐渐被学界认可，一些研究者建议将"社会支持"加入这个模式，完善目标结构框架（见表 10-3）。

表 10-3 促进掌握目标结构的特点

类别	强调	不强调
任务设计	适当的挑战；任务的理由；多样的选择；解决问题的思维	常规性低水平任务；应试教育；绝对化一致
权利分配	可适当参与决策；自我调节的机会；接受不同观点	服从权威；唯一正确理念
个体认可	肯定努力和进步；私下奖励	公开成绩；比较成绩；过分褒奖
小组安排	可弹性分组；群体协作	过于重视能力；群体竞争
评价活动	过程评价和结果评价相结合；自我评估和多方评估诊断相结合	过分单一的考核形式和评估手段；个体之间的比较
时间分配	灵活安排时间	时间绝对化限定
社会支持	持续的个人支持和同伴合作；通过承诺和信心传达智力支持	仅关注某些个体；专注个人工作；传达固定期望

TARGET 模式强调了掌握目标定向的青少年能够利用教师或家长给予的时间和空间，理解自己的学习和生活任务，在完成任务的过程中需要注重挑战和努力。在这个过程中，青少年被允许出错并可以重新开始，他们

需要做到的是把握节奏、自我调节，最终达到积极的目标成就。

三、改变思维模式

（一）如何辨别真假成长型思维

随着成长型思维模式的广泛传播，越来越多的家长和教育者意识到成长型思维模式的力量，但是也有不少人对它的理解出现了偏差。

1. 成长型思维模式并不等于开放型思维模式

有的人天生性格开朗、思想开放，他们将身上这些自己喜欢的特点称作"成长型思维"。他们误将成长型和开放型混为一谈，忽视了关注自己的能力提升和潜能挖掘。

2. 成长型思维并不只关注"努力"

很多了解过成长型思维的人都会非常重视"努力"，不管是自己的努力还是他人的努力。于自己，他们过分关注所谓的"努力"，没有认识到努力并不只包括努力本身，更重要的是正确的方法和方向；于他人，他们会过分夸奖别人的努力，甚至称赞根本不存在的努力，比如，有的人在安慰他人时经常会用"我知道你（他）真的很努力了"，而事实上如何，安慰者自己也不敢确认是否真的如此。事实上，成长型思维的核心是相信人的能力是可以发展的，努力学习的过程可以带来知识，但有的时候也不能掩盖努力了还没有学到知识的事实。

3. 拥有成长型思维并不意味着可以做任何事情都能成功

《师说》中讲"术业有专攻"，可见，并不是所有人都适合所有事情，即使是拥有成长型思维的人也不例外。有些教育者在学习了成长型思维后，经常鼓励受教育者"你可以的！我相信你！"这样的言语确实可以在一定时间内激励受教育者，但如果没有正确方法的传授和有效资源的链接，这样的言语终将成为一句无效的安慰。

（二）培养真正的成长型思维模式

成长型思维与固定型思维并非不可改变，两种思维模式最本质的区别是对智力、能力等具有不同的认识，因此只要纠正对智力、能力等的错误认知，对其进行成长型思维的干预，就可以改变其思维模式。但这种干预并非是永久性的，成长型思维需要长时间的训练，甚至需要一辈子，因此如果没有持续强化成长型思维，青少年很可能再转变为固定型思维。❶ 在这个过程中需要青少年跳出舒适区接受改变，需要家长言传身教的榜样引领，需要教师正确的教育理念引领，更需要学校营造成长型思维的培养环境。

其实，我们每个人都要接受一个事实——每个人都拥有两种思维模式。我们需要自己清楚是什么导致了固定型思维模式，要去了解当固定型思维模式人格被激发后会发生什么。重要的是，我们可以逐渐学习维持成长型思维模式的方法，即使那些诱发固定型思维模式的诱因依然存在，我们依然可以说服固定型思维模式的人格，并与之一起走向成长型思维模式的旅程。

1. 接受

要接受自己有一部分固定型思维。我们每个人的思维模式都是成长型和固定型的混合物。但要接受自己的固定型思维模式并不代表我们要去接受它频繁出现，以及接受它在出现时给我们带来的消极影响。

2. 思考

要明确是什么激发了你的固定型思维模式。是面对挫折还是成功的时候？当你了解了这个固定型思维模式，并明确了激发它出现的原因，不要急着去评价，先静下心思考一下。

想一想：

最近一次激发了你固定型思维模式的事是什么？

在固定型思维模式出现的时候发生了什么？

它对你耳语了什么，你有什么感觉？

3. 命名

现在，我们可以给这个固定型思维模式起个名字。可以和同伴讨论在获得名字的固定型思维模式出现时，他们会有怎样的感觉，这将如何影响他们的行动，并会给身边的人带来什么影响。当大家对自己身边人可能出

---

❶ 黄爱云，李霓. 成长型思维：改善数学学习的新路径［J］. 教育现代化，2019（6）：22-24.

现的固定型思维模式及其出现诱因有所了解，人与人之间的相处就会更加顺畅。

4. 说服

清楚了触发固定型思维模式的诱因和影响之后，人们就能在固定型思维模式出现时保持警惕。当遇到挫折，想一想从挫折中学习并继续前行；当即将迈出自己的舒适区迎接挑战的时候，可以告诉自己："我知道这可能会失败，但是我愿意试试！"每个人的固定型思维模式本来是为了让自己感到安全才存在的。所以，应该正确面对它，用成长型思维模式的新方法去"劝说"它，让它接受挑战，不要放弃，帮助和支持你，在受挫折后卷土重来并促进成长。

第三节　积极投入与成就的团体心理辅导

一、遇到挫折我不怕

主题一　遇到挫折我不怕

（一）活动介绍

活动目的：通过韧性系列的团辅活动，给青少年带来更多思考，帮助青少年接受挫折，面对挫折，在逆境中锤炼竞争力，获得成长。

活动准备：在教室内有一定的活动空间；相关活动材料。

活动关键词：挫折、韧性、改变。

（二）活动步骤

活动1：我想认识你，因为……

活动用时：15分钟。

活动目的：通过恰当的赞美，使团队成员了解自己带给别人的第一良好印象，增加自信，促进互相认识，建立融洽的氛围。

活动材料：若干个小书签。

活动步骤：

（1）活动领导者为每位成员分发5份书签。

（2）成员任意在室内寻找自己想认识的人，以"我想认识你，因为……"开头，并说出你对对方的第一个良好印象。

（3）送对方一份书签。

（4）用这样的方式，尽可能和现场的每个人展开交谈。

活动讨论：邀请几位同学分享自己送出书签和收到书签的心情和感悟，对活动过程有所回馈，加深团队建设。

活动2：成长五阶段

活动用时：20分钟。

活动目的：通过活动让青少年体会成功的过程以及所需要面对挫折的必然经历，帮助青少年加强心理韧性。

活动步骤：

（1）活动领导者宣读活动规则：请大家集中到教室中间。我们的游戏是把成长阶段分成五步：第一步为婴儿阶段，学生蹲着，双手揉眼作哭泣状；第二阶段为幼儿阶段，学生蹲着，拇指做吮吸状；第三阶段为少年阶段，学生站立，做跳绳状；第四阶段为青年阶段，学生站立，做投篮状；第五阶段为成人阶段，返回讲台边用"V"字的手势表示成功，高喊"我胜利了"！

（2）游戏开始，学生之间自由选择猜拳对象，获胜者上升一个阶段，只有同一阶段的学生才可以互相比试。

（3）不论是在哪个阶段，找到相同阶段的朋友猜拳之后，只要是输就一定要回到最初的哭泣状态。

（4）在近一半同学都走上讲台之后，游戏可以结束。

活动讨论：活动结束后，邀请各个阶段的同学代表分享在游戏过程中的心情，看其他同学做游戏有什么感受，游戏中说得最多的一句话是什么？回到初始状态有没有想过要放弃？

活动3：改变思维方式，不做"受害者"

活动时间：20分钟。

活动目的：通过活动，帮助团队成员打破在遇到挫折或不幸时的"受害者"思维，学会自己分析利弊，更好地应对并解决困难。

第十章 积极投入与卓越成就

活动材料：第一反应活动卡（见表10-4）、游戏清单（见表10-5）。

表10-4 第一反应活动卡

活动句子	第一反应	积极	消极
学校			
老师			
父母			
朋友			
……	……	……	……

表10-5 游戏清单

立场A	利	弊	立场B
因为老师不公平，我才没能得奖			
我随我妈，所以我不好看			
反正也不是我一个人闯红灯，大家都在走			
……	……	……	……

活动步骤：

（1）活动领导者读出"第一反应活动卡"上的词汇，每位成员在自己的卡片上写出听到词汇后的第一个想法，并判断是消极的还是积极的。

（2）活动领导者给出一定独立思考的时间，让成员们思考导致活动卡上呈现结果的原因，并在刚才的"消极评价"后面写出理由。如果没有，则在活动卡纸上写下最近遇到的难题或觉得烦恼的事，可以写两三件。

（3）活动领导者指导团队成员使用"游戏清单"活动表，如果用所给出的立场思考，各有什么利和弊？可以想到多少就写多少。

（4）成员之间可讨论分享，"学校、老师、家人、朋友是怎样介入自己的生活并引起一些相似的问题的"？可将最近遇到的难题写在空白处，然后也用权衡利弊的方式进行分析。

（5）活动领导者可以反问团队成员们："你真的相信你对这些问题的看法？你的看法正确吗？"停顿数秒后，向成员们澄清——在"游戏清单"立场A中，持有类似立场的人，被叫作"责怪者"。也就是说，他们被受害者心理支配，不再对自己的行为负责，甚至还会在做了一个不恰当的决定之后将责任推给他人。

（6）活动领导者引导成员们改变思维方式，用胜利者的立场看待问题，并在"游戏清单"中使用胜利者的思维方式完成立场 B 一栏。

活动讨论：带领成员们回顾本活动的整个过程，复习自己的改变过程。可请几位成员发表自己的感想，看看在团队中是否有共鸣或者有不一样的意见，可以一起讨论，获得共同的成长。

活动 4：情境展现"不想上学的刘菲"

活动时间：20 分钟。

活动目的：通过团队一同模拟并分析案例，群策群力，帮助团队成员应对学习和生活中的困境。

活动步骤：

（1）活动领导者向大家分享案例：不想上学的刘菲。

> 刘菲这段时间由于期中考试成绩退步，经常不想上学，还独自一个人默默地流泪。她在刚刚结束的学校英语演讲比赛中获了奖，她的文采被语文老师当众表示欣赏，其作文常常被老师当作范文让大家学习。
>
> 她对妈妈说："妈，我进入初中后就找不到感觉，成绩一次比一次差，我越来越没信心，我觉得自己一无是处，糟糕透顶。妈，我很怕，我看见书都怕了，不想读书了。"

（2）邀请两位同学饰演刘菲和母亲，其他同学观察并思考。

①刘菲为什么不想上学？
②刘菲真的像她自认为的那样一无是处吗？
③刘菲为什么会觉得自己一无是处？
④刘菲的故事对你有什么启发？

活动讨论：讨论上述思考得到问题，各抒己见。

活动 5：体验分享

活动时间：15 分钟。

活动目的：总结活动，并进一步巩固本次活动的效果。

活动步骤：

（1）让全体成员围成一圈。

（2）分享交流哪个活动对你印象深刻？从活动中体验到了什么？可自由发言。

（3）一句话评价本次活动的感受。

（4）和左右成员拥抱分别。

二、进入幸福时光旅程

主题二　进入幸福时光旅程

（一）活动介绍

活动目的：通过活动让成员们全身心投入后获取反馈，从而提升"福流"体验，并引导成员们将这种经历迁移至平日的学习生活中，更好地完成学习生活中的任务。

活动准备：在教室内有一定的活动空间、相关活动材料。

活动关键词："福流"、投入、专注力、内部动机。

（二）活动过程

活动1：建队启航

活动用时：15分钟。

活动目的：通过队伍组建过程，让团队成员相互认识与了解，形成初步的团队意识，为接下来的活动奠定合作基础。

活动材料：白色A3纸若干张、彩色笔若干支。

活动步骤：

（1）在活动领导者的带领下，将全部成员分为7~8人一组的若干个小组。

（2）规定10分钟，让各小组依据本次团体心理辅导的名称讨论并制定小组的标志和标语，确定小组组长和口号等。

活动讨论：邀请每个小组长介绍自己的组员，分享设计的标志、标语和口号，加深小组内部和小组之间的团队建设。

活动2：欢乐的时光

活动用时：20分钟。

活动目的：通过感受不同的"活动"中别人的体验，提高自己对"福流"体验的感悟能力。

活动材料：轻音乐、白色A4纸若干、画笔若干。

活动步骤：

(1) 活动领导者向成员们介绍"情景想象法"，播放轻缓音乐，引导大家根据指示进行情景想象，回顾近期各自生活学习中的快乐时光。

"情景想象法"简要的操作步骤：

首先，让大家端坐，闭眼，深呼吸，放松。

然后给出指导语："想象你现在正在宽阔的草坪上，你的朋友正在和你做游戏，你笑得非常灿烂，都笑出声来了。你感到空气很清新，一切都是那么美好……天渐渐黑了，朋友们跟你说再见，你该回去了。"

停顿约1分钟，提示大家慢慢睁开眼。继续说："真是快乐的一天。"

(2) 请大家用自己最擅长的表达方式把自己的快乐时光记录在白纸上。

(3) 各小组完成记录之后，小组之间交换各自的白纸，分享自己的快乐时光。

(4) 活动领导者引导团队成员学会分享，比如"今天参加这个活动，听到小美的……故事，每当想起这个故事的情景，这一天心里都觉得很快乐。"然后请大家回忆一下今天的快乐时光。

活动讨论：活动领导者带领大家用分享的语句回顾这次活动，每个小组可以派代表分享该活动带来的感受。

活动3：你说我画

活动时间：20分钟。

活动目的：帮助成员进一步了解"福流"带给个人的感受，树立"福流"意识，提高专注力。

活动材料：纸和笔若干。

活动步骤：活动领导者引导团队成员根据指令绘画，整个过程中要做到不许提问，不许涂擦，不许相互观望。主持人请每组具有代表性的作画者分享作画时的心理过程。

活动讨论：活动领导者总结，并引导大家根据作品讨论导致差异的原因，体会投入程度不同造成的差异。

活动4：游戏设计沙龙

活动时间：30分钟。

活动目的：通过学习游戏设计与体验方式加深团队成员对"福流"的理解，让大家体会学习生活中的"福流"，激发团队成员的"福流"体验。

活动材料：单词游戏用户使用反馈单若干（见表10－6）。

表10－6　单词游戏用户使用反馈单

游戏名称		隶属小组	
您为刚才试用的游戏打几分（满分10分）			

您在刚才的游戏体验中有什么感觉？

这个游戏哪些方面吸引您？

请给这个小组的游戏提出您的建议：

活动步骤：

（1）活动领导者将团队成员按人数分组。

（2）活动领导者带领大家一起讨论以下问题：

①你平时最喜欢玩什么游戏？

②你玩游戏的时候是不是感觉时间飞逝？

③请你和大家分享一个你喜欢玩的游戏，并说明原因。

④假设你是（你喜欢的）这款游戏的设计师，你会从哪几方面抓住玩家的心理让其继续玩下去（如图10-5所示）？

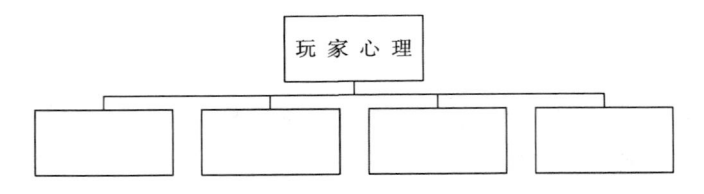

图10-5　游戏玩家心理列举图

（3）讨论结束后，活动领导者带领各小组以每天要背诵的单词为例（如四、六级单词），根据上面大家总结的玩家心理攻略，设计一款专属单词记忆的游戏，要求提供现场试用的可能性（如图10-6所示）。

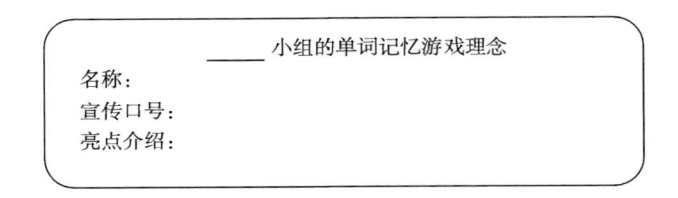

　　　　　　　　＿＿＿＿小组的单词记忆游戏理念
名称：
宣传口号：
亮点介绍：

图10-6　小组单词记忆游戏推荐卡

（4）游戏设计好后，请各组轮番成为下一组的游戏试用体验者，并如实反馈试用意见。

（5）现场交流，并评选出最佳单词记忆游戏。试用感受较好的游戏可在班级内进行系列学习和推广。

活动讨论：活动领导者可邀请最佳游戏设计小组的成员代表分享自己设计游戏时的感受，邀请其他小组成员代表分享体验他人设计游戏时的感受，巩固"福流"体验。

活动5：体验分享

活动时间：5分钟。

活动目的：总结活动，进一步巩固本次活动的效果。

活动步骤：

（1）每个成员回归到小组，活动领导者总结上述活动，并再次告诉成员目标和投入对"福流"的重要性。

（2）最后引导成员们以击掌的方式结束本次团辅活动。

三、做自己的探索者

主题三　做自己的探索者

（一）活动介绍

活动目的：通过系列活动，帮助团队成员认识自己的能力，并学会通过各种活动带来的体验突破自己的生活学习舒适圈，转变思维方式，开发自身潜能，获得更多的积极成就。

活动准备：不被干扰的室外平地、相关活动材料。

活动关键词：潜能开发、积极成就获得。

（二）活动过程

活动1：走直线

活动用时：20分钟。

活动目的：通过本活动让团队成员互相熟悉，意识到成功的过程中仅制定目标是不够的，需要有正确的策略，并在实现目标的过程中自我调节和反思，这样才能获得更好的成就。

活动材料：皮尺若干、记号笔若干、记录本若干。

活动步骤：

（1）根据实际情况分为几个小组，以小组为单位，组内成员依次进行本项活动，每人行走三次。

（2）第一次，比着尺子，走10步，到达5米的"终点1"；同时其他成员可记录其每一步的行走轨迹，并计时，记用时1。

（3）第二次，闭上眼睛，重新从起点开始，根据10步5米的指令向前迈10步；同时其他成员可记录本次行走路径并计时，记用时2，完成后用记号笔标记该"终点2"。

（4）第三次，依旧闭上眼睛，重新从起点开始，根据10步5米的指令向前迈10步；其他成员可在一旁适当提醒、记录行走路径，以及计时。记用时3，完成后用记号笔标记该"终点3"。

（5）行走的成员可比较自己三次的行走轨迹、用时和终点。

活动讨论：通过对比三次用步伐画出的痕迹，观察是否存在差异；自行思考并小组讨论自己三次行走的区别和原因，分享活动的感受，并请代表在大家面前总结小组的看法。

活动2：跳出舒适圈

活动时间：40分钟。

活动目的：帮助团队成员找到生活中让自己感到厌烦的事情，并整理出合适的对策处理这些事情，通过跳出舒适圈的过程释放自己的潜能。

活动材料：报纸若干（至少A3大小）、马克笔若干。

活动步骤：

（1）活动领导者带着团队在自己的纸上一起画一幅属于自己的"舒适圈"——将和生活学习相关的所有活动中认为自己可以接受的活动都写到舒适圈中（圆圈内），而将自己特别不愿意做的事情写在舒适圈外（圆圈外）。舒适圈外的（圆圈外的）就是可能导致自己厌烦的事情。

（2）与其他成员分享自己写在圈中和圈外的事情，并针对舒适圈外的活动，一起讨论哪些方法适用，当事人进行记录。

活动讨论：活动结束后，主持人邀请几位成员代表就自己的舒适圈和非舒适圈进行分享，大家讨论针对"非舒适"活动的对策及感受。

活动3：体验分享

活动时间：10分钟。

活动目的：总结活动，进一步巩固本次活动的效果。

活动步骤：

（1）全体成员围坐成圈，一起分享交流上述活动后自己内心的改变。

（2）可随机邀请成员用1~2句话总结分享自己的感受。

（3）最后大家以与邻座的伙伴拥抱或击掌的方式结束活动。

本章小结

积极心理学提倡以一种开放和欣赏的眼光看待身边的每个人，强调重

第十章 积极投入与卓越成就

点研究每个个体所具备的积极能力。对青少年而言，基于该理论的团体辅导能够帮助他们付出更多的积极投入，以收获更真实的成就。本章阐释"福流"理论、成就目标理论和成长型思维模式理论的内涵、影响与应用。通过对理论的解读与分析，获得一些基于理论的实践应用策略，将理论学习内化于心、外化于行，学习者以此会更好地将理论与实践联系起来，形成积极投入与成就的良性循环。本章提供了三套关于积极投入与成就的团队辅导活动方案——"遇到挫折我不怕""进入幸福时光旅程"和"做自己的探索者"。活动领导者可根据团队自身情况对团辅进行适当的扩展和调整，借由团辅现场的活动氛围，及时引导成员将活动中所学到的方法和体验应用到课下并延伸至生活中，让青少年获得深刻且沉浸的"福流"体验。

(本章作者　黄铖煜　江苏理工学院)

第三部分 教育行动

第十一章

积极生命教育

生命教育是现代教育领域一个较新的研究课题。1968年，美国学者杰·唐纳·华特士提出"生命教育"的概念，在世界范围引起广泛关注，对学生进行生命教育逐渐成为各国教育的重要组成部分。生命是教育的基点，也是教育的对象，更是教育的价值追求。生命教育本质上是遵循生命、成全生命的教育，是现代教育的应有之义。学校为什么需要重视生命教育？如何理解学校生命教育的心理意蕴？积极取向与教育依据是什么？如何科学建构与组织实施积极生命教育？

第一节 积极生命教育的心理意蕴

人是世界上唯一能够意识到并说出"我"的生物，人的复杂意识表现为人的心理活动。这种心理活动既是生命的重要特征，也是开展生命教育的重要依据。当前，青少年心理健康问题突出，存在的无助、郁闷、厌学、自卑等心理问题，是青少年发自内心的生命呼喊与生命诉求，也是青少年心理失调、生命困顿的重要表现，需要引起教育工作者的高度重视。

一、直面心理状态：青少年发展存在的消极问题

"00后"学生正处于身心发展的转折点和关键期，不仅受到学习竞争、

人际交往和情绪情感等诸多因素的影响，而且还将面临择业和人生规划等选择，容易出现自信不足、学习目标不明和对未来职业的担忧等心理问题和困惑。这在"00后"青少年身上体现得尤为明显。他们虽然是个性张扬、追求时尚、崇尚务实的"新新人类"，但同时也是理想信念模糊、任性叛逆、敏感脆弱的"草莓一族"。"00后"学生表现出的心理矛盾与冲突、心理困惑与迷茫、心理无望与绝望，直接制约着青少年生命的和谐发展，反映出青少年生命意识仍存在比较严重的缺失。

以职校生为例，主要表现在以下几个方面。[1]

1. 无聊与空虚

青少年大多是由于学习成绩不好才无奈选择职业学校的，并不是自己主动选择，而是父母的选择和中考的失利导致的。他们对生活的期望值不高，加上学习基础较差，对学习更是提不起兴趣。他们经常挂在嘴边的口头禅就是"无聊""空虚"，做一天和尚撞一天钟，每天不知道自己要干什么，也不知道想要什么。有的青少年便通过打架、玩游戏、酗酒、吸烟，甚至是吸毒来寻求刺激，在混日子的同时生命也被日子"混了"。这种无聊与空虚的心理实际上是生命意义与价值感的严重缺失，是对美好生命与青春年华的挥霍与浪费。

2. 自卑与无助

自卑与无助感深深地困扰着青少年。自卑现象在部分青少年中比较普遍，而且多是由学业困难引起的。由于学习基础差，加上不适应学校的学习方式，一些青少年逐渐对学习丧失兴趣，听不懂老师的讲课内容，跟不上老师的讲课节奏，久而久之形成了严重的厌学心理，有的学生就选择逃学、逃课来逃避。心理问题严重的青少年逐渐形成"习得性无助感"，表现出无所适从、无能为力、无济于事、无可奈何、无动于衷的消极心理，对学习抱着一种无所谓或听天由命的态度。他们倍感无助，自暴自弃，最极端的甚至选择结束自己的生命。

---

[1] 崔景贵. 职校生心理状态与职校积极生命教育策略［J］. 河北师范大学学报（教育科学版），2015（5）：92–96.

3. 焦虑与抑郁

由于学习生活由普通教育向职业教育转变，发展方向由升学为主向就业为主转变，以及将直接面对社会和职业的选择。面临职业竞争日趋激烈和发展压力日益加大的环境变化，他们在求职择业、学习、情感、生活等方面不可避免地存在着压力。压力的不断累积，部分青少年出现不同程度的焦虑，每天处在一种消极的生活状态中，过分担心学业、情感的成败以及未来能否找到满意的工作。由于家庭经济困难、失恋、人际关系紧张等因素交织作用，部分青少年出现严重的自我封闭，不愿与他人交往交流，总是无法从过去生活的阴影中走出，也不懂得珍惜现在的生活，且对人生未来充满悲观与无望。

4. 自私与失控

大多数"00后"青少年从小生活在衣来伸手、饭来张口的家庭环境里，集家族诸多长辈的宠爱于一身，是家庭生活的中心。在这种环境中成长起来的青少年很少能主动关心别人，很少能换位思考，他们只关注自己的感受、自己的需求。当外界与自己的需求发生矛盾时，他们倾向于埋怨别人、抱怨环境而不反思自己。这种过分的自我中心、自私自利意识使其在交往中与老师、同伴、父母经常发生冲突。他们既不能理性地认识自己、接纳自我，也不能积极地理解别人。一旦与他人发生冲突，他们总是觉得自己受到严重伤害，导致情绪失控。这种畸形的心理常常让他们做出一些过激的极端行为，如自杀、他杀。

有调查表明，近1/4的青少年"存在悲观厌世的心理"，觉得"人活着没有太大意义和没有意义"，认为"活得没尊严不如死了"，而令人痛心的"00后"青少年自杀、他杀、校园暴力等现象也屡见报端。一部分"00后"青少年存在生命意识淡薄、生命责任缺失、生命关系紧张、生命态度消极、生命价值迷茫等生命观扭曲的现象。一些青少年片面追求感官的快乐，消极颓废，厌倦学习，虚度光阴，自暴自弃，对待自己的身心健康状况较为淡漠，对自己的身体行为不负责任。由于生活阅历浅，青少年对问题的分析认识能力低，易陷入束手无策的境地，倍感孤独无助，轻率地选择不归之路。有些青少年生存技能和自我防范能力薄弱，缺乏对生命的敬畏和尊重，缺乏正确的生命价值观，简单地认命、轻易地丢命，或者肆意挥霍自己的美丽生命，漠视自己和他人生命存在的价值和意义，同时虚度生命，游戏人生。

青少年存在的消极心理状态，反映出青少年积极生命意识的缺乏、生命观念的错位、生命关系的失调，也折射出当下学校积极生命教育的严重缺失。学校教育过程为学生谋求的是"怎样为生"的技术技能本领，减少了"为什么而生"的人生思考，忽略了对学生进行感受生命价值、尊重生命、体验生命意义的积极教育。如生命教育理念偏颇和错位，生命教育体系未形成，生命教育师资队伍薄弱，师生关系疏离和淡薄，生命教育有效载体缺乏，生命教育核心内容缺失。学校教育管理实践存在消极取向的误区，学校生命教育存在形式化的倾向，缺乏教育应有的特色，没有取得实效或成效，因而学校学生普遍表现出生命意识的缺失。

青少年存在诸多消极的心理状态，要求教育工作者必须直面"00后"学生真实的生命状态，深切关注他们的心理需求，关注生命意识的基本特征与诉求，以更加积极的心理视角来开展生命教育。

二、心理和谐意蕴：学校生命教育的积极取向

人的心理和谐是社会和谐的重要组成部分。人的心理和谐不仅指心理内部的和谐，还包括与他人、外界环境的和谐。人的关系世界主要表现在三个维度上：一是人与自然的关系，表现为人对自然界的认知态度、改造方式及自然界对人的影响；二是人与人的关系，即人的社会关系，表现为人与人之间的交往互动行为；三是人与自身的关系，主要指人对自我的认知评价、情感体验及调节控制，以及对生命终极意义的关怀与信仰。这三个维度的关系构成了心理和谐的重要基石。

心理和谐意蕴深化了青少年生命教育的内涵，明确了生命教育的目标，同时也对生命教育的开展提出了更高的要求。学校教育要注重促进青少年的心理和谐，加强人文关怀和心理疏导，加强心理健康教育和保健，健全心理咨询网络，引导青少年正确对待自己、他人和社会，正确对待困难、挫折和荣誉，塑造自尊自信、理性平和、积极向上的社会心态。生命

教育的宗旨在于：捍卫生命的尊严、激发生命的潜能、提升生命的品质、实现生命的价值。积极取向的青少年生命教育，不仅要教会青少年珍爱生命，更要启发青少年完整理解生命的意义，积极创造生命的价值；生命教育不仅要告诉青少年关注自身生命，更要帮助青少年关注、尊重、热爱他人的生命；生命教育不仅只是惠泽人类的教育，还应该让青少年明白生命的其他物种与人类和谐地同在一片蓝天下的意义；生命教育不仅关心今日生命之享用，还应该关怀明日生命之发展。

让青少年正确认识生命的价值，实现心理自主和谐发展，是推进教育改革、构建和谐社会的基本要求。社会发展需要具有和谐生命体的公民，青少年是国家未来的建设者。开展系统的生命教育，使每个生命体能学会尊重生命，珍惜生命，在人格上全面健康发展，才能使青少年成为建设和谐社会的生力军和主力军。我们要科学系统地开展生命教育，培养青少年积极乐观、健康向上的心理品质，树立远大的理想和正确的价值观，充分发挥生命潜能，认识生命、尊重生命、珍爱生命，最终实现生命的意义和价值。

三、回归育人本位：学校实施积极生命教育的依据

将生命教育思想融入教育理念和人才培养目标符合现代教育的本质要求，也是我国学校教育范式上的一次根本性的变革。生命教育注重探讨人对于生命的态度，即对生命的价值观和人生观的研究。生命教育是直指生命本身的教育活动，涵盖价值观、心理健康、生涯规划、社会伦理等教育内容。其基本意义在于让青少年懂得最宝贵的是生命，生命是智慧、力量和一切美好情感的唯一载体，要通过提升"生命的能量"去创造生命的美好。国家人力资源和社会保障部中国就业培训技术指导中心于2012年5月推出的职业培训课程《生命教育导师》中指出：生命教育，即是直面生命和人的生死问题的教育，其目标在于使人们学会尊重生命、理解生命的意义以及生命与天人物我之间的关系，追求积极的生存、健康的生活与独立的发展，并通过彼此间对生命的呵护、记录、感恩和分享，获得身心的和谐、事业成功、生活幸福，从而实现自我生命的最大价值。

学校开展积极生命教育具有坚实的心理科学理论依据。20世纪末美国

兴起的积极心理学运动中，其倡导者美国心理学家赛利格曼指出：人类要用一种积极的心态来对许多心理现象和心理问题做出新的解读，关注人类的生存与发展，强调人的价值与人文关怀，引导人类发掘自身所拥有的潜能、力量，用一种更加开放的、欣赏的眼光看待自身的潜能、动机、价值和能力等，使每个人都能顺利地走向属于自己的幸福彼岸。积极心理学与学校生命教育的融合运用，极大地改变了教育的理念和视角，促使教育从原来过分关注学生所存在的问题转向关注他们的积极体验和积极品质。增进学生的积极体验，必将带来良好的生命教育实效。

学校开展积极生命教育具有充分的教育政策与制度依据。教育部《中小学心理健康教育指导纲要（2012年修订）》等，均有加强和改进青少年生命教育的重要表述。2010年7月29日，教育部正式公布实施《国家中长期教育改革和发展规划纲要（2010—2020年）》，在战略主题中明确提出要"学会生存生活"，要"重视生命教育"。可见，进行生命教育已成为国家教育发展的战略决策。这也是第一次在国家教育改革文件中载入"生命教育"的内容，具有深远的历史意义。2014年《国务院关于加快发展现代职业教育的决定》，教育部、国家发展改革委等六部门联合发布的《现代职业教育体系建设规划（2014—2020年）》，提出现代职业教育要让每个学生都有人生出彩的机会。因此，学校要积极引导青少年树立正确的生命与安全观念，提高他们的生存技能和生命质量，培养他们勇敢自信的品格，促进青少年的全面发展，并为他们的幸福人生和终身幸福奠定坚实的基础。

积极生命教育就是以生命为核心，以教育教学为手段，倡导认识生命、珍惜生命、尊重生命、爱护生命、享受生命、超越生命的一种提升生命质量、获得生命价值的积极教育活动。联合国教科文组织早就提出，教育必须建立在"四大支柱"的基础上，促进青少年"学会认知、学会做事、学会共同生活、学会生存"。学校开展积极生命教育的目的在于帮助学生认知生命、珍爱生命、保护生命、尊重生命、升华生命，提升教育对生命的尊重和关怀，引导青少年欣赏、热爱自己和他人的生命，让青少年掌握生存生活的方法、与他人相处的方法和爱惜自己及他人生命的方法，使自己的生命价值得以实现,使生活内容丰富多彩、人生精彩。

学校开展积极生命教育,必须坚持"何以为生(生命)"和"为何而生(生活)"两个方向,尤其要把握好三个方面:基于学校学生心理状态与需求的积极视角、基于积极教育的价值取向、基于现代人性的积极发展要求。现代教育要增添发展活力,学校更要增强办学活力,要承担起拯救生命、唤醒生命意识的教育责任和使命,努力引导和促进青少年夯实生命、丰富生命、灿烂生命。通过实施积极生命教育,使青少年学生理性认识人类自然生命、精神生命和社会生命的存在和发展规律,认识个体的自我生命和他人的生命,认识自然界其他物种生命的存在和发展规律,最终树立正确的生命观,领悟生命的价值和意义。教育学生要以个体的生命为着眼点,在与自我、他人、自然建立和谐关系的过程中,促进生命的健康和谐发展。这既是达成现代教育目标的重要途径,也是积极教育范式本身所追求的价值核心。

第二节 消极生命教育的理性反思

生命教育自 20 世纪 90 年代在国内兴起以来,受到全社会的广泛关注,一些学校开始了对生命教育的积极探索。但综观现实,青少年生命教育还未受到应有的重视,在理念与实践层面还面临诸多困境,表现出比较明显的消极倾向。

一、消极倾向:青少年生命教育存在的问题[1]

(一)功利化的教育目的使青少年生命教育停留在"乌托邦"状态

教育作为现代经济发展的助推器,在培养社会所需要的人才方面受到了前所未有的重视和关注。这使教育几乎把全部注意力放在知识的掌握、技能的训练和就业的准备上,只教给学生"何以为生"的知识与本领,却

---

[1] 郝永贞,崔景贵. 论积极心理学取向的职校生生命教育 [J]. 教育与职业,2015 (19):49–51.

放弃了"为何而生"的思考。受这种功利化教育观念的影响，教育工作者虽然知道生命教育对青少年生命成长的重要意义，但出于现实的考量，他们还是将知识技能的掌握作为教育的首要目的。因为学业、技能、就业是可以量化的指标，也是教育主管部门、社会、家长衡量学校教育质量的显性因素。近年来青少年自杀、校园暴力、吸毒、厌学等现象屡见不鲜，但一些教育工作者认为只要强化教育管理，上述现象就能避免，生命教育充其量只是锦上添花的点缀物。这种功利化的心态和侥幸心理，忽视了青少年生命成长和发展的基本诉求，使生命教育很难在学校推广。

（二）问题化的教育模式使青少年生命教育沦为工具性教育

国内外生命教育的兴起与发展大多源于应对日益严重的青少年自杀、伤害他人及对异类生命的伤害等危机事件。这种取向的生命教育模式主要指向生命自身的安全和他人生命的安全，把保护生命、尊重生命作为教育的重点，试图通过开展安全教育、毒品预防教育、艾滋病预防教育、心理健康教育等来矫正青少年存在的各种生命问题，以达到帮助青少年保护生命、珍惜生命的目的。面对日渐增多的青少年漠视生命、戕害生命、挥霍生命的事件，有些学校也意识到青少年生命问题的严重性，于是采用上述生命教育模式来解决青少年的生命问题。这种"头痛医头、脚痛医脚"的矫正教育模式，使生命教育停留在珍惜生命、预防自杀的消极层面，大多仅作为一种权宜之计，而忽视了生命教育中更为重要的激扬生命、提升生命，使人活得有尊严、有价值的使命，令青少年生命教育成为失去内在价值的工具性教育。

（三）同质化的教育内容使青少年生命教育有名无实

目前国内生命教育仍处在起步阶段，无论在理论研究还是实践层面，生命教育都不够成熟。在这种情况下，有些职业学校简单移植套用中学生或大学生生命教育的内容，进行职校生生命教育。虽然不同教育对象的生命教育在内容上有一定的相似性，但明确的职业定向性使职校生具有特定的心理和生命特征。与普通高中学生相比，职校生更多地思考"我是谁"和"我将走向何方"等人生课题，在考虑未来发展及人生抉择时更具现实性；在对社会、他人与自我之间的关系上，他们常易出现困惑、苦闷和焦虑，对家长、老师的管教表现出较普遍的逆反心理和行为；在情绪情感方面，不少职校生由于学业上的失败存在比较突出的自卑心理，容易给自己贴上"失败者""淘汰者""低能儿""边缘人"的标签。青少年这些特有的心理和生命诉求，需要生命教育给予深切的回应与关照，而同质化的教育内容遮蔽了青少年独有的生命诉求。

青少年生命教育存在的诸多困境与消极倾向，从多方面揭示了生命教育科学实施、积极变革的紧迫性与必要性，这需要教育工作者转变观念，转换思路，从积极的视角推动生命教育的深入开展。

二、学校实施生命教育的基本认识[1]

1. 人性化取向

在一定意义上，教育是直面人的生命、为提高生命质量而进行的社会活动，是以人为本的社会中最充分体现生命关怀的一种事业。生命教育应该成为指向人的终极关怀的重要教育理念，是在充分考察人的生命本质的基础上提出来的，符合人性要求，它是一种全面关照生命多层次的人本教育。学校要树立以人为本的教育理念，从学生的终生生命质量出发，创新生命教育载体，讲究生命教育的多渠道渗透。

2. 立体化思维

生命特别是人的生命由三个因素构成，即生理（自然属性）、心理（社会属性）和灵性（精神属性）。生命有自然生命、社会生命和精神生命（三位一体）；教育则有学校教育、家庭教育和社会教育或自我教育；生命教育所倡导的助人自助，也包括心理自助、心理互助、心理他助与心理援助。学校要树立生命与教育的立体认识与多维思考，立体规划青少年生命教育的内容序列，形成学校、家庭和社会优势互补、资源共享的生命教育实施体系。

3. 整合化视野

从某种意义上讲，生命教育是全人教育、素质教育、精神教育、和谐

---

[1] 崔景贵. 职校生心理状态与职校积极生命教育策略[J]. 河北师范大学学报（教育科学版），2015（5）：92-96.

教育、幸福教育。教育工作者要树立统合的生命教育观，认识青少年生命教育与心理健康教育、专业就业创业教育、青春期健康教育、班集体建设与管理、社会实践与创新教育的关系，认识生命教育与生活教育、生存教育、生理（生长）教育、生态教育的关系，始终把握共通性、注意差异性、保持开放性。学校、家庭和社会应三位一体，共同参与，筑成生命教育的合力，才能更有效地提高生命教育的成效。

4. 心本化理念

学校积极生命教育的宗旨是为了促进与引导学校学生的成长成人，成为现代人格健全、生命积极的社会人、职业人和"心理人"，成为符合社会期待的高素质人才。实施实践要秉承积极的心理教育理念，坚持从心出发，用心而为，育心育人。有的学校提出有心理感染力的生命教育理念，如"关爱生命、呵护心灵""为一生奠基、为人生导航""用心灵阳光照亮生命，以积极理念指导人生""用心灵心智照亮生命，以积极心态引领人生"，深受学校学生认可和家长欢迎。

《国家中长期教育改革和发展规划纲要（2010—2020年）》明确提出要重视生命教育，国家教育战略层面的规定使生命教育由"要不要开展"的理论阶段转向"如何开展"的实践探索。近年来，生命教育在江苏、上海、湖北、辽宁、黑龙江、云南等地得到积极实施，但在实践过程中也面临诸多困境。着力把青少年培养成既能为社会发展服务的高素质人才，又能使其成为全面发展的人格健全的"现代人"，这需要教育工作者运用现代教育的智慧，从全新的积极视角重新认识和建构青少年生命教育。

第三节 积极生命教育的行动策略

生命是现代教育的基点，青少年的生命质量就是学校办学质量、人才培养质量、育人工作质量。生命教育既是一切教育的前提，也是现代教育改革创新的最高追求。立足于现代教育人才培养模式改革，着眼于学校办学实践创新，学校要树立积极理性认识，系统建构积极生命教育范式。

一、学校实施积极生命教育的基本策略[1]

学校要加强顶层设计，系统规划，形成序列，显现特色，使生命教育成为学校规范化、制度化的常态工作，构建丰富生动、富有成效的生命教育实践模式。

1. 把握生命教育的核心目标

珍惜生命、发展生命、完善生命、提升生命，积极发展人生、职场的幸福生活。有计划、有步骤地组织实施关于生命主题的教育活动，增进青少年对生命的理性认识，培养尊重生命、热爱生命的情感，以及实践生命意义与价值的行动。通过多种教育形式，使学生学习并掌握必要的生存技能，认识、感悟生命的意义和价值，培养学生尊重生命、爱惜生命的态度，学会欣赏和热爱自己的生命，进而学会对他人生命的尊重、关怀和欣赏，树立积极的人生观、世界观和价值观。

2. 突出生命教育的重点内容

青少年生命教育的内容，涉及生命与健康、生命与安全、生命与成长、生命与价值、生命与关怀等。重点是如何激发与提高青少年的生命力、提高生命质量，即积极的生命态度、积极的生命体验、积极的生命价值、积极的生命潜能。在内容上可以围绕认识生命、珍惜生命、发展生命三方面展开，设计"认识自我""面对挫折""尊重生命""学会学习""规划人生"和"构建和谐"等单元。

3. 优化生命教育的教学设计

教学设计上力求科学性与人文性的统一，注重知识性、情境性、体验性、实践性、活动性、互动性和生活性等特点，以生动有趣、具有启发性的生命故事、案例或活动引入，让学生兴趣盎然地参加生命教育活动，快乐地体验生命的意义，同时精选名家格言，在部分章节配有插图、漫画，图文并茂，引发学生讨论、反思，让生命的正能量在学生心中发芽，茁壮

---

[1] 崔景贵. 职校生心理状态与职校积极生命教育策略[J]. 河北师范大学学报（教育科学版），2015（5）：92–96.

成长。

4. 创新生命教育的活动形式

活动要充分体现以学生为主体的原则，符合生命教育需求、体现心理教育特点的多样形式、技术与方法。可运用"读一读""讲一讲""演一演""写一写""画一画""测一测"等方式，借鉴自画积极"生命树"的做法，采用"情境—体验式""问题—体验—认知式"等教学模式，通过社会参观、访谈、主题班会、演讲与辩论等实践活动，运用情景体验、行为训练、角色游戏、团体辅导、课堂或校园心理剧展演等方法进行生命教育。

5. 开发生命教育的校本教材

结合实际情况，学校可以组织编写"让我们的生命更灿烂"校本教材，内容包括生命与自我、生命与他人、生命与社会，编印出版具有职教特色的生命教育校本教材。可由理论教学和实践教育两大模块构成，理论部分主要包括生命意识、生命过程、生命质量、生命价值、珍爱生命等；实践部分主要是通过一系列讲座、活动，让学生了解吸烟、酗酒、毒品等的危害，以及维护生命健康与安全的措施。

6. 注重生命教育的行动研究

学校应建立专业队伍、制订工作方案，形成一套行之有效的规章制度和评价机制，鼓励参与生命教育校本研究，动员校内外各种资源，争取外力协助。同时要加强组织领导，精心组织实施，创新实践、改进管理、拓展服务，着力追求专业卓越的研究成果。学校班主任、任课教师要增强"我是一个研究者"的意识，以研究的心态、研究的视野去推进与改进生命教育教学管理工作，研究积极生命教育实践中的真问题。

7. 开展生命教育的科学评价

将生命教育理念与理论在班集体建设、课堂教学管理中自主应用，脚踏实地、埋头实干，务实际、求实效，善始善终地对待生命教育过程，做到精细精致，注重学校特色与专业特色，真正提高生命教育水平与育人工作质量。评价和衡量青少年生命教育最大的成果是在充满生机与生命活力的校园中，师生感到快乐幸福，有尊严地工作、学习和生活，乐教、乐学成为促进学校内涵式、跨越式发展的又一源动力。

8. 实现生命教育的有机渗透

青少年生命教育应该加强教育理念上的与时俱进，加强生命的渗透教育，对现代教育载体进行有效整合，既要以课堂教学为主渠道，充分运用学科课程的知识点对学生进行渗透式教育，又要坚持以感悟体验为主，开展形式多样的实践活动，在各年级、不同学科和各种课型中体现。通过显性课程与隐蔽课程相结合、知识传授与亲身实践相结合的有效途径与方式，让生命教育在学校教育的各个环节、各个方面实现有机渗透。

9. 创建生命教育的实践模式

针对学校学生生命教育缺失的实际情况，初步确立多方面的专题讲座，同时以主题内容为核心和教育目标，设计系列的实践教育活动方案，从而形成一个既相对独立又相互呼应的立体化教育模式。如"生命教育导师"培训课程把"爱即生命"（Love is life）作为生命教育的核心理念。其基本模式为"呵护（Care）、记录（Record）、感恩（Thanksgiving）、分享（Share）"，简称"CRTS 模式"。该模式的基点在于把每个人都作为主体，围绕"爱即生命"这一核心和天人物我四种关系而展开，即人人都要呵护、记录、感恩、分享爱和生命，人人都要呵护、记录、感恩、分享生命与天人物我之间的关系。

生命教育是一种全新的现代教育理念、形态和范式，对它的认识和建构目前还处于探索阶段。提升生命教育的科学性、系统性、针对性和有效性，还需要学校做更加充分的实证心理调查和实践创新探索。但积极生命教育的诞生、开拓，预示着学校素质教育无穷的潜力、活力和动力，表明生命教育完全可以在加快发展现代教育、办人民满意的学校进程中展现其独特的魅力和风采。

二、积极生命教育范式的科学建构

积极心理学自 20 世纪末兴起以来一直致力于研究人类的积极力量和优秀品质，其成果和理念已经广泛应用于许多领域，在世界范围内产生了积极的影响。目前，积极心理学发展的一个重要趋势就是积极生命教育——

积极心理学在生命教育领域的延伸与应用。这一发展趋势恰恰为身处困境的青少年生命教育提供了新的视角和新的思路。

(一) 积极心理学视角：青少年生命教育的基本内涵[1]

积极心理学主张心理学的研究要以人实际的、潜在的、具有建设性的力量、美德和善端为出发点，用积极的心态对人的心理现象做出新的解读，寻找其规律，从而激发人自身内在的积极力量和优秀品质，并利用这些积极力量和优秀品质来帮助普通人或具有一定天赋的人最大限度地挖掘自身的潜力并获得幸福的生活。积极心理学关于人的积极力量和品质的研究，为现代教育注入了新鲜的血液和积极的因素。

积极心理学取向的青少年生命教育是立足于青少年生命的基本诉求，从积极心理学视角出发，充分借鉴积极心理学的理念和方法，来激发青少年的积极生命体验，挖掘、培养青少年的积极生命品质，建构积极的生命关系，追寻积极的生命意义，以实现知识技能掌握与人生幸福追求双赢的教育目标。它有如下三层含义。

第一，积极心理学取向的生命教育是生命教育与积极心理学的深度融合。这种融合不是积极心理学在生命教育领域的简单应用，也不是积极心理学理念和方法的盲目移植，而是源于生命教育与积极心理学在促进生命成长和发展方面共同的追求——幸福和丰盈的人生。在此共同目标下，生命教育涵盖了更广的内容，而积极心理学提供了更有效的实现路径。

第二，积极心理学取向的青少年生命教育是其他取向生命教育的有益补充。积极心理学取向并不排斥健康、伦理、社会、生死等生命教育内容。当下，部分青少年确实存在着生命意识淡薄、生命观念扭曲、生命意义虚无等问题，需要对青少年进行保护生命、珍惜生命、提高生存技能的教育。但积极心理学取向的生命教育从积极情绪体验、积极生命品质培养、积极生命关系建构等入手，更能激发青少年的积极力量，更能满足青少年的心理需求和生命诉求。

---

[1] 郝永贞，崔景贵. 论积极心理学取向的职校生生命教育 [J]. 教育与职业，2015（19）：49 – 51.

第三，积极心理学取向的青少年生命教育是一种既教人"何以为生"，又教人"为何而生"的双赢教育。这种双赢的教育理念更容易为广大教育工作者所接受。积极心理学在教育领域的实践表明，积极情绪能产生更为全面的注意力、更加积极的思维，积极生命品质的培养和自身突出优势的发挥，能带给学生更多的成就感、意义感、幸福感，而这种幸福感、意义感反过来又能提升学生的学习能力。这种双赢的教育更能发挥学生的优势，营造和谐的师生关系，甚至可能带来学校精神面貌的彻底改变。

（二）青少年积极生命教育的核心内容

健康教育、安全教育、禁毒教育、青春期教育、死亡教育等都是生命教育的重要组成部分，但积极心理学取向的青少年生命教育更强调从积极的视角对学生进行积极力量的培养与挖掘。

一是积极的生命情感教育。积极的情感是个体在内外事物的影响之下而感受到快乐的、积极向上的情绪。积极心理学的研究表明，积极情绪能促使个体充分发挥自己的积极主动性，使自己的认知更全面、准确，特别是能产生一些创造性或创新性的思想和行为，而且这些思想和行为也更容易迁移到自己生活的其他方面。积极情绪可以扩展并建构人的智力、社会和身体资源，积极情绪的累积可以成为人们抵抗挫折与不幸的心理资本。面对青少年积极情绪体验的严重缺乏，积极的生命情感教育迫在眉睫，而且是生命教育最有效的切入点，也是青少年打开人生幸福之门的神奇钥匙。

二是积极的生命品质教育。人性的积极品质是人类赖以生存和发展的核心要素，更有助于人类深刻理解自己。长期以来，受功利主义教育思想的影响，学校注重学生知识和技能的习得，而忽视了积极生命品质的培养和发现。积极心理学家用科学的方法归纳出各种不同文化都推崇的6种美德：智慧与知识、仁爱、正义、勇气、节制和精神卓越，并提出了拥有上述美德需要具备的创造性、勇敢、感恩等24种积极生命品质。这些积极生命品质的建构可以通过有效的教育来增强，但更为重要的是发现学生的积极品质，并在生活中发挥这些品质。

三是积极的生命关系教育。人的生命与周围的事物发生着千丝万缕的联系，是与其他生命、所处环境的共在。这种共在性包含了人与自然、人与自我、人与他人、人与社会的多重关系。从这种意义上说，人的生命本质上是一种关系性的存在。积极心理学告诉我们，一个人际关系良好的人更能积极地认识自我、接纳自我，也更愿意与他人分享自己的快乐与幸福，倾向于为他人与社会奉献自己的爱心，承担起应有的责任。反观当下的青少年，或多或少存在着生命关系紧张的状态。因此，对青少年进行积极的亲子关系、师生关系、同伴关系、物我关系的教育成为生命教育的重要内容。

四是积极的生命意义教育。人的一切生命活动都以价值、意义和目标作为归宿。著名哲学家高清海认为，人之为"人"的本质，应该说就是一种意义性存在、价值性实体。人的生存和生活如果失去意义的引导，成为"无意义的存在"，那就与动物生存没有两样，这是人们不堪忍受的。生命哲学取向的生命教育告诉人们生命意义的本体价值，却没有揭示实现生命意义的途径和方法。积极心理学为我们指出了一条可以实现高远目标和生命意义的可靠之路——追求幸福。古希腊先哲亚里士多德认为，所有的人类活动都是为了获得幸福。积极心理学大师塞利格曼指出，幸福不在遥远的未来，幸福不只是愉悦，幸福来自每天应用你的突出优势（积极的生命品质），并将其用于增加知识、力量和美德，使自己的人生更加丰盈蓬勃。积极的生命意义教育可以引导学生体会到生命的真正意义，进而拥有乐观幸福的人生。

（三）青少年积极生命教育的实践策略[1]

积极心理学取向的青少年生命教育既是一种积极的生命教育理念，更是一种积极的生命教育实践。它更注重通过多样化的方式、全方位的过程、全员化的投入来改善青少年的生命状态，激发青少年的生命活力，提升青少年的生命质量，促进青少年生命的蓬勃发展，不断实现幸福的人生。

---

[1] 郝永贞，崔景贵. 论积极心理学取向的职校生生命教育 [J]. 教育与职业，2015（19）：49-51.

第十一章 积极生命教育

第一，树立积极生命教育的现代理念。积极心理学取向的生命教育要求教育工作者改变过分关注知识技能掌握的传统理念，树立以人为本、育人至上的现代教育理念，将生命教育定位为青少年安身立命的教育，不仅让学生掌握知识技能，更要让学生活出生命的精彩，成就幸福的人生。具体来说，就是要从发现、矫正学生生命问题为主导的观念转向挖掘、培养学生积极生命力量的新理念。坚持积极的教育价值观，相信每个学生都有无限的生命潜能，每个学生都有属于自己的突出优势，并且通过发挥和加强其优势，增进其生命积极品质。即使面对学生出现的生命问题，教师也应该以积极的视角、发展的眼光，予以正确的引导。

第二，开设校本化的积极生命教育模块课程。积极心理学取向的生命教育需要专门化的课程来实施与支撑。根据积极生命教育的核心内容，可开设积极情绪、积极品质、积极关系、积极意义等专题模块课程。这些课程需要教育工作根据学校的实际情况和学生身心发展的特点，将积极心理学的方法进行改造和改组，变成校本化的生命专题课程。如可通过每晚临睡前写下当天的"三件好事"、感恩、宽恕等练习，培养学生的积极情绪体验；通过"寻找和运用自身突出优势"练习，培养学生的积极品质；通过"福流体验"练习，引导学生发挥优势专注做事情，体验成功后的满足感；通过"积极主动回应"练习，培养学生积极的人际交往能力；通过"对不好的事进行反驳"，培养学生乐观的解释风格，形成乐观的人格，等等。这些模块课程都可以借鉴和运用积极心理学经过反复验证的各种量表，通过前后测验让学生感受积极的生命力量。

第三，在青少年生活中全方位嵌入积极生命教育。生命教育要取得实效，仅仅依靠专门课程是远远不够的，还要在学校生活中进行全方位的渗透。例如，可以在专业课教学过程中，引导学生从积极的角度看待各种问题，找出不好事情的积极方面，培养学生的乐观主义品质；通过心理健康教育课引导学生寻找自己和同学的优点，进行积极的评价；通过德育课认识生命的积极力量，讨论生命的意义，如何活出生命的精彩；通过开展各类积极生命品质最突出人物评选等校园文化活动，发挥榜样的引领与示范作用；通过开展关爱孤寡老人、关注留守儿童等社会实践活动，引导学生体验生命的艰辛与美好，激发生命的积极力量。

第四，提升学校教师的积极生命素养。不管是生命教育专门课程的开设，还是在教育教学中渗透积极生命教育，都需要教师掌握积极生命教育的理念和方法。纽约大学研究生院心理学教授吉诺特的研究表明，老师自身的情绪、状态以及教学方法能够影响学生的整体学习氛围。因此，要激发学生的积极情绪和力量首先要提升教师的积极生命素养。积极心理学取向的生命教育要求无条件地接纳学生，用欣赏的眼光和态度去发现学生积极的品质和优势。另外，也要求教师改变自己的认知风格，增加积极的情绪体验，以乐观的态度去面对工作、学生和家庭，进而增加自身的积极能量。

第五，拓展积极生命教育的网络平台。今天的青少年与以往不同的是，他们置身于一个信息高度发达、价值多元的网络时代。网络已经成为青少年的一种生活方式。积极心理学取向的生命教育不能回避这一现状，而是要积极利用网络和信息技术的优势开展生命教育。如学校可以开通官方微博，宣传积极生命教育的理念、知识、方法；教师可以与学生分享自己的生命经验与体会，坦诚地与学生进行沟通交流；教育管理者可以通过微博、微信向学生推送积极生命的练习方法、案例，让学生在潜移默化中接受积极的生命教育。此外，还可以开发积极生命教育的应用软件、游戏等，引导学生在积极有趣的网络文化与活动氛围中进行生命教育的自我学习、体验与感悟。

积极心理学的研究证实，如果在青少年生活环境中，学校、家庭和社会都对其提供最好的支持和帮助，在这样积极、和谐的心理氛围中，学生更有可能拥有积极的情绪和乐观向上的品质。同样，积极心理学取向的青少年生命教育，需要形成学校、家庭、社会之间良性互动的教育支持与合作体系，以此推动积极生命教育范式的科学建构与有效实施。

本章小结

生命是现代教育的基点，生命教育是积极教育的重要内容。青少年存

第十一章 积极生命教育

在的消极心理状态，折射出青少年生命教育的缺失和缺位。生命教育是教育改革创新的积极意蕴和本质回归。学校建构积极生命教育范式，在思想认识上要树立人性化取向、立体化思维、整合化视野和心本化理念；在实践策略上要把握核心目标、突出重点内容、优化教学设计、创新活动形式、开发校本教材、注重行动研究、开展科学评价、实现有机渗透、创建教育模式。青少年积极生命教育是立足于青少年生命的基本诉求，从积极心理学视角对生命教育的一种积极探索与实践，是生命教育与积极心理学的深度融合。它以积极生命情感、积极生命品质、积极生命关系、积极生命意义为核心内容，旨在帮助青少年实现知识技能掌握与人生幸福追求的双赢目标。建构青少年积极生命教育，需要学校树立积极生命教育的现代理念，开设校本化的生命教育模块课程，在生活中嵌入积极生命教育的内容和方法，拓展积极生命教育的网络平台，并且努力提升学校教师的积极生命素养。

（本章作者　崔景贵　江苏理工学院）

第十二章

积极心理教育

　　心育概念是班华教授在1987年参加修订《德育原理》教材时提出的，正式问世的标志是1989年《德育原理》第二版的正式出版。班华教授所说的"心育"即"心理教育"，指培养各种良好心理品质，包括个性心理品质的教育。[1] 2000年，塞利格曼和米哈里联名发表了《积极心理学导论》一文，拉开了心理学从消极心理学转向积极心理学发展的序幕，宣告了积极心理学时代的到来。随后，积极心理学的迅猛发展使人们意识到，心理教育不应该只关注小部分问题学生，更应该注重普通学生的心理健康成长。积极心理学重视人性中积极的方面，研究人的优势和价值，关注普通人的心理机能，促使心理科学对人性的科学理解和有效干预，从而促进个人、家庭与社会的良性发展。2001年，班华教授在其《心育再议》一文中进一步阐明了心育概念，突出强调心理教育的发展性功能和积极意义，认为积极心理教育是以人的发展为本，旨在优化人的心理素质，提高人的心理机能，进而促进人的整体素质的发展，形成健全人格的心理教育。这是国内理论界从积极视角最早对心理教育做出的明确界定。自此，积极心理教育概念逐步被运用于之后的心理教育研究中。积极心理教育是与现代

---

[1] 胡守棻. 德育原理[M]. 北京：北京师范大学出版社，1989：59.

教育精神一致的心理教育，它的诞生顺应了时代的发展，并在西方积极心理学的影响下以及在国内教育者对心理教育的不断思索中，积极心理教育理论和实践逐步发展、完善。

第一节　积极心理教育的基本意蕴

心理教育的功能主要表现在发展性、预防性和补救性三方面。发展性取向的心理教育与积极心理教育所强调的内涵一致，重视人的优点、价值和潜能的开发、积极品质的培养、个人的自我发展等。那么，具体积极心理教育的概念是什么？有什么典型的特征？其意义和价值又是什么？

一、积极心理教育的概念界定

（一）积极心理教育的内涵

积极心理教育不能简单地说是积极心理学理论在心理教育中的应用，也不能说是积极心理学与心理教育的结合。2006年，崔景贵教授在其论文《积极型心理教育：21世纪心理教育的主导范式》中，就积极心理教育的理论基础做了详细阐述，积极心理教育这一新理念的诞生，是源于积极心理学的发展，是对传统消极心理教育的批判与反思。其源于人本主义心理思潮的推动以及世界心理卫生运动的发展与推动，也源于当今社会健康发展和提升现代生活质量对现代心理教育的要求与呼唤。

积极心理学主张以人的积极力量、善端和美德为研究对象，强调心理学不仅要帮助逆境中的人了解如何生存和发展，更要帮助正常境况中的人学会建立高质量、有尊严的个人生活与社会生活。人本主义研究人性的积极面，人本主义的心理教育观，既反对精神分析的潜意识决定论，又否认行为主义的环境决定论，它认为心理教育应当关注人的心理需要和主观心理体验，帮助实现其最大的潜能，从而达到自我实现。世界心理卫生运动的发展经历了治疗—预防—发展的过程，即从生物医学模式向生物—心理—社会医学模式转变，并逐渐向提高心理素质、促进个性发展的发展性模式转变。人类的心理建设和社会的和谐发展，促使社会和人类开始更多地关注优良品格、幸福、创造性和高质量的生活等个人层面和集体层面的积极品质，对积极品质的自觉关注又会促进社会稳定与繁荣发展，两者相互促进，互为因果。现代社会提倡要关注普通人的发展、自身心理潜能、心理需要、积极品质等，故而在积极心理教育的概念界定中需要包含这些方面。

积极心理教育借鉴了积极心理学思想和人本主义自我实现理论，顺应了世界心理卫生运动的发展、当今社会健康发展和提升现代生活质量对心理教育的要求。它强调通过运用个体自身拥有的潜能、力量和美德等积极因素，塑造积极心理品质，提升心理发展水平。

（二）积极心理教育的外延

积极心理教育是源于西方的舶来品，做好积极心理教育的本土化，探索中国的心理教育之道，是积极心理教育的时代命题。班华教授多次表示，"既要学习国外的思想理论，又要重视发扬本民族的文化精神。应记住曾经说过的，要探索中国自己的心理教育之道"。[1] 积极心理教育本土化的目标在于立足本国的社会现实和文化背景，借鉴国外的积极心理教育理论与方法，并最终形成具有中国特色的积极心理教育体系，推动我国积极心理教育本土化进程，有效地服务本国学生。而立足本国社会现实和文化背景，则应以党和政府的有关文件精神为指南，以中国优秀传统文化为根基。

《中小学心理健康教育指导纲要（2012年修订）》明确提出，"心理健康教育的总目标是：提高全体学生的心理素质，培养他们积极乐观、健康向上的心理品质，充分开发他们的心理潜能，促进学生身心和谐可持续发展，为他们健康成长和幸福生活奠定基础。心理健康教育的具体目标是：使学生学会学习和生活，正确认识自我，提高自主自助和自我教育能力，增强调控情绪、承受挫折、适应环境的能力，培养学生健全的人格和良好的个性心理品质；对有心理困扰或心理问题的学生，进行科学有效的心理

---

[1] 崔景贵. 班华教授心理教育思想及贡献初探 [J]. 中小学德育，2014（8）：16–20.

辅导，及时给予必要的危机干预，提高其心理健康水平"❶。这一目标的提出，为开展学校积极心理教育提供了指南，有助于更加明确地、有针对性地开展积极心理教育，提升学生的心理健康水平。

中国传统文化思想博大精深，细品古代哲学思想，就会发现其中蕴含着十分丰富的积极心理教育思想。儒家"天人合一"思想注重个人修养，通过"修身齐家治国平天下"实现人生价值。人性本善论提出每个人的人性基本相同，要充分发展人性。道家思想着眼于人的自然性，强调人的独立自主和精神自由，顺应敬畏自然，与自然、他人和谐相处，"无为"方能达成快乐认识，控制好自己的欲望获得相对幸福。佛学从幸福观、苦乐观的角度研究人的心态与生存状态的关系，有"业"的学说，劝人为善，奉行善道；有"无"的修行，保持一颗平常心，拥抱当下。心学，其代表阳明心学，主张"致良知""知行合一"等理念，蕴含着以"知行合一"实现积极认同，"事上磨炼"捕获福流体验的积极心理教育内涵。上述四种传统文化思想，与积极心理教育的思想有相通之处，强调积极认同、积极视角、积极心态、积极品质等积极要素。一定程度上，在积极心理教育理论形成和实践过程中，中国传统思想及其深厚文化内涵扩充着积极心理教育的外延。

综上所述，积极心理教育是指教育者从个体的心理需要出发，运用一定的心理教育方法，激发学生自身拥有的潜能、力量和美德等积极、正向的因素，塑造积极心理品质，进而提升学生心理素质的心理教育。

二、积极心理教育的基本特征

（一）积极性

积极心理教育最突出的特点就是一切从"积极"出发，用积极的视角发现和解读问题的积极方面，用积极的途径培养积极的品质，用积极的思想浇灌积极的心灵，用积极的过程提供积极的情感体验，用积极的反馈强

---

❶ 教育部. 中小学心理健康教育指导纲要（2012年修订）[EB/OL]. http：//www.gov.cn/zwgk/2012-12/18/content_ 2292504.htm. 2012-12-18.

化积极的效果，用积极的态度塑造积极的人生。❶ 这里的"积极"主要指内在的积极心理品质。积极心理品质即一个人的良好心理素质，具体表现在认知、情感、意志、心态等方面。一切从积极出发，培养积极心理品质，是积极心理教育的突出特征。

1. 积极心理教育注重发展积极的认知能力

积极心理教育承认人与人之间的差异，也承认每个人都有巨大的潜能。问题的本身不是问题，关键是看待问题的角度。积极认知是指个体对于自身、他人以及环境等，以积极心理学为基础，进行正向的认知与评估。❷ 积极心理教育强调从积极视角去认识自我、认识世界。积极认识自我，通过立足现实，对自身各项特征全面、客观地了解，形成明确的自我概念。积极认识世界，通过积极思维看待问题，希望个体在遇到不顺心的事情时，能从不利的事件中看到有利的一面，能从消极的困境中发现积极意义，尽量发现周围的美好。

2. 积极心理教育注重培养积极的情绪情感

情绪是人对客观事物是否符合自身需要而产生的内心体验。积极的情绪是指个体在成长的过程中由于自身需求得到满足而产生的愉悦情绪。积极心理教育关注个体对当下、过去和未来的美好的主观感受、良好的体验、乐观的希望。积极心理教育运用积极的情绪情感去激发积极的力量，树立积极的世界观、人生观、价值观，学会积极创造，体验幸福欢乐，积极发挥自身潜能，保持生命积极良好的状态。积极心理教育还重视个体情绪智力的提升，使学生形成知觉、评估和表达情绪的能力，认识、分析情绪产生原因的能力，理解复杂心情的能力，调节情绪的能力等。积极的情绪情感，可以让我们在回忆过去时感到满意、安宁并有成就感，对待当下感受高兴和幸福，面向未来充满信心和希望。

3. 积极心理教育注重培养积极的意志品质

积极的意志品质是指个体按照既定的目标以明确的认识和坚定的信念

---

❶ 孟万金. 积极心理健康教育 [M]. 北京：中国轻工业出版社，2008：5.
❷ 朱翠英，胡义秋. 大学生积极心理素质教育研究 [M]. 北京：人民出版社，2015：123 – 124.

去行动，形成可持续的、坚毅的特性与禀赋，其实质是个体中挑战困难时的主观能动性。积极的意志品质包含意志的自觉性、意志的果断性、意志的坚毅性、意志的自制力四个方面。积极心理教育注重培养自觉的意志，为实现合理的目标，既能尊重客观规律，又能虚心听取合理的建议；既能自觉遵守纪律，又自觉付出努力不轻易放弃。积极心理教育注重培养果断的意志，在日常的学习、生活中，引导学生留心观察事物的发展变化，掌握信息，分析比较，明辨是非，进而迅速果断地做出决定。积极心理教育注重培养坚毅的意志，使学生能够坚持学习、生活，遇到困难和挫折也能够迎难而上。积极心理教育还注重培养自制力，使学生既能积极执行自己采取的决定，又能克服担心、羞涩、恐惧等情绪的干扰以及疲劳、知识与能力不足等问题带来的阻碍，正确看待挫折，做到不任性冲动，不怯懦畏缩。

4. 积极心理教育注重培养积极的心态

积极的心态表现为一种积极的人生态度，即热爱自己、热爱他人、热爱学习、热爱工作、热爱自然、热爱生活。积极的心态，不仅能乐观看待一切，使人从积极视角看待事物，从而自觉、主动、自主、创新地开展工作；还能让人在做一件事时，因为自身能力和客观现实受限而主动放弃并愉快接受，理智面对。

（二）活动性

积极心理教育另一显著的特点在于"活动"，学生在形式多样的活动中获得丰富的心理体验，进而形成积极的心理品质。积极心理教育坚持"主体—发展性"，以积极心理教育活动中的体验教育为基本途径，开展积极心理教育。不论是积极心理课程，还是心理专题教育活动，或是团体心理辅导、社团活动等，都注重运用活动的形式，使学生在自觉参与活动的过程中，令积极心理品质得以塑造、人格得以健全发展、心理素质得以提升。注重活动体验的积极心理教育，明显地区别于传统的心理教育的灌输式、填鸭式的教育，区别于传统的心理健康知识和心理学知识的心理教育的课堂教学，区别于传统的以成绩为评价标准的心理教育。可以说，积极心理教育真正做到了"在做中学，在学中悟，在悟中提升自我"，使学生在潜移默化中身心得以健康发展、心理品质得以提升，这对教育的深化发展亦具有重要意义。

三、积极心理教育的价值

在学校环境中实施积极心理教育，有助于全面提高心理素质，激发心理潜能，增强能力，塑造良好的心理品质，增强其社会适应能力、社会交往能力，健全学生人格，培养具有较高心理水平的现代化建设者。积极心理教育的价值不只是培养积极心理品质，还从以下三个角度论述积极心理教育的价值。

（一）从积极心理教育的功能看

积极心理教育是与传统心理教育相对的，积极心理教育的功能是相对于传统心理教育而提出的。传统心理教育的功能主要表现在发展性、预防性和补救性三个方面，更多的是强调预防和补救，发展性常常被忽视。积极心理教育不仅注重基于人的全面发展的内部功能，还注重其对整个教育体系影响的外部功能。积极心理教育从个人内部发展角度看，首先，将学生获得心理知识作为发展能力、形成良好的心理品质、掌握科学的心理方法的基础；其次，充分挖掘学生的潜能和提升能力——积极心理教育的重要功能；再次，塑造学生良好心理品质——积极心理教育的主要功能；最后，使学生掌握科学的心理方法。所谓授之以鱼不如授之以渔，积极心理教育的过程就是心理方法的使用和学习的过程，学生在其中可以逐步学习掌握观察法、记忆法、思维法、心理暗示法、心理调节法等科学方法，并将其运用至现实生活中。从对整个教育体系的影响来看，积极心理教育注重教育发展和人类的幸福感，不再局限于个人，更多的是从教育体系的角度审视，注重在教育的多方面进行融合，实现整体幸福感。

（二）从积极心理教育的主体看

关系理论认为，事物的价值取决于主体与客体间的关系，而主客体间的价值关系，即需要与满足需要的关系。人本主义代表马斯洛提出"需要层次理论"，强调人的需要得以满足的重要性。积极心理教育受人本主义影响，其价值在于能够满足主体的需要。积极心理教育是一种多边互动的关系，在互动中，积极心理教育的主客体之间相互转化并存在多个主体，这些主体包括学生、教师、家长、社会等。首先，积极心理教育对于学生这一主要主体的价值在于满足学生的心理需要，使其获得心理知识、发挥潜能、塑造良好心理品质、掌握科学心理方法。其次，积极心理教育对于教师主体的价值在于教师在不断学习、应用、深化心理知识和方法中提升自我。保持乐观、健康的心态，对于教师的个人成长和自我完善十分有意义。再次，积极心理教育不止于学校教育，还包括家庭教育，其对于家长主体的价值在于家长学习心理知识、发展能力、形成良好心理品质、掌握科学的心理方法，促进个人成长，从而营造良好的家庭教育环境，巩固学校积极心理教育之于学生的成效。最后，积极心理教育对于社会的价值在于其面向全体学生、面向社会，全面提高人的心理素质，对社会的发展具有重要意义。

（三）从积极心理教育的结果看

积极心理教育价值从个体、群体和社会三个层次的教育成果进行阐述。从个体层面来看，学生、教师、家长这些教育主体，在参与积极心理教育的过程中学习成长，使学生潜能得到开发，心理素质得以提升，良好心理品质得以塑造，人格得以完善，会学习、会合作、会创造，能承担风险迎接挑战，成为符合社会需要的人才；从群体层面来看，积极心理教育培养了人们的宽容、乐观、同理心、合作等良好心理品质，有助于调节人际交往，形成团结、友爱、和谐的群体关系；从社会层面来看，积极心理教育培养了具有良好心理素质的人才，满足了社会对高素质人才的需求。

第二节　消极心理教育的问题反思

消极心理教育是与积极心理教育相对的一个概念。消极心理教育功能的局限性，不能满足当今社会健康发展和提升现代生活质量对现代心理教育的需求，对传统消极心理教育的批判与反思，促使了积极心理教育的诞生。消极心理教育为何不能满足当前社会发展的需要？它存在什么问题？我们有必要进行深刻反思。

一、消极心理教育存在的问题

(一) 消极心理教育目标定位"问题化"

我国早期开展的心理教育,消极心理学模式一直占据主导地位。传统消极心理教育是基于学生的心理发展特点,运用心理学的原理与技术,通过开设心理卫生课,开展心理咨询、心理辅导等工作,进行预防和治疗心理疾病,从而提升学生心理素质的教育活动。它以心理问题和心理疾病的矫正和治疗为中心,把人看成"问题人""缺陷人",将目标定位于防范各种心理问题的产生、治疗心理疾病,将预防和救治相结合,提升学生的心理健康水平,从而"培养学生良好的心理素质,使其在认知、情感、意志和人格等方面得到不断优化和完善,整体素质得到不断加强和提高"[1]。在此目标基础上的心理教育具有明显的"问题化""障碍化"特征。消极心理教育过分强调矫治心理问题的功能,习惯把学生看成有问题的人,以至于教师常用矫治的思维去看待学生。比如一个平常很乖的初中男生,在一节课上,因为老师让他出教室罚站,他就坐在地上不肯起身。老师可能就会有"这学生怎么这么叛逆、他是个问题学生"的想法。实际上问题学生是多因素综合作用的结果,主观有智力、非智力因素,客观有家庭、学校、社会因素。这种注重矫治功能而忽视发展性功能的心理教育,缺少对学生积极心理品质的培养,不利于学生的全面发展。

(二) 消极心理教育服务对象"少数化"

消极心理教育在服务对象上,着眼于少数有心理问题的学生,甚至是有心理疾病的学生,以及一些特殊群体,比如贫困生群体、新生群体、网瘾群体等。可在学校情境中,大部分学生都是正常的,只有少数学生可能存在一些心理问题。面对这一比例的学生群体,教师偏重单一的修补功能,关注少数学生错误与缺点的改正,忽视促进大多数学生积极、乐观、全面的发展。这种教育是只对心理问题感兴趣,而对开发人的内在潜能却

---

[1] 李笑燃,陈中永,段兴华. 论高校积极心理健康教育体系的构建 [J]. 内蒙古师范大学学报 (教育科学版),2014 (9):9-12.

置之不理，无法做到真正的以人为本。

（三）消极心理教育理论基础"片面化"

消极心理教育源于传统心理学理论，主要代表是精神分析和行为主义两大心理学流派。以弗洛伊德为代表的精神分析心理学其研究对象为心理异常的人，行为主义心理学主张环境决定论。1879年心理学诞生后，受当时心理卫生运动的影响，单纯治疗心理疾病成为唯一重要的任务，传统消极心理学占据心理学的主流。随后，心理卫生运动虽更名为心理健康运动，却只是改头换面，内容实质未变，故而以此观点开展心理教育工作也只能是对心理问题的修修补补。

消极心理教育与中国传统思想文化中的"性恶论"有相通之处。中国古代传统思想中，儒家荀子主张"性恶论"，认为人性有恶，强调道德教育的必要性。法家韩非主张人性恶比荀子更加鲜明彻底，认为人性论的理论基础是毫不隐讳地承认利己、性恶，故而更为强调国家秩序。他们都认为人是会出现问题的，需要通过道德教育、国家法律进行解决。这与侧重于对心理问题的矫治功能的消极心理教育不谋而合。20世纪70年代以来，改革开放的春风吹遍神州大地。经济快速发展的同时贫富差距拉大，竞争加剧、价值多元导致学生心理问题高发，校园极端事件频现，为解决这些复杂的问题，消极心理教育应运而生。在此历史背景和现实环境下，早期心理教育工作多以"救火"式的消极被动模式展开。

（四）消极心理教育研究内容"狭窄化"

基于消极心理教育理念，教师在教授学生心理教育知识、普及心理健康基本常识的时候，特别强调对病态心理、负性情绪、不良行为的介绍，通过大量消极案例或校园"极端心理事件"的分析，让学生在课程教学中了解自我和他人心理正常与否的知识，掌握自我诊断、自我干预和帮助他人的方法，以便有效地预防心理问题的产生。这一想法是好的，并且可以说，消极心理教育确实达到了"治病救人"的目的，避免了极端事件的发生，但对大多数学生而言，心理教育的育人功能并未得到充分发挥。

此外，消极心理教育途径有心理学知识课程、心理咨询、心理测量等，教育形式虽然力图多样化，但师生间互动不多，学生参与程度不高，学生对于积极情绪的体验和感悟不足,对人性中积极的品质关注不够。

二、消极心理教育的理性反思

消极心理教育是一个系统的教育工程,非一日之功。消极心理教育的实践应用中,"消极"的特征十分明显,不自觉地陷入了一些误区,衍生了消极的心理教育观念、消极的心理教育过程、消极的心理教育语言、消极的心理教育评价等产物。为更好地建立和完善现代积极心理教育,有必要从教育观念、教育过程、教育价值取向、教育评价等多方面对消极心理教育进行深入反思。

(一) 消极的心理教育观念

埃里克森认为,人的一生心理发展有八个阶段,每个阶段都会有相应的心理课题要解决。以中学阶段为例,主要解决的是自我同一性的问题,能够解决这个问题并使自我同一性形成,中学生就顺利渡过了青春期,能更好地悦纳自我、接纳他人,拥有良好的世界观、人生观、价值观;但若解决不好,就会导致自我同一性混乱,无法认同自己,方向迷茫,甚至会产生一系列心理问题。每个人在中学阶段都会遇到这一心理发展课题,帮助学生顺利渡过心理发展课题,促进人格健全发展是心理教育的重要任务。但很多时候,通过道德教育没有办法解决学生群体出现的心理问题,心理教育就成了改进学校德育的"氧气瓶"、解决学校教育问题的"灭火器",[1] 心理教育似乎成为消解学校中出现的问题,为教师日常教学的正常开展扫清障碍,这显然是一种工具主义的教育观。心理教育不应该是工具,而应该是目的,心理教育的目的是促进人的心理发展,提升心理素质,达到人格完善。

消极的心理教育观念还体现在,心理教育是心理教师的事情,与班主任和任课教师无关,心理教育是有问题的人才需要的。这在一定程度上否定了心理教育的教育主体全员化及教育功能的发展性。

---

[1] 崔景贵. 转型与建构:心理教育范式的发展趋向 [J]. 上海教育科研,2005 (7): 33-35, 22.

（二）消极的心理教育过程

捷克教育家夸美纽斯 1632 年在其《大教学论》中提出的"课堂教学"，一直被视为学校教育最基本、最普遍的教学组织形式。早期的学校心理教育，一些领导和教师认为心理教育作为学校素质教育的一个重要方面，将心理教育作为一门课程排进课表就是开展心理教育。一方面，这足以显示学校对心理教育的重视，毕竟现在还有许多学校没有心理教育课程；另一方面，这似乎将班级心理教育与心理教育课堂教学等同化。课堂教学是班级心理教育的一条途径，但不该是全部的或唯一的途径。心理教育不仅可以通过课堂教学形式开展，还可以通过各种课外活动、在各学科教学融合心理教育来落实。

早期心理教育实践中，心理教育的课堂教学更多的是心理健康知识、心理学知识的传授，采用"我说你听，我讲你记，我打你通"的灌输式心理教育方式，将心理健康知识作为心理教育的主要内容，像传授传统学科知识一样灌输给学生，是不合理不科学的。[1] 没有体现心理教育的本质和特色，是传统"填鸭式"教育固有思维模式在心理教育中的体现，存在诸多弊端，是心理教育过程的消极体现。

（三）消极的心理教育语言

消极的心理教育把人看作充满缺点的人，教育只是改正缺点而已，使本来很有朝气很积极的教育对象都成了"问题人""缺陷人"，教师认为自己的任务就是改正学生的缺点，如此教育思维下的语言也具有消极倾向。久而久之，教师在教育教学中很难有发现美的眼睛，对于学生的问题更为敏感，一方面使教师对日常生活中的问题更为敏感，学习、工作、生活也更多地呈现出了问题；另一方面，教师在工作中对学生问题更为敏感，其使用的语言容易带给学生消极的心理暗示，使学生更多地关注自己的问题，害怕出现问题被老师批评。过度反思自我可能会引发学生的自卑，消极的心理教育思维和语言，不利于师生积极向好发展。

---

[1] 崔景贵，黄亮. 职校生心理健康教育的理性反思与模式建构 [J]. 职教通讯，2013 (16)：26-31.

(四) 消极的心理教育评价

一些学校和教师认为心理教育只有投入没有产出，把心理教育看作学校教育之外迫不得已而为之的额外负担。[1] 甚至有的教师认为心理问题是小问题，分数才是衡量教育成果的唯一标准。当然，这是源于多年应试教育"唯分数"论的发展。学校教育不应该等同于学科知识的教育，学校心理教育的评价不应该用成绩来评价。所以学校心理教育行至今日依然处在发展初期，依旧需要通过不断的引导、推动、发展，方能更科学无误地普及。传统心理教育评价采用终结性评价的方式，通过对一个单元、一个模块或一个学期的教学结果进行评价来评判学生心理教育的成效，这是十分不科学的。成绩只是学生在某阶段某些学科知识的掌握程度的体现。对心理教育的成效进行评价，应看学生的心理健康发展程度，有没有充分发挥自身潜能，有没有健全人格发展。心理教育评价应注重发展性，应把评价当作促进心理教育的有效手段，应采用形成性评价方式，使学生得到不断反馈和评价，自觉调整发展方向。所谓形成性评价是指在活动运行的过程中，为使活动效果更好而修正其本身轨道所进行的评价。形成性评价是对师生日常工作和学习过程中的表现、所取得的成绩以及所反映出的情感、态度、策略等方面做出的评价，是基于对教师的教育教学和学生的学习全过程的持续观察、记录、反思而做出的发展性评价。[2] 其有助于激励教师工作的发展、学生学习的进步，收获成就感，增强自信心，从而更为自觉主动地参与学习，促进个人全面发展。

教育观念的人性化、教育形式的自主式、教育语言的积极性、教育主体的全员化、教育评价的发展性是积极心理教育的重要特征。只有理性分析消极心理教育存在的问题和教育误区，才能使心理教育真正走向规范、走向成熟、走向科学。

---

[1] 崔景贵. 转型与建构：心理教育范式的发展趋向 [J]. 上海教育科研，2005（7）：33 - 35，22.

[2] 孟万金，官群. 积极心理健康教育的成效与评价 [J]. 中小学心理健康教育，2017（29）：62 - 65.

三、消极心理教育的积极认识

消极心理教育的产生不是一个偶然，有其存在的价值。发展积极心理教育，并不意味着对消极心理教育的全盘否定，一个事物的产生必定有其存在的意义与价值。反思消极心理教育的意义，有助于进一步推进积极心理教育理论与实践的深化与完善。

（一）消极心理教育增强了解决心理问题的能力

心理学自诞生后就面临三项主要使命：治疗人的精神或心理疾病；帮助普通人生活得更充实幸福；发现并培养具有非凡才能的人。这三项使命在第二次世界大战以前均得到心理学工作者的普遍关注。"二战"后，由于资金的不足和社会各方面的百废待兴，心理学的工作重点转移到了对心理问题的评估和矫正上，心理学的核心任务就是修复问题，修复个体受损的习惯、动机、童年、思维，期望通过修复人类的受损部分达到心理健康的目的，病理性心理学即消极心理学就这样诞生了。不可否认，这一时期，消极心理学在纠正心理问题的研究上取得了很大的成就。消极心理学是消极心理教育的理论来源，消极心理教育对于心理问题的矫治和预防关注，使心理问题、心理障碍的识别、诊断和矫治得到了长足发展和不断完善。

（二）消极心理教育是积极心理教育的有效补充

积极心理教育与消极心理教育联系密切。一方面，促进心理健康与发展是预防心理障碍的有效方法，如果心理发展课题得不到有效解决，就容易促使心理障碍的产生；另一方面，心理障碍的有效解决也有助于促进心理发展课题的完成。如此看来，积极心理教育专注于基础性工作，消极心理教育专注于补救性工作，两者相辅相成。消极心理教育有其存在的必要性和合理性，它是积极心理教育的有效补充。

（三）消极心理教育为积极心理教育提供了改进方向

目前人们对心理教育目标的认识还不够深刻，大多数学校、教师还是着眼于矫正性、防治性的心理教育工作，以解决少数学生存在的心理障碍为主要任务，似乎学校心理教育的意义就是解决好学生的心理危机、治疗好学生的心理障碍和疾病。前者尚且是学校心理教师可以努力做好的事情；后者对于一名心理教师来说，即使费时费力也无法达成，因为这是心理治疗范畴的事情，不属于教育范畴。消极心理教育，不仅忽视了对学生的心理发展课题的积极引导，也忽视了大多数学生的心理发展需求。

此外，当前人们对心理教育的认识还停留在接受"心理教育是有心理问题的人才需要的，一般人都没有心理问题，所以不需要"的认知水平上。现实生活中，心理教育尚未做到使教师、学生积极主动地参与。在当前社会环境中，学生、教师、家长都有这样的想法，主要是由于消极心理教育的开展，给人们的印象就是心理教育是预防或矫治心理问题、心理疾病的，而人们很少认为自己有心理问题，对心理问题很避讳，甚至认为有心理问题是一件十分可耻的事情，不能为人所知。消极心理教育的开展，一定程度上让人们丧失了对自我力量和潜能的关注。

这些消极心理教育的遗留问题，都为积极心理教育的发展提供了改进的方向。

第三节 积极心理教育的行动策略

积极心理教育在中小学和高等院校的具体应用有所不同，本章节以中小学为例，阐述学校积极心理教育的行动策略。

一、心理课程是积极心理教育的主要阵地

（一）体验式心理课程

课堂教学是学校教育的主要活动形式，是学校教育活动中的核心部分，心理课堂也就成为学校心理教育的主要形式，故而体验式心理课程成为学校开展积极心理教育的主要阵地。何海江对初中开设积极心理健康教育课程的有效性研究结果表明，开设积极心理健康教育课程对初中生的学业自我效能、情绪智力和人际关系三项指标上存在积极有效的影响。[1] 开

---

[1] 何海江. 初中开设积极心理健康教育课程的有效性研究[D]. 石家庄：河北师范大学，2017.

展积极心理教育，有助于发展学生的良好心理素质，使学生具备坚定的信心、坚强的意志、良好的心理承受能力和调节能力，同时也有效地促进学生其他学科的学习效果。体验式心理课程是一门以学生为本位的课程，旨在培养学生心理素质、塑造积极心理品质。体验式心理课程重在让学生在充分活动体验后有所领悟，形成良好的心理品质。积极心理教育的内容和领域十分广泛，涉及人的心理发展、心理品质等内容，涉及学习、生活、工作、娱乐等领域，而且涉及生与生、生与师、生与校、生与家长、生与社会等方面。所以，积极心理教育需采取灵活多样的教学模式。

（二）隐性课程

隐性课程是学校教育的重要构成，其在积极心理教育中也存在重要作用。与心理课程不同，隐性课程是一种潜在的、隐含的影响，具有"累积性""迟效性""稳定性或持久性"的特点。可以说，隐性课程是学生在学校中学习生活的一个有机的组成部分，所以积极心理教育中隐性课程的优化更需多加关注。学校教育中直接影响积极心理教育的领域主要是学校制度和校园文化。学校制度方面的隐性课程是指班级和学校教育中领导体制、规章制度、领导风格、管理模式、教学组织形式等非预期的心理教育影响。校园文化方面的隐性课程是指学校的物质环境与精神环境等方面潜在的心理影响。校园文化中的物质环境主要包括学校物质条件的建设和空间关系两个方面。校园文化中的精神环境主要是指融合于学校中的精神氛围，包括学校形象、校风、班风、人际关系、心理氛围、精神面貌等。在一个精神氛围较好的班级或学校中，学生容易耳濡目染养成一些积极健康的心理素质。故而校园文化建设，尤其是精神文化建设是心理教育隐性课程的重要方面。

二、个体心理辅导是积极心理教育的辅助手段

个体心理辅导不再是心理教育的主要手段，但这不意味着个体心理辅导没有其存在的必要，它依旧是积极心理教育重要的辅助手段。积极心理教育下的心理辅导有两个特征，一是心理辅导不是只面向心理有问题的学生，只要学生想要倾诉就可以预约心理辅导，如遇到困难心烦时、生涯规

划难以抉择时，甚至想要分享自己的快乐时。要让学生认识到，心理辅导是通过了解自身个性，更有效地因材施教，发挥自身的长处，让生活更美好。二是心理辅导师应秉持着"以来访者为中心"、来访学生自己是解决自身问题的专家、资源取向等原则，充分挖掘学生自身的积极力量，从而促进学生积极心理品质的培养、健全人格的完善、积极心态的形成。

三、学科教学融合积极心理教育是积极心理教育的有效形式

学科教学是学校教育最主要的形式，在学科教学中融合积极心理教育是对学生进行积极心理教育较为有效的形式。学校教育中各学科的学习需要兴趣、动机、态度、意志等良好的心理品质参与。语文、数学、英语等学科具有知识价值、能力价值、品格价值、方法价值四项基本价值，其中发展学生能力是学科教学的主要价值，这与积极心理教育的理念不谋而合。将积极心理教育融合进各学科教学，有助于提升学生的学习能力，塑造学生的良好心理品质，对于积极心理教育的有效开展具有十分重要的价值。

学科教育教学中，教师可以给学生更多参与学习的机会，让学生在动中学、动中思，学会分析和解决问题的方法，学会表达、学会竞争与合作、学会创新创造，充分挖掘自身潜能，增强能力，塑造良好心理品质。教师要抓住青少年愿意认同和模仿教师的契机，用文明的言行、得体的举止、稳重的品格赢得学生的信赖。在日常教学中，教师可以通过进取的态度、合理的动机需要、积极稳定的情绪、顽强的意志力、健全的性格去影响学生，使学生在模仿中完善自我。学科教学不限于课堂，教师在与学生的交往中还需要提升自身心理素质、发展自身能力、挖掘自身潜力来正面影响学生，同时学生不知不觉中产生的积极改变对教师的自我提升也是一种积极的反馈和支持。如此，师生间的相互影响进入良性循环，校园文化中的精神氛围亦得以巩固，青少年整体心理素质就会大有提升。

四、班主任工作融合积极心理教育是积极心理教育的重要抓手

班主任不只是一名教师，还是班级的主要管理者，是学生的主要指导

者和领导者、学生成长过程的参与者、学生发展的直接影响者。班主任只有提升自身的理论素养和人格修养，提升自己的人格魅力，才能更好地引导学生全面发展和健康成长。

首先，在班级的日常管理中，班主任要营造良好的班集体心理氛围。具有良好心理氛围的班集体有较强的凝聚力、和谐的人际关系、向上的活动风气、积极的价值取向。在这样的班级中学习，学生学习有快乐，学业有成就，充满愉悦感和满足感，心理素质、文化素质与身体素质都将得到和谐统一的发展。其次，班主任要丰富自己的心理学知识，把握学生心理发展的一般特点与特殊特点，把握他们的自尊心理、"自我中心"心理、模仿心理、好奇心理等，并用自己的心理知识和人生感悟去理解、影响、塑造学生，使其拥有并保持积极的心态。此外，班主任要优化班级管理方式，运用榜样激励策略、多维评价策略、积极暗示策略等，培养学生积极乐观、奋进向上的心理品质。

五、学生自我教育与心理互助是积极心理教育的重要组成

自我教育是指通过认识自己、要求自己、调控自己和评价自己实现对自己的主动教育。自我教育，本质上是一种自我心理教育，也是一种自我心理修养。人的一生都离不开自我教育，任何教育都需要通过自我教育，才能转化为个人的自觉行为。苏霍姆林斯基深信，"促进学生自我教育的教育才是真正的教育"。[1] 自我教育强调学生的主体性、独立性。强调学生是自我教育的主体，并不意味着对学生的放任自流、对教师教育指导作用的否定，也不意味着要削弱教师的地位；与之相反，学生的自我教育需要教师更高水平的引导和帮助，这就要求教师要有更高的修养和知识水平、更新更全的现代教育理念、更优的业务能力和教育方法，充分地发挥学生的积极主动性。想要达到这些要求，成为一名合格的教师，需要教师不断地进行自我教育。

---

[1] B. A. 苏霍姆林斯基. 给教师的建议 [M]. 修订版. 杜殿坤, 编译. 北京：教育科学出版社, 1984: 350.

心理互助是指人们通过各种行为，彼此有意识地施加心理影响，使参与者的心理素质向积极方向发展变化的活动。心理互助就是人们在心理上的互相帮助。❶新时代背景下，学生心理日趋多元化，心理互助形式日趋多样化。心理互助，可以在学生与学生、教师与学生、家长与学生之间开展，但最主要的形式还是生生心理互助，体现出学生的自我心理教育。王希永认为生生心理互助形式有互助式心理训练、互助式心理激励、互助式心理辅导、互助式心理暗示、互助式心理环境几种。❷吕春艳认为实现心理互助，可以组建心理互助社团，通过宣传心理知识、介绍心理健康方法等提升心理素质；可以设立心理互助员，通过选拔、系统培训成为一名合格的朋辈心理健康工作者；可以开展心理互助课题研究，使学生在主动研究过程中获取心理知识、掌握心理方法、解决心理问题、促进心理健康；可以开展心理互助活动，采用角色扮演法，使学生在表演中有所体会和感悟；可以通过非正式群体接触心理出现问题的学生使其获得安全感，增强战胜挫折的勇气。❸心理互助真正从学生心理特点出发，充分发挥学生的主观能动性，坚持学生的主体性，充分信任学生的能力，有助于学生心理的健康发展、心理素质的提升、积极心理品质的形成及健全人格的塑造。

六、家庭、学校、社会协同合作拓宽积极心理教育的途径

　　每个学生的背后都是一个家庭系统，学生是家庭系统中的一员，家庭对学生的教育自婴儿呱呱坠地就开始了。一个人接受的最初教育源于家庭，父母对孩子的态度、期望，以及父母自身的行为、教养对儿童的影响都很大。随着年龄的增长，生活范围的扩大，同伴、学校、社会对学生成长的影响则变得更重要。积极心理教育的主体包含学生、教师、家长、社会，积极心理教育不是局限于学校的积极心理教育，也不是局限于学生的积极心理教育。所以构建学校、家庭、社会协同网络，是积极心理教育的重要举措，拓宽了积极心理教育的路径。实践积极心理教育，需要充分考

---

　　❶❷ 王希永. 论心理健康教育中的心理互助 [J]. 中国青年政治学院学报，2003，22（5）：134–138.

　　❸ 吕春艳. 青少年学生心理健康教育中的心理互助 [J]. 教学与管理，2012（1）：58–59.

虑到家庭、社会对学生心理发展的影响,并尽最大努力培养学生正确认识、合理吸收家庭和社会影响的能力。实践积极心理教育,学校肩负着对家长进行积极心理教育的责任和义务,必须与家庭密切合作,开展家庭教育讲座、父母课堂等,协助父母了解不同年龄阶段学生的心理发展特点,营造良好的家庭教育环境,助力学生健康成长。实践积极心理教育,既需要尽可能地运用积极的社会力量完善积极心理教育工作,从而有助于学生心理潜能的开发、个性的和谐发展、人格的健全完善。实践积极心理教育,既需要充分运用学校、家长、社会的已有资源,也需要开发尚未发掘的资源。以适合校情、生情、师情的方法开展的积极心理教育就是最好的心理教育。

本章小结

积极心理教育是一种发展性取向的心理教育,是一种以人为本的教育。本章主要阐释积极心理教育的基本意蕴、消极心理教育的问题与反思、积极心理教育的行动策略。通过明晰积极心理教育的概念、基本特征及其意义与价值,回答积极心理教育"是什么"的问题;通过对消极心理教育存在的问题和教育反思,回答"为什么"要开展积极心理教育的问题;通过呈现积极心理教育的行动策略,回答积极心理教育"怎么做"的问题。实施积极心理教育,教育者要从受教育者的心理需要出发,运用一定的心理教育方法,激发学生自身拥有的潜能、力量和美德等积极、正向的因素,塑造积极心理品质,进而使其心理素质得以提高。积极心理教育既顺应了时代发展的要求,又满足了人们对于美好生活的需要,是开展学校心理教育的重要发展方向。

(本章作者 姚莹 苏州工业园区唯亭学校)

第十三章

积极道德教育

"青年兴则国家兴,青年强则国家强。"青年的"强"应强在哪里?作为助力国家发展的重要基石和生力军,青少年不仅要具备能够适应社会发展的专业知识与技能,还要有过硬的思想政治素质,"强素质、提能力"才可称为真正的"强"。多元化思潮的涌入,使青少年的思想观念受到多方面的影响与冲击,此时过硬的思想政治素质比过硬的专业技能显得更为重要。积极道德教育的核心是倡导教育者应从学生的积极道德品质、道德发展潜能与愿望出发,通过鼓励、肯定、引导等正面方法,让学生明晰优良的道德品质,获得心灵的成长。教育者要注重唤醒青少年的主体意识,启迪他们的心智,建立相互尊重、理解、关爱、信任的教育关系,同时将社会、学校、家庭等多方面资源进行有机整合,为培养青少年积极的道德品质奠定坚实的基础。

第一节 积极道德教育的心理意蕴

一、积极心理学与道德教育的共通之处

"积极心理学"概念是由美国心理学家马丁·塞利格曼提出的,它以

优势、美德和积极情绪为重要研究领域,与道德教育具有高度契合性。

(一) 积极心理学和道德教育的目标有相近之处

积极心理学主张积极的教育理念,提倡用积极的方式来对人的心理现象做出解读,鼓励我们用一种更加开放的、欣赏的眼光去看待人的潜能、动机和能力,并在这个过程中寻找帮助所有人获得更大幸福的方法,进而促进社会良性和谐发展。学校德育是指教育者按照社会的要求,有目的、有计划、有组织地对受教育者系统地施加思想、政治和道德等方面的影响,并通过受教育者的积极认知、体验与践行,形成符合一定社会或阶级所需要的品德的教育活动。简言之,学校德育就是教育者有目的地培养受教育者品德的活动。德育的目标是帮助青少年更好地、积极地适应社会的发展和进步,自觉地为国家、社会的发展做出贡献。积极的德育理念也要求教育者积极地看待受教育的学生,善于发现学生的积极品质,多肯定学生的进步和努力。通过营造积极的德育环境,引导学生自我激励、自我完善,促进自我潜能的不断发挥,纠正自身的不良品行,逐渐提升自己的道德品质,从而实现自我成长和能力提升,达到德育的教育目的。积极心理学和道德教育相近的育人目标是德育建设借鉴积极心理学研究成果的关键。

(二) 积极心理学和道德教育的原则有相通之处

原则的相通之处有以下三个方面的表现。首先,尊重个人的人格与潜能。积极心理学强调信任人的内在潜能和力量,相信人有不断完善发展的能力;德育也强调尊重与信任,教师要在民主、平等的基础上关心学生的成长,尊重学生的人格,信任学生能在教师的指导下自主发展。其次,重视认知与实践的结合。积极心理学不仅强调对积极心理的认知,而且重视在研究基础上的科学运用,通过一系列的科学方法帮助人们获得美德;德育也强调道德认知与道德实践并重,坚持知行统一的原则,重视在实践中开展德育活动。最后,尊重个体差异,因材施教。积极心理学强调发展个体的优势,引导人们通过发现并不断运用自己的优势获得满足感、自信心和成就感;德育也强调要遵循统一要求与个性发展相结合的原则,既要保证所有学生的发展同社会发展的总方向相一致,又要针对学生的差异,有的放矢，区别教育。

（三）积极心理学和道德教育的内容有相同之处

品德培育是积极心理学研究的重要内容，也是德育的中心任务。积极心理学认为，可以通过发现美德和塑造美德帮助人变得更美好。积极心理学家研究了全世界横跨3000年历史的不同文化后，归纳出6种具有普适性的美德，即智慧与知识、勇气、仁爱、正义、节制和精神卓越。从青少年德育的角度看，塑造学生的美德也是德育工作的重要内容。爱国主义教育、理想教育、社会公德教育、民主与法治观念教育等都是德育的重要内容。通过教师的引导，学生在自主学习、自我反思和自我行为调节中，实现自身品德的不断完善，从而形成有利于社会发展的良好品德。

二、新时代积极道德教育的基本理念

党的十九大报告把"健康中国"纳入国家战略，指出要加强心理健康教育，塑造自尊自信、理性平和、积极向上的社会心态。2019年10月由中共中央、国务院印发《新时代公民道德建设实施纲要》指出：把立德树人贯穿学校教育全过程。学校是公民道德建设的重要阵地。要加强思想品德教育，遵循不同年龄阶段的道德认知规律，结合基础教育、职业教育、高等教育的不同特点，把社会主义核心价值观和道德规范有效地传授给学生。

（一）积极道德教育的内涵

"道德乃是人类探索、认识、肯定和发展自己的一种积极手段，而不是一种消极防范的力量。"[1] 学校道德教育作为培养受教育者道德精神和道德原则的重要手段，应该体现"重视人、满足人、发展人、成就人"的积极取向，具备培养"完整人"的积极手段和方法。[2] 从积极的意义讲，积极道德教育提倡肯定人的美德，以激发人的潜能为手段，充分体现以人为本的精神的道德教育理念与实践策略。积极道德教育倡导教育要从受教育

---

[1] 鲁洁，王逢贤. 德育新论 [M]. 南京：江苏教育出版社，2002：7-8.
[2] 张承安. 道德教育的人性关怀探析 [J]. 黑龙江高教研究，2008（6）：98-100.

第十三章 积极道德教育

者的道德发展愿望、潜能和积极道德品质出发，采用鼓励、肯定和欣赏等正面积极的方法，通过营造尊重、信任、关爱和平等的氛围，促进受教育者的积极情感体验，进而激发其道德发展的愿望和潜能，使他们的积极道德品质得以养成。在此养成过程中转化他们固有的不良道德品质，预防和抑制恶习的萌芽与产生。❶

（二）积极道德教育的特征

1. 积极性和主动性

积极性和主动性是积极道德教育实施的本质和核心特征。积极道德教育主张对人性持积极看法与信念，因此其根本目标是培养人的美德，而不是抑制人的恶性，是一种以扬善为主、抑恶为辅的道德教育。积极道德教育倡导用鼓励、肯定和欣赏等正面积极的方法，激发受教育者的道德需要和内在动机，提升他们道德发展的自主性。因此积极道德教育的目标、教育方式和方法的实施以及教育过程中的情感体验都是积极的，教育者和受教育者共同主动实施，而不是消极被动、矫正和灌输的过程。

2. 体验性

"德育不能没有体验。体验别人无法代替。有体验，德育才有效果。"❷教育家卢梭提出道德来自践行。积极道德教育强调体验是贯穿道德教育过程、体现道德教育成效的一个重要本质特征。认为受教育者道德的形成不是靠教育者的说教和灌输，而是提供真实的生活情境让他们去体验、感悟、践行。因此，积极道德教育强调营造关爱、尊重、真诚、理解和信任的环境，增进受教育者的积极情感体验，激发他们道德发展的积极内在动机、自信和勇气，培养他们的积极道德品质。

3. 转化性

积极道德教育与消极道德教育总是想消除受教育者身上各种问题不同，积极道德教育强调德育是消极向积极转变的过程，即教育者要从受教育者存在的消极面中寻找积极意义，创造条件让受教育者依靠自身积极力

---

❶ 周围. 积极道德教育 [D]. 南京：南京师范大学，2011.
❷ 刘惊铎. 道德体验引论 [J]. 陕西师范大学学报（哲学社会科学版），2003（1）：85－93.

量和信念，促使消极面逐渐向积极转化，而不是将问题消除或减少。并且这种转化是全面的转化，包括受教育者的道德认知、道德情感和道德行为的积极转化，这也是积极道德教育寻求的最终目标。

积极道德教育用"积极"来观察参照道德教育的全过程，依靠"体验"来激发受教育者的积极情感，用"理解""尊重"来构建道德教育过程中的主客体关系，最终实现受教育者的自我成长。

当代心理学中"积极"指肯定、正面和进取等有利于发展的因素，而"消极"则是被动、否定、反面和阻碍发展的因素。积极心理学是20世纪塞利格曼针对传统病理式心理学或称"消极心理学"提出的一种新的心理学思潮，致力于研究人的发展潜力和美德等积极品质。[1] 积极心理学强调心理学应该把研究重点放在人本身具有的积极因素方面，认为心理学要以人具有的实际和潜在的建设性力量、美德和善端为出发点，用积极的心态对待人类的各种心理现象，采用积极的方法激发人类自身内在的积极力量和优秀品质。积极的产生更多是依靠自身因素的累积，而不是消极的消除或减少。积极心理学的这种认知可以转变人们的消极思维，改变人们只关注人或事物的消极或不足并努力消除和矫正的习惯。

第二节 消极道德教育的问题反思

一、消极道德教育存在的问题

消极德育是指道德教育者遵循自然生长的原则，在道德实践者有道德发展需求的时候，用水到渠成的方式对学生实施的道德教育。一般情况下，在道德实践者有一定的道德认知水平和道德判断能力时，应更多地采用消极德育。

我国古代，以孔子为代表的消极被动的德育观主张"不愤不启，不悱

---

[1] SHELDON K M, KING L. Why Positive Psychology is Necessary [J]. American Psychologist, 2001, 56 (3): 216-217.

不发。举一隅不以三隅反，则不复也"即对于学生的道德实践和道德修养，宜采取消极的指导方针。待机启发指道德教育需要等待时机，并不是教育者想何时进行就可以进行的。只有当个体在其道德实践中遇到道德问题，有接受道德指导的需要时，才对其进行道德指导。

在西方，以卢梭为代表的自然主义德育观，其实质也是消极被动的德育观。在卢梭看来，青春期来临之前道德教育是没有必要的，只有在青春期才有必要实施道德教育，因为如果童年期的感官发展和少年期的智力开发充分，则青春期的道德教育水到渠成。卢梭认为儿童在未成年以前，对社会关系和抽象的道德概念不能理解，因此，为了防止儿童形成错误的观念，在成年以前不应当进行道德教育。他认为"最初几年的教育应当是消极的。它不在于教学生道德和真理，而在于防止他的心沾染罪恶，防止他的思想产生谬见"。

（一）愈加复杂的德育环境

随着社会发展的日新月异，各种社会思潮的涌入给校园带来新的气象，形成了一个相对开放、包容、多元化的文化氛围。而现实社会的浊流也是无孔不入，造成了部分青少年学业荒废、信仰缺失、价值观念扭曲、奉行实用主义等现象。从当前德育暴露的种种消极表现上看，可以发现社会的教化功能正不断地弱化，道德观念的混乱与冲突也造成了青少年道德的困惑与迷惘。同时，网络的普及应用和迅速发展也使道德教育环境进一步复杂化。

2021年2月3日，中国互联网信息中心（CNNIC）正式发布了第47次《中国互联网络发展状况统计报告》。报告显示，截至2020年12月，我国网民规模达9.89亿人，较2020年3月增长8540万人，互联网普及率达70.4%，且网民中使用手机上网的比例为99.7%。网络信息鱼龙混杂，很多自控能力不强的青少年深陷其中不可自拔，对青少年正确价值观的形成产生了很大的冲击，而且网络世界的各种道德规范也不完善，这对青少年的自我道德判断也提出了更高的要求。正因为青少年道德教育的环境变得更加复杂，不断地挤压学校道德教育的生存空间，使当前道德教育面临巨大的挑战。

(二) 形式化的德育过程

一直以来,专业知识技能的传授、学术科研水平、就业形势等是学校投入的重要关注点,道德教育在学校教育中已经处于边缘化的地位,道德教育过程形式化,重"教"而忽视"育"也是青少年德育中普遍存在的症结。同时,教育体系中常以知识掌握程度来进行道德修养的评判,存在与实际生活发生严重脱离的情况,因为道德的习得和提升无法通过简单的课程设置来实现。在道德教育过程中,一方面,很多人对于道德的认识的确是停留在理性的认知上,使道德教育成为空洞的文字和无聊的说教;另一方面,道德教育过程中的方式方法也让部分学生不感兴趣甚至产生厌烦情绪,解决这种形式化的顽疾也是道德教育能否发挥实效的关键。

(三) 收效甚微的德育效果

综观当下,青少年的思想道德水平并未随着生活的改善而逐日上升,相反,道德感不足、人格异化的事情屡见不鲜。当前青少年在道德行为上表现出价值取向的世俗化和功利化、道德意识的不坚定、社会责任感的匮乏、道德行为的低下等不良倾向,说明道德教育正逐渐失去了其应有的效力。同时,由于道德教育观念的滞后,对新的发展形势应对不及时,如对网络道德教育的忽视,也使道德教育的针对性有所偏差。总的来说,任何道德教育成效最终都以个人的道德修养来体现,道德教育实效低迷化也是道德教育面临危机的最大症结所在。

(四) "灌输式"的德育消解受教育者的主观性

制度化教育产生以后,道德教育越来越从生活世界中分离、孤立起来。社会生活越来越强化道德教育的工具价值,道德教育也越来越成为封闭化的制度体系。在传统的道德教育模式下,教师与学生的关系蜕变为纯粹的主客体关系,即权威与服从的关系。学生在接受枯燥的道德教条的同时自身也被"物化",学生作为道德主体的主观能动性被消解,教师与学生之间、学生与学生之间生动的"交互主体性"更无从谈起。

道德灌输的显性模式忽视受教育者的道德主体性,试图以片面的外部道德灌输作为促进受教育者道德发展的根本动因,而不考虑受教育者的主观道德需要。这在实质上是把受教育者当成了一种不清楚自己需要、没有行动能力的人,一种被动的、只需接受先进道德的"容器"。在这种"道德教育"中,无法看到受教育者主观需要及其道德主体性的影子,这也是学校教育中受教育者普遍抵制"灌输"的根本原因所在。

二、消极道德教育的理性反思

(一)德育内容:长期忽视青少年道德需要

青少年道德需要是客观存在的,但是在青少年道德教育实践中,我们长期脱离青少年道德需要。我们重视青少年道德知识的系统学习,却忽视青少年道德需要的客观存在;我们重视青少年道德知识的外化,而不重视激发青少年内在的道德需要;我们强调社会道德需要,而忽视青少年个体道德需要。正如马克思所说:"一个行动纲领,如果不同人的实际需要相结合,即使他在理论上是基本正确的,那也毫无实际用处。"❶青少年道德教育的现实表明,道德教育脱离青少年道德需要,这是当代青少年道德教育困境的根源。

青少年道德需要是道德教育的基本前提,是青少年道德教育的价值所在。青少年道德教育过程,实质上就是从青少年的道德需要出发,通过提高他们的道德认知,进一步将这种认知转化为道德行为的过程。在这个过程中,青少年道德需要是基础,是内在动力,知、情、意、行是中介,道德评价是外部推力,而满足青少年道德需要,养成青少年良好的道德行为习惯是最终目的。我们只有深入了解青少年的道德需要,才能有针对性地对青少年实施道德教育;只有真正激发青少年的道德需要,才能有效地引导青少年自觉地提高道德修养。

(二)德育目标:轻视人的个体价值

中国传统德育强调群己合一,但更看重群体的利益和尊严。传统德育要求人们以群体为最高价值取向,提出"贵和乐群""大公无私"等观念,群体的价值在中国社会获得了高度的认同。在现行德育活动中,我们强调较多的是将学生的修德与他人、社会、国家的需要相联系,强调的是德育

---

❶ 马克思恩格斯全集(第38卷)[M].北京:人民出版社,1972:74.

的工具价值，而忽略了修德与学生自己的物质、精神需要之间的关系，即忽略了德育的本体价值。社会本位的德育理念和模式以社会发展遮蔽了人的发展，过分强调社会本质和知识本位，过于强调工具价值和外在目的。这种德育只重视它的社会功能，忽视德育的个人享用性功能，因而影响了德育实效的发挥。如果修德只是为了他人的幸福而不满足自己个体的需要和幸福，德育就会失去其最深层、最可靠的人性根据。

（三）德育过程：展示功利化倾向

价值观教育是青少年德育的核心，突出价值观教育非常必要。当前德育工作的内容主要体现在管理和活动两方面。在管理和活动中，怎样突出价值观教育，如何潜移默化地对青少年进行有效的价值引导，不少学校并没有清醒的认识，常常是为管理而管理，为活动而活动。其结果往往是管理有了，活动也有了，但德育实效性并不强。一些学生没有形成正确的价值观，突出表现为法治观念、道德观念比较淡漠，不能理性地反思自己的言行。一旦发生突发性事件，其认识和行为就容易产生混乱。强调价值观教育，就是要将其贯穿到青少年德育的整个过程当中，作为德育的灵魂去对待。管理的最终目的是为了育人，管理不是简单地建立一种秩序，活动不是为了表演和作秀，而是为了育人。学校应当通过管理和活动，帮助学生形成正确的价值观。

（四）理论基础：青少年道德教育理论缺失

传统的青少年道德教育理论体系存在三个明显不足：一是道德教育的基本要素缺失，缺少道德需要、道德动机、道德期望、道德评价等要素；二是道德教育的结构缺失，只研究道德认识、道德情感、道德意志、道德信念、道德行为，缺乏对道德需要、道德动机、道德期望等问题的研究，也缺乏对道德评价的研究；三是道德教育的起点错误，传统道德教育的起点是道德认识，忽视了道德需要。正是由于传统青少年道德教育理论的重要缺失，导致在青少年道德教育实践中长期忽视青少年的道德需要，不注重青少年的道德评价。道德教育理论的缺失还导致青少年道德教育模式的缺陷：传统的青少年道德教育模式把道德作为知识灌输，忽视了道德体验、道德实践的作用；传统的青少年道德教育模式以教师为本位，忽视了青少年的主体性；传统的青少年道德教育模式以教师为主导，致使青少年的道德学习缺乏主动性。

（五）德育方法：弱化人的主体性

在德育的方法上，以知识学习和思维训练为主，弱化人的主体性是工业文化的产物。工业文化表现在德育方面的重要特点是：教育对象的物化；教育目标和内容的标准化和模式化；否认个性，尤其表现为人的主体性弱化。"美德袋"德育、知性德育、思维德育、技术化管理式的德育等都是德育过程中人的主体性弱化的具体表现。"美德袋"教育（a Bag of Virtues），即将一系列人们普遍赞同的品格（如诚实、责任、友谊、尊重等）用讲解、说服、灌输、榜样等方式予以传授，并运用奖惩手段形成学生的道德行为习惯。由于它忽视了学生的认知理解、主体选择，因而容易形成权威主义的他律品德。[1] 知性德育将道德知识的教与学等同于道德教育，往往片面追求对道德知识的记诵，易于落入知识灌输的旧路，这在一定程度上与道德学习的自主构建性相悖。[2]

当前我国中小学实施的是传统的道德教育，这种教育方式存在较多问题和弊端，主要表现为：在教育过程中，教育者普遍将关注焦点放在受教育者身上存在的各种思想、言语和行为等方面的问题，尤其是品德问题，而对受教育者身上的积极品质、发展潜能关注不够。已有的研究认为，教育承担三大使命：一是使人的缺点得到纠正，努力帮助有问题的人改正问题并使其得到应有的发展；二是使人的道德性和生产性得到进一步发展，努力使每个个体都具有一定知识、能力和社会道德而成为有用的社会之人；三是在对人进行鉴别的基础上使天才得到充分的发展。[3] 因此，有必要改变当前青少年道德教育的状态，增加积极的成分，以积极道德教育替代消极道德教育。

---

[1] 刘次林. 幸福教育论 [M]. 北京：人民教育出版社，2003：163.
[2] 高德胜. 知性德育及其超越：现代德育困境研究 [M]. 北京：教育科学出版社，2003：101.
[3] 任俊. 西方积极教育思想探析 [J]. 外国教育研究，2006（5）：1-5.

第三节 积极道德教育的行动策略

一、积极道德教育的基本理念

积极道德教育倡导从受教育者已拥有的积极道德品质出发，采用以肯定、鼓励、欣赏、强化等积极、正面为主的道德教育方法，营造充满尊重、真诚、理解、关爱、信任、公正的道德的教育关系，以增进学生的积极情绪体验为教育契机与途径，激发受教育者道德发展的愿望和潜能，促成受教育者积极道德品质的形成，并在积极道德品质形成过程中消除不良的道德品质，预防恶习的产生。因此，积极道德教育有着自己独特的道德教育理念，这种积极道德教育的理念，体现在积极道德教育独特的人性预设、教育目标、实现方式、内在机制、教育主体、教育关系、教育方法等方面，并落实在具体的积极道德教育实践过程中。

（一）积极道德教育的人性预设

积极道德教育认为，一方面，人性之中蕴藏着巨大的德性发展空间和潜能；另一方面，人的本性是向善的。如果能提供一个充满信任、接纳和关爱的健康环境与氛围，受教育者就会趋向于德性的良性生长、积极生成，原有的劣行和不良品质也会趋于减少、消失。相反，如果长期处于敌视、压抑、伤害的恶劣环境与氛围中，受教育者向善的积极性就会受到打击、压抑，德性不但无法积极健康地生长，而且还有可能向恶的方向发展。但向恶并不是道德发展的本来面目，而是向善、趋善的积极性和发展力量受到压抑和打击之后而扭曲发展的结果。

美国新精神分析学派的心理学家和精神病学家卡伦·霍妮认为，人的本性是自发成长和向上的，就像一颗橡树籽会自然长成一棵橡树，治疗师只要帮助他移除途中的障碍就好，而根本无须再去费力重新播种生机和热情。"你无须——事实上也不能教会一粒橡籽长成橡树，但是，如果给橡籽一个机会，它内在的潜能就会长成一棵橡树。"因此，"学校制度设计完全应当基于积极人性观的理论假设"，积极道德教育正是基于这样的教育要求才体现积极人性论的性趋善论的人性预设。

（二）积极道德教育的教育目标

以抑恶为主的道德教育，是一种致力于针对存在问题的"病理性"的消极道德教育，而以扬善为主的道德教育，是一种致力于激发积极力量的"培育式"的积极道德教育。积极道德教育就是一种以扬善为主、抑恶为辅的道德教育。积极道德教育首先关注并重点强调的是受教育者已具备的良好品德，致力于激发受教育者的积极道德发展愿望与潜能，使受教育者在原有道德素养的基础上得到进一步的发展和提升。在道德教育的过程中，受教育者作为德性成长中的个体，既表现出一些符合美德要求的思想观念和行为习惯，又显现出良好的品德发展态势。作为道德教育者，不应把眼光过多集中在受教育者的缺点和不足上，也不应把主要精力放在矫正其不良思想和行为上，从而导致偏离培养美德的主要任务，丧失完善德性的最佳时机。

教育者要看到受教育者身上的潜能，欣赏他们身上已具备的良好品质，并创造各种道德教育情境、采用积极有效的道德教育方法将其发扬光大。这不仅能形成良好的道德教育关系，增强教育者的说服力和影响力，实现道德教育效果，更能激发受教育者的自尊和向善的愿望，使他们利用自身拥有的积极资源，形成自我德性成长的强劲动力，从而实现长久的道德教育效果。

（三）积极道德教育的实现方式

积极道德教育提倡的是一种"加法"而不是"减法"的道德教育。积极道德教育不是对受教育者自身的消极品德视而不见，而是认为：对问题的过多关注和深入分析，虽然可能帮助形成对品德问题的深入思考与理性分析，但这些分析，对道德教育实践本身以及对受教育者而言，并无多大的裨益与帮助。道德教育者需要的不仅是理性思索，更是对道德教育本身的情感投入；受教育者需要的不是被分析与解释，而是被激励与促进。

因此，积极道德教育充分重视受教育者已有的良好道德品质、积极的道德发展潜能与愿望，并希望培育其更加优秀的道德品质、更加健全的道德人格。为此，道德教育者必须以更加积极的人性观点看待受教育者，更加积极的态度和耐心期待受教育者,以更加积极的教育方式对待受教育者。所有的努力与实践,都是本着一种"增加"而不是"删除"、致力做"加法"而不是做"减法"的德育原则而开展的。

二、积极道德教育的行动建构

"教育信仰是指教育者对教育活动在个体和社会发展过程中的价值及其实现方式的极度信服和高度尊重,并以之为根本准则。"[1] 积极道德教育应当从以下四个方面进行行动建构:一是转变青少年道德教育的思维方式,确立积极道德取向;二是转变青少年道德教育中教师的角色,重塑积极道德教育关系;三是转变青少年道德教育中学生的地位,激发学生的主动性和创造性;四是转变青少年道德教育的教育方法,重视训练与体验的实践模式。

(一) 转变青少年道德教育的思维方式,确立积极道德取向

青少年道德教育,不仅效能低下,而且还存在诸多问题,导致中小学生道德变异。已有的调查和研究显示:"道德教育乏力"是导致中小学生道德问题产生的首要原因。[2] 要改变时下青少年道德教育低效的问题,必须转变思维方式,变消极取向的道德教育为积极取向的道德教育,即实施积极道德教育,全面变革道德教育的理念和策略。为此必须做到:第一,教育过程中要坚持对学生的积极看法和信念,即坚信人性之善,相信每个学生都蕴藏着德性发展空间和潜能,如果能够提供合适的环境和氛围,这些潜能就能被激发。第二,德育的目标是培养学生的美德,而不仅仅是消除他们的恶习。青少年道德教育要做到以扬善为主,抑恶为辅,要关注学生已具备的良好品德,致力于挖掘他们的积极道德发展愿望和潜能,并通过积极潜能的实现来预防与克制恶习的产生。第三,将培养学生更多更好的道德品质作为教育的重心。积极道德教育的目标是促进学生从道德认知到道德行为的全面积极转化,让学生成为完整意义的人。因此,对于学生

---

[1] 石中英. 教育信仰与教育生活 [J]. 清华大学教育研究, 2000 (2): 28-35.
[2] 朱琳,叶松庆. 当代青少年道德教育的现状与对策研究 [J]. 教育科学, 2016 (1): 20-26.

自身存在的不良品德和习惯,要求家长和教师不要过多关注和分析,但也不是视而不见,而是要采用肯定、强化和激励的方法,让学生在肯定、强化和激励的教育氛围中获得自信和勇气,从而完成消极品质向积极品质的转化。

（二）转变青少年道德教育中教师的角色,重塑积极道德教育关系

在教育实践中,教师成为道德的权威,并在道德知识、规范和标准上拥有决定权,从而造成教育主体和客体之间关系的背离。积极道德教育提倡的道德教育关系是彼此尊重、真诚、理解、关爱、信任和公正。要建立和维护这种道德关系,教师需要转变角色并借助一定的策略和方法。首先,教师需要将单向渠道的知识传授转变为双向,教师不应仅是知识的传授者,而要成为学生道德学习的组织者、管理者、合作者甚至是设计者。其次,要让学生明白教师在道德教育过程中不仅是主体,可以积极地影响学生,同时也是客体,也是受学生积极品质影响的。学生在道德教育过程中也不仅仅是客体,被动地接受教师的引导,同时还是道德教育的主体,通过挖掘自身潜能,培养优秀、积极的品质,进而对教师产生积极的影响。最后,在道德教育方法上,教师要少些说教、少些命令和控制,多给予学生思考、质疑和评判的空间。通过教师自身的道德权威、行为和师德,激起学生心灵的触动,引发他们心灵的共鸣,最终激发他们的善行。

（三）转变青少年道德教育中学生的地位,激发学生的主动性和创造性

积极道德教育倡导积极、善意地对待每个学生,正视他们存在的问题和不足,通过发展积极道德品质来预防与克制存在的问题和不足。实施积极道德教育"应当充分发挥学生的主体性,教育和激励学生自尊、自爱、自信、自立、自强,激发他们自寻成长动力、自定成长目标、自研成长方法和自评成长效果,成为对自己负责的全面发展的主人"[1]。只有把学生放在道德教育的主体地位,把他们当作充满潜力的个体,把培养他们的积极道德品质与实现人生价值当作中小学道德教育工作的重中之重,学生的主动性和创造性才能得以发挥,道德教育的最终目的才能得以实现。

---

[1] 詹万生.整体构建德育体系引论［M］.北京:教育科学出版社,2001:15-16.

（四）转变青少年道德教育的教育方法，重视训练与体验的实践模式

有效道德教育必须依靠科学合理的道德教育方法来实现，中小学实施积极道德教育需转变原来的教育方法，以尊重学生为前提，以学生积极情感体验为基本途径，根据学生的接受能力和程度，选择最佳的教育时机进行教育。为此要做到：一是由"灌输式"向"互动式"转变。在道德教育实施过程中，教师要改变传统的相对封闭、单向强制的教育，鼓励学生畅所欲言地表达自己的观点，最大限度地将课堂还给学生，将强制的灌输教育转变为互动式教育，在互动的过程中实现师生之间的平等交流和道德知识的共建。二是由书本向实践转化。目前，我国中小学道德教育主要是向学生传授道德准则和规范，教师通过课堂教学将道德准则和规范转化为学生的内在思想和行为习惯。陶行知先生非常重视实践体验对道德教育的重要性，他说："行是知之始，知是行之成。行动是老子，知识是儿子，创造是孙子。有行动之勇敢，才是真知的收获。"❶ 由此可见，德育的土壤和养料在于生活，学校道德教育应该从学生自己的生活开始，创设适宜他们的学习环境，让他们通过实践和体验获得对道德的直接感知与理解，将理性理解与感性认识相结合，自觉自愿地践行积极道德行为，以达到理想的道德教育效果。

总之，积极道德教育倡导道德教育过程中受教育者积极品质的培养，强调道德教育的过程首先是一个"扬善"而不是"抑恶"的过程，因此，教育者要关注受教育者原有的积极品质，充分利用受教育者自身道德发展的潜能和资源、动力和愿望，促成受教育者在"扬善"的过程中实现"抑恶"。❷ 积极道德教育改善了青少年思想道德教育的主客体关系，充分调动了教师与学生的主观性与积极性，并促进教学相长。

---

❶ 陶行知. 陶行知教育文选［M］. 北京：教育科学出版社，1981：148.
❷ 周围. 扬善与抑恶：积极心理学对当今中国道德教育的启示［J］. 江西教育科研，2007（12）：73 - 75.

第十三章 积极道德教育

本章小结

积极道德教育是积极心理学研究成果在道德教育中的拓展和运用，也是针对传统的消极德育问题和弊端而提出的道德教育创新理念与实践策略。积极道德教育倡导从受教育者的积极道德品质、道德发展愿望与潜能出发，采用以肯定、鼓励、欣赏、强化等积极、正面为主的道德教育方法，以增进学生的积极情绪体验为教育契机与途径，激发受教育者道德发展的愿望和潜能，促成受教育者积极道德品质的培养，并在积极道德品质形成过程中消除不良的道德品质，预防恶习的产生。道德教育中的受教育者是完整意义上"人"的存在，而不是"问题"的存在，是既具有外显的积极道德品质，又具有内在的道德发展愿望和道德发展潜能的自主发展的个体。只有充满尊重、真诚、理解、关爱、信任、公正等具有道德意义的教育关系，才有可能激发受教育者的积极体验，才能对受教育者的美德养成产生积极的影响与作用。

（本章作者　蒋兴梅　江苏理工学院）

第十四章

积极学习教育

心理研究的纵深拓展使学习的内涵界定更完整、系统,更主体化,"面向21世纪的学习,更多的是为了掌握认识的手段,而不是获得经过分类的系统化知识,既可将其视为一种人生手段,也可将其视为一种人生目的"。[1] 随着对理念的深入研究,教育的基本内涵也在不断扩展和转变,教育的目的是为了学生更快更好的发展,教育的价值在于学生幸福感的获得,积极学习教育应运而生。这种新的教育理念和方法形塑学生的积极心理状态,为学生积极学习行为的持续发生和心理资本的积累提供可能。

第一节 学习教育的积极心理意蕴

学习是现代人生存和发展的重要路径,如何在学习中获得内在满足和精神超越,是现代教育需要探索和追问的问题。随着对教育人性化理念的思考和实践,人才培养愈加重视人的主体性的发挥,学生学习的发展方向也在逐步转变,学习力逐渐成为个体学业积极发展的重要指标,成为学习生活不可或缺的重要素养。积极学习教育作为现代教育的重要方向,以积

---

[1] 联合国教科文组织. 教育:财富蕴藏其中 [M]. 联合国教科文组织总部中文科,译. 北京:教育科学出版社,1996:76.

第十四章 积极学习教育

极心理学为理论指导,以积极的角度阐释学习教育的基本内涵和发展方向,为学习教育赋予新的意义和价值,对全面提升学生的学习力和明确学业发展方向,具有重要意义。

一、积极学习力的基本内涵

"学习力"一词,最早出现在企业管理领域,是管理理论中的核心概念,学习力是学习型组织的灵魂和核心,正是由于学习力的存在,这个组织才能够成为一个有机体,能够不断地自我发展、自我进步。20世纪90年代中期,教育与心理领域开始逐步探讨学习力的教育价值,关于学习力的研究一直在纵深拓展,学者们基于不同的研究层面,总结出了关于学习力的不同取向,即素质观、能力观、能量观、品质观、发展观、综合系统观六种,这些主流观点也得到了诸多学者的认同。

素质观,学习力是个体学习过程中综合素质的体现,除去传统的工具、语言等基本要素外,更多的是个体从维持性学习发展为创新性学习的过程中所积淀的价值、人际、形象、意识等因素,囊括了个体在学习中发展的各种智慧元素,这些元素可以帮助个体领悟知识产生的多元价值,进而转化为实践力量。

能力观,学习力表达的是个体的综合学习能力,集中体现了一个人的学习水平,着重强调能力的潜在性和可激发性,主要表现为个体的学习潜力、学习效力、学习活力和学习动力等,是一个人获得可持续发展的必要能力,对学习力的研究主要在于发掘人的潜能优势,这些优势以不同角度表达学习力的多种显现形式。

能量观,学习力的形成过程是为学习者终身有效学习提供能量的过程,强调以现有学习环境和资源为能量,通过学习内容和方式的多样化来激发学习潜能,注重学习的持续性、发展性和主动性,形成终身学习能力和主动学习意识,为学习者的持续发展提供内在能量。

品质观,学习品质是学习力的表现,个体通过对知识信息的积累与加工,促进内部认知策略和认知观念的发展与转变,进而内化为学习态度、学习动机和学习能力,这种循环往复的变化帮助个体在达成学习目标的同时，不断精进自己的认知，这种认知是个体在学习活动中通过心理结构和身心能量的相互作用而形成的一种个性心理品质，集中体现为学习力。

发展观，学习力是学生的生长力（活力、能量），学习力是人的生成、生长和发展，是人具有的饱满生命能量与活力。[1] 发展观更加强调人的发展的基本要素和个性化发展机制，以生命自觉教育为目标，注重学生的生成学习和教师的智慧教育。

综合系统观，学习力是对学习者的学习动力、能力与品质以及在此基础上实现自我改造、创新与发展的综合性描述，[2] 是支撑学习者进行高效学习活动的基础力量，表现为多元多维的学习因素。

从教育心理学的角度探讨学习力的构成要素，主要包括学习动力、学习能力、学习毅力和学习创造力四要素。学习动力，是指学习主体对学习行为价值判断基础上的心理驱动总和，是由学习动机、学习兴趣、学习态度等非智力因素组成，可以激发个体学习的积极性，促进学习活动的持续进行，是良好学习行为的"助推器"；学习能力，是指个体在学习活动中表现出的胜任力和反思力。具体而言，学习者可以自觉主动地学习和掌握复杂知识体系，更可以在不同学习情境中采用各种认知策略解决问题并达成自我发展目标，[3] 时刻伴随反思能力和自主性行动，学习能力是良好学习行为的"奠基石"；学习毅力，是指学习者进行学习活动的坚持性和面对学业困境时的反弹力，学习者不仅需要坚韧不拔的毅力，更重要的是在经历学业失败后能够及时调整心理状态，保持良好的心理韧性，学习毅力是良好学习行为的"加压阀"；学习创造力，是指学习者需要基于既有知识体系，进行知识的再巩固和再深化，在此基础上，通过认知体系和策略的内部转换，对已经加工过的信息再升华和再拓展，这种新生成的知识路径称为创造性学习（创新学习），使个体得以在有限的时间内扩大知识的

---

[1] 裴娣娜. 学习力：诠释学生学习与发展的新视野 [J]. 课程·教材·教法，2016，36（7）：3-9.

[2] 贺武华. "以学习者为中心"理念下的大学生学习力培养 [J]. 教育研究，2013，34（3）：106-111.

[3] 郭文娟，刘洁玲. 核心素养框架构建：自主学习能力的视角 [J]. 全球教育展望，2017，46（3）：16-28.

价值作用，学习创造力是良好学习行为的"驱动器"。四因素共同作用于学习者的学习活动，使个体表现出良好的策应力、顺应力和互惠力，建构完整知识体系，形成内在价值认知和意义理解。

二、积极学习教育的心理目标

1. 塑造一种心理动力系统

心理动力，是一种作用于人内心的力量体系，它决定了人如何发挥内在潜力以及发展的主要方向。区别于传统教育理念，积极学习教育以学习者的兴趣为发展前提，主张主动探索和内在需要相结合，拓展多元兴趣点，增强主动学习意识；帮助学习者在学习活动中，掌握基本知识体系并举一反三，推陈出新，培养创造性思维模式；注重学业发展中的积极情绪体验，让学生好学乐学善学，帮助学生及时自我肯定、自我激赏，强调学习沉浸和福流体验；注重认真、严谨、专注、负责、独立等良好学习态度的养成，有计划有目标地完成学业任务。这些因素是个体心理发展的驱动力，综合塑造内在动力系统，是完善一个人的性格、能力、心态、行为的内在力量源泉。

2. 形成一种认知监控系统

认知监控是指学习者能够根据学习内容、学习环境、学习时间和任务难度等因素，灵活调整自己的认知模式，是一种内隐的心理活动。积极学习教育，需要在教学过程中涉及一系列认知调控策略，引导学习者及时自我监测和反馈，学习者对于自己的学习状态、学习效果、学习能力等，需要及时关注并适当调整，保证自己处于学习的最佳状态；在学习策略的运用上，灵活掌握学习方法和技能，能够对信息进行编码、分析和提取，有目的、有意识地制订学习方案；坚持过程性评价和结果性评价相结合，根据学习者的兴趣特长，灵活转变评价方式，引导学生合理自我评价、自我肯定、自我激赏；注重规划、调整、反思三位一体，帮助学生及时从学业失败中自我反省，及时调整，合理规划。

3. 培养一种心理行为系统

心理行为是指学习者基于一定的心理状态，通过内部心理调控而产生与之契合的外在行为表现。积极学习教育强调学习心理的积极指向,注重良好学业行为的持续发生,致力于培养学习者在面对学业困境时的毅力和坚持性,塑造刚毅的心理品质;引导学生在面对学业挫折时,合理认识,积极调适,塑造对学业挫折的反弹力和心理韧性,形成愈挫愈勇的精神品质;此外,还需培养学习者面对学业任务时的预见性和分析力,能够通过对已知信息的分析提取和明确自己的能力范围,对事件做出正确的预判,并为目标的达成付出相应努力。积极学习教育的目标之一就是让学习者形成一套外显的、可持续的发展路径。

4. 提供一种心理环境支持系统

心理环境是一种内隐的心理活动状态,积极学习教育可以为学生良好心理环境的形成提供有利条件,帮助学生积极认识、积极感知,形成希望、乐观、昂扬的情绪情感。积极学习教育为学习者提供良好的学习条件,帮助学生在充盈的供给条件下开展学习活动;塑造宽松的学习氛围,让学生感受到自由、尊重,并能自主地完成学习任务;引导学生合理归因,正确区分内外归因的不同,通过适当的奖惩措施帮助学生正确认识自己的观念和行为,以一定的准则去判断人与事,并在此基础上内化为个体的价值观和人生观。

三、积极学习教育的时代诉求

1. 积极学习教育是现代教育"教""学"转变的重要方向

学校教育"教"的根本意义在于帮助学生会学、乐学、善学,教育的根本立足点在于以学生"学"的发展为前提,"教"要转化为"学"。人才培养工作要切实从学习者出发,关注学习者的需要,真正做到因材施教。[1] 然而教育实践过程中存在诸多问题,部分教师忽视人才培养指向,教育氛围消极,教育理念出现偏差。积极学习教育的提出是基于人的发展本位提出的教育理念,注重学习者的实际需求,关注学习者潜能的激发,

---

[1] 贺武华. "以学习者为中心"理念下的大学生学习力培养[J]. 教育研究,2013,34(3):106-111.

主张在尊重肯定的前提下引导和激赏，体现学习者的主体性，让人的意蕴鲜亮丰沛，推动知识客体的主体化发展，让人发挥知识的最大价值，让知识在主体的多元解读中展现活力。因而，积极学习教育的重"学"、重"人"理念，立足于学习者的主体特性，为人的发展提供多种可能，是当代教育理念转变的重要方向。

2. 积极学习教育是学习者"转识成智"的主要途径

"教"的目的在于"学"，而"学"的根本发展在于学生的智慧表达，学生在对知识的内在解读和升华过程中发展出一系列诸如创造力、潜力、感知、能力、毅力等多种因素，这是学习者内在发展的主要来源。"学"的作用转变主阵地在课堂，学习者的内在发展需要在一定程度上决定于课堂中的教育理念生成，这是一种潜移默化的作用。因此，课堂教学应该是在传输知识的同时，让学生掌握学习方法，了解自己的局限以及可能的发展方向，学会体会和感悟知识的内在价值以及将这些信息简化发展为主体的价值体系。积极学习教育，倡导以学生的能力发展为主，通过教师的智慧教学让学生生成学习智慧，调动学生主体性和自主性，强调终身学习能力的培养，让学习理念内化为学生的主体意识，为学生的长远发展提供可能的发展路径。

3. 积极学习教育是现代教育教学改革的重要举措

教育教学改革的目的，是修正教学的简易化和庸俗化现象，改善学生慵懒消极的学习行为，让学生在学习的过程中有多样的情绪体验，了解自己的潜能所在，对自己有明确的目标和定位，做到爱学、勤学，帮助学生更好地适应社会，让学生更快、更好、更高效地发展。教育无疑要重视人的主体性发展，在不断探索中优化教育目标、教育内容和教育方法，更要注重情绪、潜能、人格、特质的培养。积极学习教育是现代教育积极取向实然与应然的统一，是客观尺度和发展尺度的统一，以积极的视角阐明人的发展的多种可能，基于现实问题，提出发展的实质和方向，由此提出一系列人之为人的内涵，提出人的发展的潜在途径和培养方法，为教育教学改革和人才培养提供可操作的路径，彰显改革的理念和活力。

积极学习教育以积极心理学为理论指导，倡导在掌握学业内容的基础上，建构学习者的积极心理状态，实现"教"向"学"的转变，发挥学生的自觉性和主动性，培养学生健全的人格和独有的学习风格，让学生在学习过程中有归属感、自尊感、意义感和价值感。积极学习教育为现代教育提供新的发展取向，从心理学的层面剖析学生的心理需求和发展方向，促进积极学习行为的持续发生，对学生终生学习意识的形成具有重要作用。

第二节 消极学习教育的问题反思

学校教学改革的不断推进，为学生提供更优质的教学服务和更具化的教学模式，致力于让学生学有所获、学有所用，学生也表现出多样的发展态势和优势潜能。与此同时，我们也应该积极关注消极学习教育过程中的不良倾向和现实问题，为学生的积极学业发展扫清障碍，创造可能。

一、消极学习教育存在的问题

1. 学习意义价值缺失

学习者对学习行为和学习内容的认知与理解，是进行有效学习活动的前提与保障。现代学习教育的困境在于学生的"机械化"和"无目的化"的学习，学生空有学业行为，却无学业认知，看似积极，实则是学习上的"积极废人"❶。学习者对于学习内容不理解、不领会，遇到问题不深思、不辨析，被动消极地接受灌输，缺乏对知识的深化，常常"不求甚解"，"任务式"学习多见，认为学习通常是没有价值的，难以自主确定学习目标，经常处于"被动学习"的状态，学习渴望与学习动力更是空谈。学习的意义认同对唤醒学生的积极学习至关重要，这种意义不同于通常功利的学习目标，而是对学习本身的深刻理解、学习本质的深切体悟，并将学习的本质内涵和生命的本质内涵有机融合，使学习成为生命存在的基本方式。❷ 学生的学习应是显性表达与隐性表达的统一。

---

❶ 王光射. 莫做"积极废人"[J]. 政工学刊，2018（12）：81.
❷ 崔志钰. 积极学习的课堂形态：辨析·表达·判断[J]. 教育导刊，2019（10）：41-45.

2. 认知加工惰性凸显

高效的学习活动必然伴随高度集中的注意力和敏捷的思维加工模式，而消极学习教育模式下的学生，更多地表现为课堂懈怠和认知依赖。学生对于所学内容，往往停留于知识表面，难以产生学习兴趣，相反，课堂"游戏化"成为一种常态，学生不愿投入、不愿思索，在学生眼里，知识是乏味且破碎的，是一种毫无意义的符号体系，教师在教学过程中扮演自问自答的角色；由于网络信息及电教的普及，数据平台的大容量信息让知识变得唾手可及，在真实的课堂情境中，教学内容对学生而言并不那么重要，课堂任务成为一种变相的"抄袭"。长此以往，学生的注意范围窄化、记忆力消退、认知灵活性受到抑制、自主学习动机被削弱，良好学习素养更是难以形成。

3. 学业情绪体验负向

积极的学业情感是开展良好学习活动的"调节器"，学业情绪体验是一种主观且具有很大弹性的主体内部表征，消极学习教育下的学生学习体验，存在消极和负性的趋向。研究表明，学生在学习过程中体会较多的情绪通常是焦虑、羞愧、紧张和不安，[1] 难以关注学习本身带来的乐趣，以完成任务的心态对待学习，缺乏学习热情，缺乏自我肯定，对待学业任务重视度不够，出现"玩乐式"学业行为，轻视甚至无视课堂教学，课堂效率表面化、形式化。被动的学习形式造成学生学习效果不理想，难以真正投入其中，沉浸式体验更是无从谈起。

4. 学业韧性发展不足

学业韧性是指个体在学习过程中的坚持性和面对学业困境时的反弹力，它包含了学习者自身的应对能力以及对学业支持因素的调动能力，良好的韧性能够帮助个体尽快适应学业环境，促进学业发展。消极学习教育下的学习主体，往往是被动而退缩的。一方面，学生对于稍显难度的学习

---

[1] 张晔，戴文静，李洪军，等. 高职生的学习心理状况调查研究 [J]. 教育现代化，2019，6 (6)：154-156.

任务，更多地表现出逃避或是置之不理，[1] 应对方式消极；另一方面，学生难以调动自身有利因素去解决当前面临的学业问题，甚至无法发展自我支持系统，难以合理自我认知，甚至可能发展出自负或自卑的不良心理。

5. 自我监控能力欠缺

个体自我认知能力的发展，是有效学习和知识拓展的先决条件，可以帮助学生理性认识问题、客观处理问题。在知识的掌握和深化过程中，需要主体认知系统的参与，即客观认识自己目前的学习状态，能够预测将要达到的能力水平，制定合理目标，并且可以对不良认知有计划地进行调节和控制，保证自身处于平稳且积极的状态。相关研究表明，学生在自主性和互动性的学习任务中表现不佳，学习目标不明确，时间安排不合理。[2] 学生难以明确自己的学习现状，对于客观问题和能力评估缺乏正确认识，难以合理制定学习目标；辨析能力不足，对待消极情绪和行为，难以做到及时监测和自我调节。

二、消极学习教育的理性反思

1. 课堂学习文化苦闷

传统教育理念在隐性地向学生传输一种苦楚的学习文化观，即学习本身是一种带有苦楚性质的锻造过程，学习活动中体会到的消极情绪是正常且必需的，学习行为的执行难度，决定了个体是否能够获得学业成长和发展。学生将"苦学"作为学习信条，主动性和积极性受到极大的抑制，学习动力不足。这种学习文化为学生提供了一种宏观性质的精神支撑，但却忽略了学习本身的意义和价值，我们倡导积极自主形式下的自我坚守，而非一种心理桎梏。

2. 资源传输方式僵化

学习是学生会学、善学、乐学的过程，而非知识的流动过程，区别在

---

[1] 陈璐，崔景贵. 职校生学习力的心理分析与积极教学策略 [J]. 中国职业技术教育，2018（23）：29 - 34.

[2] 潘柏，邵进. 独立学院大学生学习情况调查及对策研究：基于江苏省八所独立学院的实证分析 [J]. 江苏高教，2019（7）：86 - 90.

于是教学生学还是教学生知识。消极学习教育的问题在于资源传输的单一和僵化。首先，方向上的单一性，教师作为知识的传输者，学生只是知识的"受体"，单向接受难以反馈，缺少机会表达自己的见解和看法，学生的主体性被忽视；其次，方式上的僵化，各种实践和实习手段被简易的课堂传输所取代，教学资源的利用不足，极大地抑制了学生的创造性思维。

3. 教学激赏机制滞后

教学激赏是推进课堂良性运转的有效手段，教师的积极反馈和及时肯定对学生的良好学业行为具有维持和促进作用。消极学习教育下的课堂气氛通常是低迷而烦闷的。首先，激赏术语的运用比较单调，通常用"好"来概括学生的全部表现，难以对学生的主要表现进行肯定和评价，学生也很少从教师口中发现自己的学业优势和兴趣所在，学生对问题无兴趣，对课堂无所谓；其次，激赏方式单调，教师口头激赏成为重要但不唯一的反馈方式，激赏新意不足，各种教学资源未被充分利用，学习内容优势和学生学习优势均未体现，教学作用难以最大化地发挥。良性课堂应该是教师与学生在互动中建立起来的具有探索和新奇作用的"磁力场"，学生有兴趣、乐探索，教学有新意、乐反馈。

4. 课堂教学理念偏误

消极学习教育理念的偏误在于对"人"的理解和阐释上，教育对"人"的培养不应该是标准化的程序，而应该是让每位学生在表达和运用中展现知识的不同作用。首先，在没有对学生特征和优势基本掌握的前提下，灌输式的教只能达到学习的浅层目标，学生的潜能和创造性被抑制甚至被忽视；其次，教学管理难以发挥实效，教学方案的针对性不足，学生在课程选择、课程进展、学业评价等各方面容易受限，很少接触到真实有效的前沿信息，教学质量难以保证。

对积极学习教育的探讨与研究是解决当前人才培养困境的重要举措，正确认识现代学习教育的本意，深入挖掘消极教育理念下对人的培养的客观问题，理性反思消极学习教育的"客体化"和"机械化"趋向，明确现有的缺陷与不足，因势利导，推动现代教育理念快速转变，重新建构人才培养的话语体系和积极路径，由此出发推动人才培养的深刻变革。

第三节　积极学习教育的行动策略

如何修正和补充教育中的惰性和空白，一直是教育心理学探讨的重要课题，教育教学的不断改革，也在为现代教育持续焕发活力提供应有保障。积极心理学以积极的理念和方法为现代学习教育提供新的视角和路径，积极学习教育认为学习是一种充满奇幻和乐趣的精神之旅，是学生内在满足和自我完善的过程，在教学的过程中，从学业心态、体验、理念、意志、活力、思维和兴趣等方面切入，帮助学生积极认识、积极感悟，形成自己独有的知识体系和认知模式，全面提升学生的学习力。

1. 培养自尊自信心态

学习心态是决定个体积极主动学习的内在动因，积极的心态使人自信、乐观、充实而有力量，使个体在面对学业压力和困境时，可以有意识地调整自己的学习状态，保持学习动力。首先，多元化的评价机制可以给予学生更多的选择性和展现力，将过程评价、优势评价、特色评价、结果评价等相结合，学生既具有任务范围内的自由，又可以在自己擅长的领域中用不同的方式表达自己的见解，释放学习活力。其次，激发学习内在动力，引导学生自我激赏，学生在团队合作和实践对话中生成的成就感具有很强的稳定性，教师需要针对学习内容和学生优势设计不同类型的学习任务，发挥同辈群体的学业支持作用，通过教师激赏带动学生自我激赏。致力于让每位学生在学习过程中都能够得到关注，自由表达，从而实现学业成就的增进与提升。

2. 增进学业福流体验

福流体验（Flow Experience）是指人们对于某一可控且具有挑战性的活动表现出浓厚的兴趣，全身心投入其中，并产生一种愉悦的积极情绪体验，学习福流体验则是指学生全神贯注于学习活动时所产生的任务定向、认知高效和情绪愉悦的心理状态。[1] 持续的认识和探索过程会带给学生源源不断的动力与期望，因此，教师需要重视教学任务设计和学生能力之间的匹配，让学生在保持目标与动力的前提下，乐于探究，勇于质辩，积极主动投入学习活动；选用适用于多种感官通道可完成的任务类型，在感知能力运用过程中了解感官优势，让学生对学习任务有专注力和控制力，可以自发地形成目的性体验和思维流畅感。这种适合的教育对于良好课堂氛围的形成和教学质量的提升具有重要作用。

3. 强化责任担当意识

学生学习状态不佳和动力不足的原因之一在于未将学业任务内化为学习目标，学生对任务的专属感不足，意义价值感缺失，导致学习效率和学习质量停滞不前。对于教师来说，引导学生明确认知学习内容是培养学生责任意识的前提条件，教师教学需要体现知识的人性关怀和文化价值，教学过程中注重知识联结，引导学生形成"知识链"，让学生在掌握的前提下，实现理解与升华，从而促进学习内容的横向和纵向拓展；精进教学管理手段，对教学任务范围内可适当根据课程性质选派学生承担，运用分组合作学习和实践对话的方式，明确任务的责任个体，帮助学生在任务实践中体验和感悟责任的重要性和自身的价值感；合理确立奖惩机制，选取形式多样且具有意义的奖惩方式，引导学生认识责任意识薄弱的不良后果，严于律己，时刻保持高度的自觉和警醒状态。

4. 塑造坚韧意志品质

韧性更多强调的是个体在学业环境中表现出的学业适应性，这是一种成功应对典型学业挫折的能力，而网络和电教的发展，使学生在学习活动中越来越少体会学业挫折和威胁。在教育教学过程中，教师需要设计难度相当且具有主体性的学业任务，让学生在保持主观控制感的同时，又能体会到任务难度带来的挑战，以此促进学生的主动性和积极学业心态的发展；另外，发展学业支持系统，韧性的形成包括内部成长和外在支持，教

---

[1] 刘甜芳，杨莉萍. 高职生学习沉浸体验的量表编制与特点研究 [J]. 职业技术教育，2017，38（13）：56–62.

师需要引导学生认识自己的资源支持系统，并尝试不断发展和利用新的资源，除却家庭、同伴、学校外，提供机会帮助学生融合社会系统中的有利因子，这些因子是发展学生学习力的有力保障，便于学生在遇到学业威胁时能够快速从"资源库"中找出抵抗挫折的有效因素。学习的意义就在于要培养面对任何困难都能勇往直前、沉着应对的精神。

5. 充盈课堂学习活力

学生的学习活力体现了教学的有效性、趣味性和生动性，表现了学生的思维力、专注力和展现力。教育教学过程中，首先，需要帮助学生形成"问题情境—自主探究—交流分享"三维一体的学习模式，教师通过创设真实有效的问题情境让学生产生探究问题的欲望，整合和开发各类教学资源，让学生在现实情景中探究体验，激发思维活力，最后通过师生、生生交流分享，积极讨论行之有效的解决方法；其次，专注是学习力中最有凝聚效力、整合效率的品质，教师需要通过课程结构化设计、案例教学、活动教学等多种形式为课程增添活力，引导学生设计长期而有效的学习计划，减少学习的盲目性和随意性，帮助学生集中精力，专注投入。

6. 提升学习主体意识

主体教育的核心是培养人的主体意识、主体能力和主体人格，教学中学生的主体作用体现了教育的人性化取向，促进学生自主能动地进行认识和实践活动。教师的"教"应该以学生的"学"为目标展开，课程内容的表达方式也应该参考学生的主体特征和性格特色，课程核检过程中学生应有一定自主选择权，教师不应对教学实施绝对控制；鼓励学生参与教学管理和班级管理，包括规章制度的制定和执行，学生在有限范围内享有选择和行为上的自由，培养学生的主人翁意识；注重自主学习能力的培养，根据个性学习风格选择具有时代性和开放性的教学材料，灵活转变课堂呈现形式，改善学生拖延心理和认知惰性。

7. 培养创造思维能力

个体的思维创造过程是对既有经验和知识的重新改组、加工并注入灵感的过程，教学中学生的创新思维和创新能力的发展在于教师的客体创设和对学生认知水平的灵活掌握。教学环境和问题情境的创设是培养学生创造性思维的前提。首先，由于个体的记忆力、注意力、想象力、逻辑思维能力等的时间分配是不同的，教学需要根据学生的认知发展特点和能力运用特征来创设适合的问题情境，让学生在有限的条件下最大地发挥自己的潜能；其次，为学生提供解决问题的多重视角，引导学生用创新思维分析解决学习中的各种复杂现象和矛盾，善于用新的视角观察问题，让学生在变不可能为可能的过程中体验思维的活跃性和灵感闪现的动态化。任务的趣味性和多样性也是必不可少的，这可以让学生有兴趣、乐参与，调节因长时间的脑力劳动而带来的心理不适。

8. 拓展多元学习兴趣

学习兴趣是学生积极主动投入学习活动的前提条件，具有显著教学价值的教育过程需要立足于兴趣原则开展学习活动。教师需要帮助学生厘清外界输入的哪些信息可以使个体发生兴趣或者产生兴奋和愉悦的感觉，哪些信息可以使人感到抑郁和厌烦，哪些信息可以被有意识地加工利用成为积极情绪的辅力，在对刺激进行加工分类后，根据学生的趣向灵活选择教学方法和教学材料；另外，加强教学内容与教学实践和社会生活之间的联结，充分考量各种素材对教学的适用性和学生兴趣的激发力，采取尽可能多的方式方法充分调动学生的能动性和主动性，激发学生的学习欲望，形成好学、乐学、善学的行为习惯和精神品质。

"真正的学习，涉及人之所以为人的一切核心。透过学习，我们重新创造自我，透过学习，我们能够做到从未做到的事情，重新认识这个世界及我们跟它的关系以及扩展创造未来的能量。"[1] 积极学习教育认为学习是个体主动建构知识和践行知识的自我生长和超越过程，而学习者也不是传统意义上的"学生"，它更强调人的意义与内涵，这也是现代教育教学改革的目标之一。

---

[1] 彼得·圣吉. 第五项修炼：学习型组织的艺术与实务 [M]. 郭进隆，译. 上海：上海三联书店. 2003：14.

本章小结

积极学习教育是现代教育教学改革的重要理论指向，对学习教育的积极内涵研究为教育教学提供积极的视角和路径，有利于个体心理动力系统、认知监控系统、心理行为系统以及心理环境支持系统的塑造和形成，有其独特的时代价值。消极学习教育给学生的学习心理带来不利影响，造成学生学习力发展问题突出，主要表现为学习意义价值缺失、认知加工惰性凸显、学业情绪体验负向、学业韧性发展不足以及自我监控能力欠缺等。从教育教学过程反思，主要原因有课堂学习文化苦闷、资源传输方式僵化、教学激赏机制滞后及课堂教学理念偏误。基于积极心理学的理论导向，教育工作者应树立为积极而教的实践信念，坚持教有所获，学有所成，从学业心态、责任、体验、韧性、活力、意识、思维和兴趣等方面着手，全面提升教师的教学力和学生的学习力，系统推进现代教育教学改革，促进学生全面和谐发展。

（本章作者　陈璇　苏州市吴中区碧波中学）

第十五章

积极家庭教育

2015年2月17日,习近平总书记在春节团拜会上强调"要重视家庭建设,注重家庭、注重家教、注重家风"。同年10月,教育部印发了《教育部关于加强家庭教育工作的指导意见》。2016年11月,全国妇联、教育部、中央文明办等九大部门共同印发了《关于指导推进家庭教育的五年规划(2016—2020年)》,文件提出,到2020年,基本建成适应城乡发展、满足家长和儿童需求的家庭教育指导服务体系。2018年9月10日,全国教育大会上,习近平总书记指出,培养德智体美劳全面发展的社会主义建设者和接班人,办好教育事业,家庭、学校、政府、社会都有责任。家庭是人生的第一所学校,家长是孩子的第一任老师,要给孩子讲好"人生第一课",帮助其扣好人生第一粒扣子。总书记要求教育、妇联等部门要统筹协调社会资源,支持服务家庭教育。可见,家庭教育在我国教育体系中已提升至前所未有的高度。

第一节 积极家庭教育的心理意蕴

家庭教育是一项终身教育,它始于孩子出生之日(甚至可上溯到胎儿期),婴幼儿时期的家庭教育是"人之初"的教育,在人的一生中起着奠基的作用。家庭教育已不仅是学校教育的延伸与补充,而且是与学校教育、社会教育既有密切联系又各有独立体系的现代国民教育的重要组成部分❶。

在2018年全国教育大会上,习近平总书记提出"教育是国之大计,党之大计"。关于教育的工作目标和使命任务,总书记强调"以凝聚人心、完善人格、开发人力、培育人才、造福人民为工作目标,培养德智体美劳全面发展的社会主义建设者和接班人",并强调这也是教育现代化的方向目标。从某种意义上讲,"完善人格"更多的是家庭教育的天职。我们迫切需要构建一套积极有效的家庭教育体系,引导家长重视孩子的心理健康教育,培养拥有完善人格、积极幸福的新时代中国特色社会主义事业建设者与接班人。

积极心理学主张对人性坚持积极的评价取向,研究个体如何更好地发展、生活,让人学会分享幸福、创造快乐,使其具有的潜能得到充分的发挥,保持生命的最佳状态❷。积极心理学契合了当前家庭教育对孩子完善人格、幸福成长的需要,在家庭教育体系中嵌入积极心理学理论,在提升家庭教育效果、加强新时代社会主义建设人才培养力度等方面具有积极意义。

从积极心理学视角出发,教会孩子从积极角度去理解问题,以美德与善端为出发点,用一种积极的心态对人的心理现象做出新的解读,从而激发人自身内在的积极力量与品质,并帮助自己与他人最大限度地挖掘潜力进而获得幸福的家庭教育模式。

2000年,塞利格曼与米哈里·契克森米哈赖提出积极心理学主要研究范畴为积极情绪体验,包含对从前、现在的满足和幸福以及对将来的希望和乐观等;积极的个人特质包括积极的人格、自我效能、心理韧性、冒险精神、能力、勇气等;积极的组织体系建设包括健康的家庭、关系良好的

---

❶ 杨雄. 当前我国家庭教育面临的挑战、问题与对策[J]. 探索与争鸣, 2007 (2): 68 - 71.

❷ 卢丽含. 提升幸福感 释放正能量:积极心理学在家庭教育中的运用[J]. 教育论坛, 2016 (7): 79 - 80.

公司等的建设❶。三大研究范畴投射至积极家庭教育中去，分别体现为积极情绪体验、积极个人特质以及积极教育环境。

一、积极情绪体验

对于孩子成长来说，积极情绪体验的培养重点在于乐观和希望。因而，在积极家庭教育中应当重点关注这两个点。

乐观是指对现在与未来的成功有积极的归因。在塞利格曼教授看来，能否形成乐观的"积极思维"的关键在于是否具有积极的解释风格，即人们对于所发生的事情的归因，它从童年开始发展，如果未经教育与干预，就会持续一生。对解释风格的判断有三个维度：永久性、普遍性与个人化。永久性是指事情的起因是否会始终存在，如一次考试失利后将其归因于自己很笨；普遍性起因将影响许多情况，如与同学一次约定被拒绝后将其归因为没有人愿意跟自己玩；个人化是指起因是我而不是其他人或其他事情❷，如在事情失利后将其归因为自己的错误。将失败解释为永久性、普遍性以及个人化等难以改变的原因，很容易让人产生无能为力的悲观情绪，从而导致习得性无助。父母消极的解释风格会让孩子产生悲观、绝望的情绪，从而放弃努力。而积极解释风格则是把孩子遇到的挫折解释为暂时的、特殊的并且是可以改变的因素。这类解释风格可帮助孩子形成乐观的生活态度并从容应对生活中的各种挫折与困难。

希望是一种积极的、与动机有关的状态，它建立在目标导向的主观能动性和为实现目标成功实施计划的交互作用的基础上。充满高水平希望的个体有明确的目标，当他们下定决心实现目标时，则表现出坚强的意志力、充沛的精力，对动因清楚地了解并相信自己可以掌控命运。希望是一种对未来的美好预期，是一种自己可以胜任和应对某事的能力感，一种心理上的满意度，一种对生活的目的感、意义感的体验，以及对生活充满无

---

❶ 李小玲. 大学生创业教育应加强创业人格培养［J］. 武汉商业服务学院学报，2012（5）：48-51.

❷ 马丁·赛利格曼，卡伦·莱维奇，莉萨·杰科克斯，等. 教出乐观的孩子 让孩子受用一生的幸福经典［M］. 洪莉，译. 杭州：浙江人民出版社，2013：5-7.

限的期望❶。研究调查表明，具有较高希望的个体能更好、更恰当地应对生活的不幸和压力，即使在困境中，他们也能很好地调整自己的行为，以灵活的方式来摆脱困境❷。正如尼采所说：强烈的希望，比任何一种已实现的快乐对人生具有更大的激奋作用。家庭是人的第一所学校，家庭教育对孩子希望水平的提升具有无法替代的作用。

二、积极个人特质

积极个人特质主要包含积极的人格、自我效能、心理韧性、冒险精神、能力、勇气等。对于孩子来说，自我效能与心理韧性是其成长道路上尤为重要的人格特质，因此积极家庭教育也应当围绕这两项特质来展开。

（一）自我效能

自我效能，即为自信，是指在面对充满挑战性的工作或事情时，有信心并能付出必要的努力来获得成功。教育学家们在深入研究后得出一个结论：在儿童的成长过程中，最重要的事情莫过于培养他们的自信心，有了自信，孩子们就会有力量克服人生路上遇到的困难，用努力进取的态度去对待人生。因此，精心培育孩子的自信心是积极家庭教育的一项重要任务。

有研究表明，由于自卑的人大脑皮层长期处于抑制状态，使其中枢神经系统处于麻木状态，导致体内各器官的生理功能得不到充分调动，不能发挥各自应有的作用；与此同时，他们的分泌系统也因此失去常态，有害激素随之分泌增多；免疫系统失去灵性，抗病能力下降，从而使其生理过程发生改变，出现各种病症，如头痛、乏力、反应迟钝、记忆力减退、食欲不振、焦虑，等等。反之，自信的人则会因大脑皮层长期处于激发状态，中枢神经处于兴奋状态，体内各器官的生理功能得到充分调动，积极发挥各自作用，在遇到挫折与困难时可以积极应对，从而获得成功。

心理学家认为，孩子的自信来自父母无条件的爱❸。无条件的爱是指

---

❶ 励骅. 心理资本视域中的大学生就业心理辅导［J］. 中国高教研究，2010（3）：73-73.
❷ 任俊. 积极心理学［M］. 上海：上海教育出版社，2006：188-190.
❸ 韩燕. 生命是创作：积极心理学与家庭教育［M］. 北京：新华出版社，2015：24-26.

不管孩子是否满足所谓的"优秀"的标准,你都爱他,而且不论他做出怎样的决定,你都会选择支持和认可,不会把自己的意愿强加于他。这样的家长会尽情地享受孩子的成长过程,用尊重、鼓励、欣赏和信任的态度对待孩子。若家长的爱是有条件的,如孩子考试拿了双百分,才会感受到家长的疼爱与喜欢,考试失利则会遭到家长的鄙夷与嫌弃,那孩子会逐渐自卑、焦虑、紧张,严重的则会产生抑郁。在无条件的爱的浇灌下,孩子会变得自信、平和。

(二) 心理韧性

Luthans 教授等学者认为心理韧性是指当身处逆境和被问题困扰时,能够持之以恒,迅速复原并超越,以取得成功[1]。韧性是一种可开发的心理能力以及超越平凡的意志力,它能使人从逆境、冲突与失败中,甚至从积极事件、进步以及与日俱增的责任压力中迅速复原。希望与韧性相互依存,在希望的支持下,个体只有拥有一定的心理韧性,才能在遇到困难与挫折时及时应对从而取得成功。

在到处充斥着压力与竞争的当今社会,个体在逆境与挫折中学会如何提升韧性,这对于个体的成长成才,对于其领悟生命的意义和价值具有十分重要的意义。家庭中家长的言行举止以及对孩子适当的挫折教育都有助于对孩子心理韧性的培养。当孩子面对困境、挫折或压力时,保持与孩子的积极沟通,增加与其进行情感交流的频率,使孩子充分感受到来自家庭的支持与援助,指导其直面困难,走出逆境。另外,家长也需鼓励孩子形成适用于自身的解压或排遣方式,培养其独立应对问题的能力。而当孩子面对成功产生"飘飘然"的情绪时,家长也需引导其正确看待成功或进步,自信不自满,骄傲不骄横,帮助其快速回归平常心,持之以恒,精进不休。

三、积极教育环境

积极心理学所研究的积极组织体系的建设,包括健康的家庭、关系良

---

[1] 王志贤,靳婷婷,宋丽娜. 心理资本增长法则对大学毕业生就业心理困境的预防研究 [J]. 中国成人教育,2013 (7):60-62.

好的公司等的建设。对于积极家庭教育来说，积极组织体系即为积极的家庭教育环境。积极家庭教育环境对孩子的乐观、希望、自我效能以及心理韧性的培养起到营造良好氛围的关键作用。

积极亲子关系是积极家庭教育的基础，会影响其同伴关系、师生关系及其他重要的社会关系❶。积极亲子关系中家长需要和孩子建立平等尊重的亲子沟通方式，尊重孩子的感受，多聆听孩子的想法，多用积极的语言评价、激励孩子，正确引导孩子以良好的品质应对各种生活事件。

第二节 消极家庭教育的问题反思

在我国，教师需要通过专业学习获得教师资格证书来获得从业资格，但家长——作为教育过程中的基础因素，却缺乏相应专业知识来支撑其能力，缺乏相应制度来约束其行为。父母天生就是父母，不管其是否合格，都天然地拥有教育孩子的权利。很多家庭由于缺乏科学的教育理论和实践经验做支撑，在家庭教育过程中会遇到各种问题与困难❷。

一、消极家庭教育存在的问题

（一）家庭教育观念偏颇

1. 爱就是无限满足——有求必应观念

现实生活中，我们许多家长面对自己的孩子，往往缺乏自制力，对孩子有求必应、百依百顺，千方百计地满足孩子的需要，不让其受一点委屈。这些家长认为爱孩子就等同于无限满足他们的愿望，教育孩子就是宠溺孩子，帮助他们解决一切问题，保护他们不让其受一点挫折与困难。

2. 做得好才能得到爱——爱需要条件

望子成龙，望女成凤，把孩子培养成才是天下父母的共同心愿。但现实生活中存在着许多家长过于执着于孩子的成就，甚至将自己的爱作为强

---

❶ 王梅. 积极家庭教育理念下提升青少年心理健康的路径初探［J］. 现代交际, 2018 (15): 125-126.

❷ 李慧慧. 我国当前家庭教育的问题及应对策略探析［J］. 青春岁月, 2019 (2): 290.

化物吝啬地分配给孩子。在这种教育观念的影响下，孩子如实验室中的小白鼠，只有达到了家长的要求才能得到"爱"的强化，感受家长的夸奖与疼爱，否则就会招致惩罚，遭到父母、家人的指责或嫌弃。

3. 智育第一位——重智育轻心育

大部分家长对孩子的教育偏重智力方面的培养，只注重知识的灌输，认为只有智育成绩好才是优秀的表现。在这类家庭教育观念影响下，家长眼里只有如何加强知识的教育与灌输，而忽略了孩子的心理健康教育。

4. 事事都要完美——过高期待

面对当今社会的高压力与高要求，许多家长对孩子的未来感到焦虑不安，这在家庭教育中表现为对孩子有过高的期待与要求，事事力求"完美"，希望自己的孩子成为第一。这是一种以批评与挑错为重点的教育观念，是一种非创造性的教育观念，更是消极教育观念的典型。

（二）家庭教育评价失衡

1. 教育效果的应试目的评价标准

虽然素质教育已经在我国推行多年，但是目前来说，应试教育还是占主导地位，受应试教育规则影响，家庭教育过程中无法避免地过度重视智育，其评价体系出现失衡现象。智育成绩成为评价家庭教育效果的关键的、主要的标准。在家庭教育为应付孩子考试而运作的无效循环中，这种家庭教育培养的孩子所具备的综合能力与社会发展对人的能力需求的不一致，已经成为值得我们关注与反思的一个关键点。

2. 教育效果的功利主义评价方式

功利主义的家庭教育效果评价往往摒弃社会需求的公益评价，倾向于个人的物质需要满足程度，倡导人之为人的价值观。功利主义的人生价值观对人生存的意义和价值的认识局限于从物质需要出发去理解和把握，将人生的价值理解为满足物质需要的功利主义思想。在处理个人与社会关系的问题上，强调个人至上，把个人价值摆在他人和社会价值之上。在这种功利主义评价方式下，个人物质需要满足程度成为家庭教育效果的评判标准，而非孩子的全面发展水平❶。

（三）家庭亲子关系病态

亲子关系是指爸爸妈妈与子女之间的特殊亲密关系，这类关系虽然在夫妻关系之下，但却是家庭中最核心、最关键的部分。毫不夸张地说，亲子关系从胎儿时期就开始影响孩子的各方面发展，对其行为模式、性格特征、人际交往能力等方面起着潜移默化的作用。越来越多的家长开始意识到亲子关系的重要性，并努力创造更为亲密的亲子关系。但是，就目前来说，主要还存在以下几种病态亲子关系。

1. 干涉型

大多数干涉型亲子关系的家长对孩子的学习、生活、前途等过分焦虑，进而给予孩子过分的帮助与保护。在孩子的成长过程中，家长对于其任何事情都要进行干涉或干预，使孩子没有任何主见。许多"妈宝男""公主病"都是因此而生。

2. 期待型

很多中国父母会对孩子以支配的方式进行教育，这种关系被称为"期待型亲子关系"。这些家长常常会不自觉地以严厉强迫的态度、呵斥命令的方式来监督孩子，希望孩子按照自己的要求和标准去做，甚至把自己未完成的心愿强加到孩子身上，忽视孩子的能力和性格。

3. 宠溺型

在宠溺型亲子关系中，父母与孩子的关系就是满足与被满足的关系。这类家长几乎没有家庭教育可言，只会一味地迁就孩子，想尽一切办法满足孩子的需求，即便孩子做错了，也要为其争辩。最常见的就是那句："他还是个孩子，别跟他计较。"于是，他们就成长为以自我为中心、不懂礼貌、缺乏同情心的"熊孩子"。

4. 矛盾型

矛盾型亲子关系的家庭，具体表现为对孩子的管教态度不统一。比如

---

❶ 段依伊，陈钦华. 论家庭教育中的消极形态与积极应对［J］. 教育教学论坛，2013（43）：140－141.

对于孩子的同一行为，妈妈斥责、禁止，而爸爸却宽恕、勉励。又或者，父母的教育理念和方法与爷爷奶奶的大相径庭，冲突不断。长此以往，孩子会无所适从、难以抉择该听哪一方的。

5. 忽视型

忽视型亲子关系的家庭里，家长感情冷漠，不善于与孩子沟通，忽视孩子的需求与教育，甚至对孩子体罚、虐待、威胁等。这类亲子关系呈现出冷漠、敌对等特征。

（四）家庭教育方法不当

如今，越来越多的家长开始关注家庭教育，并在家庭教育中花费更多的时间。但是如果方法不得当，只能适得其反。事实上，许多家长都是摸着石头过河，没有经过认真、系统的学习，也没有结合自己孩子的特点，就开始盲目地用起了自己觉得很有效的方法。但是，事实证明，在现今的家庭教育中仍然存在着许多不当的教育方法。

1. 过度表扬

适当的表扬有利于帮助孩子树立自信心，但是在现实生活中，有些家长受愉快教育理论的影响，平时喜欢无原则地表扬孩子，结果导致孩子缺乏自我意识，过分看重别人的评价，每做一点小事都希望得到表扬，否则就拒绝去做。

2. 过度批评

不仅过度表扬对孩子成长不利，一味地批评也会伤害孩子的自尊心，使孩子看不到自我。当今社会压力日趋增强，许多家长认为从小对孩子严厉会帮助他们以后立足社会、承受社会压力，因此不管孩子做什么都以批评为主，使孩子无法正确认识自己。

3. 民主纵容

有许多家长，尤其是学历层次较高的，把家庭教育中的"民主"管理看得很重，不管大事小事都寄希望于"晓之以理"，结果是理没谈成，孩子却被惯坏了。原因是孩子（尤其是年纪较小的孩子）缺乏足够的经验和判断力，在生活中有许多地方需要依赖家长的指导。这种"伪民主"其实是一种"真纵容"。

4. 否定感受

"世界上有一种冷,叫妈妈觉得我冷;世界上有一种饿,叫妈妈觉得我饿!"

很多时候,我们家长会凭自己的感受武断地否定孩子真实的感觉。比如孩子说:"妈妈,我饿了!"父母也许会说:"你先前吃了那么多,怎么会饿呢!"他们没有想到可能是孩子做了很多运动,所以很快就饿了。

5. 比较鞭策

除了否定孩子的感受以外,有些家长还喜欢拿别的孩子与自己的孩子做比较,试图用这种方式鞭策自己的孩子,使其有更好的表现。比如,孩子考试得了 99 分,但是家长第一反应不是夸奖,而是:"你为什么没有考 100 分?你还是不行!"有时还会用别人的长处与自己孩子的短处进行比较,甚至以高于孩子能力范围的成人标准与其进行对比批评。

二、消极家庭教育的理性反思

(一) 教育观念偏颇,误导教育方向

观念决定行为。在有失偏颇的家庭教育观念引导下实施的家庭教育必然朝着错误的方向进行,从而产生不良后果。

对孩子有求必应的家长,在无限保护和溺爱自己孩子的过程中,使孩子逐渐成长为温室里的花朵,一点风浪都经不起。教育家马卡连柯说:"一切都给孩子,牺牲自己的幸福,这是父母给孩子的最可怕的礼物。"由此可见,失去了理智的溺爱对孩子成长产生巨大的破坏性,不仅对孩子个人的身心发展,对家庭、社会也会造成一定的危害。

受"爱需要条件"家庭教育观念影响,家长只会在孩子达到自己要求的情况下才会给予孩子爱。这是一种有条件的爱而非无条件的爱,与积极的家庭教育观念相悖,这会使孩子趋于功利化。

重智育轻心育的家长恨不得从孩子降生就开始教他相对论,从幼儿开始就提前学习,让孩子整日辗转于各个培训机构或补习班。许多孩子被压迫得喘不过气来,对学习的兴趣日渐消退,消极被动、悲观失望,严重的甚至会产生焦虑与抑郁等不良情绪。

对孩子过高期待或过高要求的家长容易走向挑错教育，挑错教育的心理基础是恐惧、焦虑、自卑，这是一种消极防守的、悲观的教育观念。这类教育观念指导下的家庭教育会造成孩子自卑、焦虑等消极后果。

（二）教育评价失衡，培养目标偏离

受应试教育影响，家庭教育大多以孩子智育成绩高低为评判家庭教育成功与否的唯一标准。在该评价标准的影响下，家长对孩子的教育往往会过于偏重知识的灌输，而忽视个性、品质等其他方面的培养和塑造，从而造成孩子无法很好地适应社会。

受功利主义评价方式影响，家长对孩子的教育焦点从全面发展转向实用主义，即有用才学习。例如，做生意的父母会告诉孩子，你只要学习有助于你做生意的知识或技能即可，学好做生意你就是成功的。孩子就只会关注生意经，而忽略其余人品、心理素质等同样有助于其成长的元素。在如此评价方式下教育出来的孩子大多表现为冷漠、自私。

（三）亲子关系病态，影响孩子成长

每一种病态的亲子关系都会培养出一种或几种性格或能力有所欠缺的孩子。

在干涉型亲子关系中成长起来的孩子，主要表现为社会适应性差、缺乏独立思考能力和创新意识。对于在这种亲子关系下成长起来的孩子来说，他们习惯于依赖家长，做事缺乏主见、犹豫不决，心理承受能力也相对较差，遇到困难容易灰心丧气。

家长过高的期望会让孩子变得敏感胆小、缺乏自信、独立性差、不善与人交往，在失意时极易自我否定，产生自卑情绪，甚至抑郁。

在宠溺型亲子关系影响下，孩子会逐渐在人际交往中缺乏责任感、不懂得关心别人，很难交到朋友，极易被孤立。

矛盾型亲子关系中充斥着矛盾、犹豫与徘徊，长此以往，容易导致孩子做事优柔寡断、难以决定，极易出现焦虑情绪。

在忽视型亲子关系的家庭环境下成长起来的孩子性格冷漠消极、孤独自闭、悲观自卑，人际关系敏感，并且极易对家庭和社会产生敌对心理，甚至导致不良后果。

总的来说，无论是哪一种"病态"亲子关系，都会对孩子的心理健康造成一定的消极影响。

（四）教育方法不当，效果适得其反

俗话说得好：方法得当，事半功倍；方法不当，事倍功半。在家庭教育中，运用错误的教育方法只会使教育效果大打折扣，甚至会适得其反，产生不良后果。

在表扬声不绝于耳的环境中成长起来的孩子，不能正确认识自己，会过高地评估自我能力与水平，表现出狂妄自大、骄傲自满等。习惯于每做一件小事都需要鼓励和表扬，当其遇到挫折或困难时，极易出现畏难情绪，无法很好地应对，其心理韧性比较薄弱。

与过度表扬相反，在一片批评声中摸爬滚打起来的孩子，主要会表现出低估自己能力、缺乏自信、悲观甚至抑郁。这类孩子在生活、工作中都会呈现出做事畏首畏尾的状态，凡事都不敢主动承担，生怕自己无法胜任。

"假民主"掩护下的"真纵容"，也就是对于孩子的过度保护。很多的家长都是想要让孩子往一个更好的方向发展，所以在这个层面上就会用各种各样的方式给孩子铺设好一条通向未来的光明道路，但这给孩子带来的可能就是固执、任性、为所欲为。

长期否定孩子的感受，孩子会觉得："我的感受并不重要，我不应该有这种感受，我的感觉都是错误的……"渐渐地，他会与自己的感受隔离或者变得麻木，无法感受自己的感受，同时也很难感受他人的感受，孩子会变得冷漠而自私。

不管何种情形，都喜欢用比较方式鞭策孩子的家长，会将孩子的积极性、上进心盲目扼杀，让孩子觉得自己很无能，自尊心和自信心被无情地摧毁。长此以往，孩子还会失去希望，觉得自己没有美好未来，极易产生绝望感。

总的来说，当今家庭教育存在的各种问题主要趋向于对孩子的心理健康产生一定的消极影响，从而影响其全面成长与发展。因此，家长应更为重视孩子的心理素质，培养孩子的积极情绪与积极品质，在生活中给孩子营造良好的家庭氛围与亲密的亲子关系，促进其全面发展。

第三节　积极家庭教育的行动策略

基于积极心理学，针对当今家庭教育存在的问题与困境，我们可分别从教育观念、教育评价、亲子关系以及教育方法四个方面来构建积极家庭教育体系。

一、树立积极家庭教育观念

家长的教育观念，是家长基于对子女身心发展的认识而形成的对家庭教育的理解，它直接影响家长对子女进行教育的目标、方向以及相应的教育方式，并对孩子的发展产生重大影响。家庭教育观念是家庭教育的指南针，因此，对于家庭教育体系来说，其正确与否决定着家庭教育方向是否偏离。

所谓积极家庭教育观念是指在积极心理学指导下，家长对于子女身心发展的认识，从而形成对家庭教育的理解。树立积极家庭教育观念，可从以下几个方面入手。

（一）乐观习得观

积极心理学之父塞利格曼认为乐观是家庭教育理念的根基，是教育成败的根本标志。他曾对70名心脏病患者进行测试，在17名被测试为最悲观的病人中，有16名没有经受住第二次心脏病发作而去世了，而19名被测试为最乐观的人中，只有一人被第二次心脏病夺去生命。心理学家们还专门研究了心血管、肾衰竭以及所有原因的死亡率，研究得出一个结论：乐观保护人体健康，而悲观会对人体健康产生伤害。塞利格曼还发现，乐观不仅有保护人体健康的作用，乐观的孩子会把困难与挫折的产生原因理解为暂时的、特殊的，而不是永久的、普遍的与个人化的，他们会更有信心、希望以及心理韧性去面对并战胜这些困难或挫折。

因此，培养孩子的乐观态度与积极解释风格是积极家庭教育的奠基之石。乐观即为一种积极的解释风格。塞利格曼认为与"习得性无助"相类似，乐观也是可以习得的。乐观可以通过训练而习得。班杜拉的社会学习理论强调观察学习在儿童心理发展中的作用，故父母的榜样作用至关重要。在培养孩子的乐观态度之前，家长需矫正自身的悲观态度，在日常生活中以积极的心态面对事物，"言传身教，身行一例，胜似千言"。另外，乐观往往来自不同的角度与视角，在面对挫折时，引导孩子看到困难的另一面，发掘其正向、积极的意义，帮助其于逆境中成长。

（二）全面发展观

随着经济的高速发展，社会对我们提出了更高的要求，仅仅拥有知识是远远不够的，社会需要我们全面发展，唯有德育、智育等方面和谐发展的人才能在生活与工作中游刃有余。因此，全面发展教育观在积极家庭教育观中必不可少。我们在这里谈家庭教育中孩子的全面发展，指的是培养孩子在品德、智慧、体育、美育、劳动、心理六个方面的和谐发展、全面提升，简称"六育"。心育即心理健康教育，对于积极家庭教育来说尤为重要。

（三）适度期待观

每个孩子的基因、特长都存在差异。学奥数，就全民都学奥数？流行学机器人，就全民研究机器人？能当科学家的万里挑一，那么多孩子都钻研奥数、研究机器人，并无太大意义。

奥数只适合那些有数学天赋、智商在前5%或前10%的孩子去钻研。可问题是中国家长大多不愿意承认自己的孩子智商不如别人，全民奥数，其实很多时候是浪费时间。如果我们非要让一个对数学不感兴趣、没天赋的孩子学奥数，让一个对音乐无感的孩子每天苦练钢琴，那结果自然是事倍功半。

我们要做的是观察、发现孩子的长处，给他支持，而不是别人学什么自己的孩子也要学什么，别的孩子有这个特长就要求自己的孩子也应该有此特长。

每个孩子生来都不同，个性、爱好、天赋等方面都各有差异。家长应在自己孩子的个性、爱好与天赋等基础之上，对孩子抱有一个恰当的期望值。期望值反映家长对家庭教育的重视程度，也是实现教育目标的重要条件。但如果期望值背离了社会需要及孩子身心发展的内在规律，不但不利于教育的实施，相反还会造成教育的负效应。过高的期望值是使家庭教育走入误区的重要原因之一。对于家长而言，以科学的态度为孩子确立一个可行的目标是尤为重要的。适度的期待与目标，会让孩子在实现目标获得家长赞赏的同时提高自信、提升希望从而获得幸福。让孩子长成他本该长成的样子，而不是家长过高期待的那个样子。

（四）爱无需条件

没有不爱孩子的父母，但爱孩子也是讲究方式方法的，即需要无条件地爱孩子本来的样子，而不是去爱父母要求的样子。

这里所说的无条件的爱，并不是无节制无原则的爱，而是指当孩子来到这个世界上，父母会对孩子说："宝宝，无论你以后是健康还是病弱，聪明还是愚笨，听话还是捣蛋，漂亮还是丑陋，学习成绩好还是差，爸爸妈妈都会永远爱你、养育你，直至你成为独立自主的人。"心理学家研究发现，无条件的爱可以提升孩子的自信心。

许多家庭都会有这种情况出现：孩子表现好了，学习进步了，考试成绩好了，家长们都会给予关注、表扬和奖励，为其提供更好的物质条件；而当其表现不佳，学习退步、考试成绩不好时，家长们又会给予冷漠、嫌弃和惩罚。长此以往，孩子会觉得你爱他需要一个前提条件："乖""听话""成绩好"……那么他就会没安全感，而孩子的思维是绝对化的，有的孩子就会下决心努力做个符合你要求的"好孩子"。但是有一天，他会发现这根本不可能，人难免会犯错。他一犯错又会绝对化地想："我犯错误了，我不是个好孩子，父母一定不爱我了。"此时，家长对他的批评、指责、打骂等教育行为都会强化他们的这种推断。随着这种情况的一再发生，孩子就会有"习惯性无助感"——我再怎么努力，都还是会犯错，我一犯错，父母就不爱我了。所以，家长需要超越自私与自我，真正做到无条件地爱孩子本来的样子，而不是所期待的样子。当孩子迷失方向、犯下错误时，家长既要引导孩子吸取教训，又不能使教育失去温度，适当地进行批评教育，同时表达一定的包容，让孩子明白家长的爱并不会因外在条件而改变。

二、开展积极家庭教育评价

受应试教育与功利主义影响的消极家庭教育效果评价标准需要通过以下几点来进行矫正。

(一) 树立正确人才观，全面衡量教育效果

引导家长树立正确的教育观和人才观，至少要明确以下两点：第一，一个人要成才，既要懂得学会学习，学会思考，探索未知发现真理，又要懂得如何做人，礼貌待人、与人为善。第二，三百六十行，行行出状元。市场经济的发展和社会分工的细化，对人才需求多样化趋势更加突出，尊重个性、发挥潜能、扬长避短，是新时期人才培养的新思路、新要求。用真正的素质教育评价体系来衡量家庭教育效果，摒弃过去受应试教育主导的有所偏颇的评价标准。

(二) 建构正确价值观，脱离功利主义评价

家长的价值观、人生观与世界观决定了其对社会的认识，也决定了其在家庭教育过程中给孩子确立的价值观、人生观以及世界观。因此，家长要以明确的价值导向去引导子女正确处理个人利益、眼前利益、长远利益的关系，教导子女正确看待社会义务、社会责任、崇高理想等社会需要，建立正确的价值观体系。在正确的价值观体系的指引下，才能真正摒弃家庭教育的功利主义评价标准，使之回到客观评价的正轨上来。

(三) 创建维度衡量体系，用好心理资本评价

积极家庭教育效果主要通过心理的乐观、自信、希望以及心理韧性等维度来彰显。因此，家长应主动学习心理资本的概念与各维度内涵，学习创建心理资本维度衡量体系来客观、全面地评价孩子，从而有效地评价家庭教育效果。

三、建立积极家庭亲子关系

20世纪家庭治疗大师萨提亚提出：家庭塑造人。家是生命之源，能量之源，幸福之源。幸福美好的家庭可以孕育出良好亲密的亲子关系；良好亲密的亲子关系可以打造孩子幸福美满的未来。因此，积极的家庭环境是

第十五章 积极家庭教育

孕育亲密亲子关系的温室。积极的家庭环境主要包含积极的家庭文化、和睦的夫妻关系以及亲密的亲子关系。

（一）积极的家庭文化

家庭文化是指一个家庭世代承续过程中形成和发展起来的较为稳定的生活方式、生活作风、传统习惯、家庭道德规范以及为人处世之道等[1]。家长们如能有效运用积极的家庭文化氛围感染孩子，潜移默化地影响孩子，那就为积极家庭教育提供了一个良好的教育背景。

1. 积极组织家庭活动

家庭活动是一种动态的教育机制，通过亲子双方的积极参与，它不仅能成为增进家庭和谐氛围的契机，也是发现和挖掘孩子积极心理潜能的一项重要途径。一方面，定期组织固定家庭活动项目，如家庭内的义务劳动和分工活动，家庭外的定期社区公益活动以及与家庭外的其他成员、组织、各种社会团体等的社会交往活动；另一方面，适时安排感恩实践、亲子角色互换等不固定的家庭活动项目[2]。这些家庭活动可充分营造家庭的积极文化氛围，可丰富孩子的生活体验与经历，培养其意志力等诸多良好品质。

2. 讲好传统家庭故事

家庭故事是一条家庭价值观传递和家庭角色教导的重要途径。家长充分运用好家庭故事，将有利于孩子对美德、勇气以及家庭责任感的传承。家庭故事包括家庭的荣耀、独特的生活经历以及孩子的成长小故事等。这些故事组成了家庭的精神架构，父母可以选择轻松愉悦的时候和孩子们分享。重温家庭荣耀和开心事，能增进孩子对家庭的认同感和归属感，并形成积极的情绪体验。另外，家庭成员独特的生活经历不一定都是积极的，父母应该对该类故事进行小加工，从积极的角度去理解和述说过去的经历，提炼出家庭故事中的良好品质和积极向上的精神[3]。

---

[1] 任俊. 积极心理学 [M]. 上海：上海教育出版社，2006：272 - 290.
[2] 张冲. 初中生积极心理品质培养研究 [J]. 中国特殊教育，2010（11）：29 - 34，69.
[3] 刘志军，王娟娟. 论家庭教育中青少年积极心理品质的培养 [J]. 云梦学刊，2015（2）：120 - 123.

（二）和睦的夫妻关系

我们探讨家庭教育的亲子关系，为什么要研究夫妻关系呢？有一个最重要的系统动力就是：父母关系是孩子能量的根源。特别是孩子的心理问题，我们探究本源发现，绝大部分的根源在于家庭环境与父母关系。夫妻关系是家庭关系的最重要部分，对下一代的影响深远。夫妻关系影响孩子的心理成长、人格发展以及与父母的关系，也影响孩子的家庭观、婚姻观，而且对孩子未来的亲密关系、两性关系具有深远的影响。

因而，家长应该积极主动地处理好夫妻关系，日常生活中互尊互爱，相互包容支持，保持对伴侣的欣赏与真诚；遇到矛盾时，以主动性的、建设性的态度与对方沟通，积极寻找解决问题的"最大公约数"，同时合理控制情绪，不因一时的赌气将婚姻作为要挟对方的工具。只有夫妻关系和睦，才能为亲密的亲子关系的形成奠定坚实的基础。

（三）亲密的亲子关系

著名人本主义心理学家罗杰斯提出，建立良好人际关系的三个条件是：真诚一致、无条件积极关注、同理心。在家庭教育中，家长若能做到这三点，同样有助于建立良好亲密的亲子关系，营造和谐温馨的家庭氛围，促进积极家庭环境的营造。

1. 真诚一致

真诚一致是指家长与孩子相处时，做到表里如一、言行一致、不造作、不虚假。现在许多家长在与孩子交流时往往高高在上，与孩子沟通时也表里不一，让孩子做到的自己却做不到。

家长如何做到与孩子真诚一致？

第一，放下架子，平等沟通。家长要放下高高在上的架子，学会蹲下来与孩子平等沟通，杜绝命令式或斥责式等不正确的交流方式，在孩子做决定时充当参谋而不是决定者，同时对于做了决定的事情绝不出尔反尔。

第二，制定规则，互相监督。与孩子一起制定相关规则，对一致通过的家庭守则，要求孩子做到的，家长自己首先要做到，言行一致，与孩子进行互相监督。

第三，坦诚相对，共同面对。对家庭和个人面临的困难和问题，随着孩子年龄的增长，家长可如实地告诉孩子，这样做既能让孩子理解家长，增加孩子的家庭责任心，又可让孩子学会共同面对。

2. 无条件积极关注

无条件积极关注即无论孩子的品质、情感和行为怎么样，家长对其都不做任何评价，并对孩子表达无条件的温暖和接纳，使孩子觉得他是一个有价值的人。

如何做到无条件积极关注？

第一，要做到无条件聆听。聆听是最好的沟通方式。家长要学会真诚地聆听孩子的心声，不要急于评断孩子，给予孩子最大的尊重。

第二，要做到理解认同感受。无论孩子出现什么问题，有什么观点，家长都要首先接受理解孩子的感受，认同孩子的感受，然后再和孩子讨论问题和解决问题。

第三，要做到积极看待孩子。家长看待孩子时需要多从积极的一面出发，多看孩子的优点与积极面，帮助孩子提高自信心，提升孩子对家长的信任度。

第四，要做到用心陪伴孩子。陪伴孩子不是心不在焉的敷衍，而是用心的陪伴，只有真正的陪伴，才能让孩子感受到爱的温暖与快乐。

3. 同理心

同理心是指家长与孩子换位思考，将心比心，感同身受。家长能站在孩子的角度看事情，思考问题，理解孩子的情绪，那么家长必定能理解孩子，与孩子的沟通必定良好，孩子也就愿意听从父母的建议。当家长对孩子有同理心时，他们与孩子间的沟通就会顺畅，亲子矛盾就会减少，亲子关系越亲密，家长对孩子的积极影响就会越增加。相反，如果家长对孩子缺乏同理心，不易理解孩子的言行，则导致亲子沟通不畅，亲子矛盾增多。

如何做到有同理心？

首先，学会尊重孩子。把孩子当作一个独立的个体看待，与孩子进行平等对话。

其次，学会换位思考。回顾自己的童年或少年期的心态，从孩子的角度看事情，思考问题。

再次，拥有一颗慧心。学习儿童心理知识，了解孩子的心理特点，知己知彼，同理一致。

最后，不要以己度人。在与孩子交流的过程中，不将自己的想法与态度强加到孩子身上，而是以公正客观的态度看待孩子的发展。

四、运用积极家庭教育方法

（一）斯宾塞教育法[1]

爱因斯坦说过："兴趣是最好的老师。"兴趣是位风趣的好老师，它可以诱发孩子热爱学习、主动学习，并在学习中获得成长与快乐。

斯宾塞是近代西方科学教育思想的倡导者，被很多人称为"人类历史上的第二个牛顿"。他提倡快乐兴趣教育，认为错误不在孩子的兴趣，而在于家长能否正确引导他们去获得新的知识、方法以及有益的习惯。他还指出每个孩子都会对不同的事物产生不同的兴趣，每一种兴趣都会引导孩子培养某种特长。爱迪生如果没有善于引导和挖掘其兴趣的妈妈，他便不会对发明创造产生浓厚的兴趣与自信心，也不会成为一位世界闻名的大发明家。

如何利用孩子的兴趣，引导孩子积极开展主动学习？斯宾塞给出了六点建议。

（1）当孩子对某件事物表现出兴趣时，不能简单地因为自己认为"没用"而指责、否定孩子；

（2）利用这种兴趣可能给孩子带来快乐专注，从而使他获得相关的知识；

（3）引导孩子通过自己查阅和请教别人的方式来获得知识；

（4）记录是使知识存留下来并训练使用文字、图画、书籍的好办法；

（5）对于还不具备文字记录能力的孩子，父母可以通过孩子口述的方式帮助其记录；

---

[1] 韩燕．生命是创作：积极心理学与家庭教育［M］．北京：新华出版社，2015：68－70．

(6) 尽量不使用"任务""作业"这类词,而代之以有趣的开头。

(二) 乐观教养 ABC 法[1]

孩子的乐观一部分来自遗传、一部分来自后天训练习得,还有一部分来自父母或教师。遗传部分无法改变,但是后两个部分都是可以进行干预与提升的。在家庭教育中,父母给予孩子乐观、自信等品质榜样示范十分重要,因此无论是孩子还是家长都应积极开展乐观训练。

许多人相信心情好坏是由发生的事件决定的。比如,考试失利时,我感到十分伤心;别人和我吵架时,我感觉很气愤,等等。艾伯特·埃利斯与阿伦·贝克经过研究提出了不同的理论——ABC 理论。A(Adversity)是指发生的事件,B(Belief)是指对 A 事件的看法与解释,C(Consequence)是指事件发生后的感受与行为。他们认为 A 事件发生后产生的 B 决定了 C。也就是说,对于同一件事情 A,如果产生不同的看法或解释 B,则会产生不同的感受或行动 C。

乐观教养 ABC 法正是基于该理论,学习从正面看待事件,从而产生乐观感受与积极行动。

例如,糖糖本次英语小测验得了 80 分,家长可以引导孩子认为这是一个发现学习薄弱点的好机会。如此,家长与孩子便不会产生焦虑感,而是对后期如何查漏补缺充满信心与动力。在这个想法的引导下,家长给予孩子的不仅是学习的动力,更多的是乐观的态度与积极的行动。

(三) 积极归因法

除了在 ABC 理论支持下的乐观教养 ABC 法之外,培养孩子乐观态度、提升自信的家庭教育方法还有积极归因法。

所谓归因,是指个体对自己或他人的行为原因进行解释的过程。美国心理学家伯纳德·韦纳研究发现:如果某人在某项任务上的失败被归因于稳定的、内部的、不可控的原因,将会弱化其进一步活动的动机;若失败被归因为不稳定的、外部的、可控的原因,则会强化其进一步的活动动

---

[1] 马丁·赛利格曼,卡伦·莱维奇,莉萨·杰科克斯,等. 教出乐观的孩子 让孩子受用一生的幸福经典 [M]. 洪莉,译. 杭州:浙江人民出版社,2013:113-134.

机。若某人在某项任务上的成功归因于稳定的、内部的、可控的原因，将进一步强化其成就动机；反之则会弱化。积极归因法便是基于该理论，在事件发生时，引导孩子从有利于强化成就动机的角度去进行归因，从而对事件产生强而有力的掌控力与应对力。

例如，家长在孩子成功时赞赏其能力，在其失败时则强调其努力不够等非智力因素，那孩子会相信自己是聪明的，并相信只要采用正确的方法、更加努力就会做得更好。长此以往，他们会在长期的学习、生活与工作中形成一种积极、乐观、自信的态度，并采取有效的行动来应对挫折与困难。这对他们的心理韧性的培养也是极为有效的。

（四）客观评价法

受认知能力发展水平限制，青少年对自己的评价往往会受家长对其评价的影响而片面化或极端化。若家长教养过程中采用过度表扬鼓励的方式，则会让孩子对自己评价过高，变得骄傲自大；若采用过度批评否定的方式，则会让孩子对自己产生怀疑，形成自卑感。

客观评价法是指家长在教育孩子过程中采用适度的表扬与批评，帮助孩子形成积极的自我概念。积极的自我概念是指能客观公正地、实事求是地认识与评价自己，既相信自己是有能力的、有价值的、重要的，又能看到自己的不足，并相信自己可以通过努力克服自己的弱点或缺点。如何做到客观评价孩子？

1. 评价标准要全面，忌单一

家长要教孩子全面、综合地认识自己，要在学习、品德、相貌等各个方面分出优缺点。在这些评价中，要侧重德行在自我评价中的地位，立人为先，教给孩子做人的标准。

2. 评价方式宜理智，忌冲动

面对孩子做出的行为，家长应时刻保持理智的状态，对于其良好行为进行正向强化，鼓励、赞美孩子，带给孩子自信和力量，但发现孩子出现自满情绪后应及时指正，稳定其心态；对于其恶劣行为要进行适度的批评指正，注意不要通过指责和埋怨来发泄自身负面情绪，应理智地看待孩子的行为，矫正后对孩子表示理解和包容。不要盲目拿自家孩子与他人孩子比较，更不可只拿孩子的短处去比别人家孩子的长处，而要让孩子重视现在的自己与原来的自己相比是否有进步。

3. 评价用语宜热情，忌冷淡

家长要认真研究自己的孩子，把他身上的特质和性格列出来，然后郑重其事地告诉孩子你是多么地欣赏他，可说"你真棒""你的努力让我骄傲""你有进步，我真高兴""你能帮我做事，真是个好孩子"，等等。热情洋溢的评价语可以让孩子感受到来自家长的关注与爱护，从而提升其自信心与希望。

4. 评价主体宜多向，忌单向

由家长单向评价转变为孩子、同伴、老师的多向评价，评价主体越多，评价越客观。家长要让孩子与同龄人多多交往。因为他们与同龄人的交往具有随意性，同龄人经验和阅历的相似性又使他们之间的评价带有较强的可信度。

（五）试错教育法

萧伯纳说："一个尝试错误的人生比无所事事的人生更荣耀，并且有意义。"有人说，孩子的成长是一个缓慢的过程，孩子对这个世界充满了好奇，他们摇摇晃晃，跌跌撞撞，不断尝试，不断犯错，然后慢慢长大。作为家长，我们没有理由不让他试错，而且这个过程绝对不能省，不能缩短，更不能人为掐断，否则孩子很难真正长大。试错不仅可以让孩子学会自己解决问题与困难的方法，还可以在面对一次次挫折与困难时帮助他们提升心理韧性。试错教育过程中，家长应注意：一是要注意在试错教育过程中给予孩子正确示范，帮助孩子纠正错误。二是在试错结束后要注意善后。所谓善后是指当孩子体验挫折与失败后，家长要做孩子最坚实的后盾，不管孩子对错，都要给予他们安慰和鼓励，要理解同情孩子的处境，要将错误的经验值最大化，与孩子一起总结这次经验教训，找到类似问题最好的处理方式。

（六）言传身教法

根据班杜拉的社会学习理论，人类的大部分行为习惯是由观察和模仿习得的。父母是孩子的一面镜子，其言行举止会对孩子产生深刻的影响，所以要想对孩子产生好的影响，父母就要改变自己的不良行为举止。家长的性格特点、心理素养、待人接物的态度以及日常行为习惯，都潜移默化地影响着孩子。家长该如何做才能实现真正的言传身教，积极正确地引导孩子呢？

（1）家长应提高自己的知识文化素养，多学习积极教育方式的相关知识与方法，做好孩子的榜样；

（2）家长应形成乐观积极的解释风格，潜移默化中为孩子在面对和解决各种事件时提供学习参考；

（3）家长应学会控制情绪，和孩子一起安静平和地处理好每一个当下；

（4）家长应以身作则，多用行动去影响孩子，而不是一味地用语言去说教，行动往往比言语更为有效；

（5）家长应学会通过孩子的问题，找出自己的问题，修正自己，从而影响并引导孩子。

本章小结

积极家庭教育是指从积极心理学视角出发，教会孩子从积极角度去理解问题，以美德与善端为出发点，用一种积极的心态对人的许多心理现象做出新的解读，从而激发人自身内在的积极力量与品质，并利用这些帮助自己与他人最大程度地挖掘潜力从而获得幸福的家庭教育模式。本章分析现今的家庭教育，从教育观念、教育评价、教育方法三方面进行反思，同时针对这些问题，从积极家庭教育出发，提出一系列改进策略。教育观念可以通过树立乐观习得观、全面发展观、适度期待观及爱无需条件等观念来修正；教育评价可以通过树立正确人才观、建构正确价值观以及创建维度衡量体系等来平衡；积极亲子关系则可以通过在创建良好家庭文化、和睦夫妻关系的基础之上，对孩子做到真诚一致、无条件积极关注以及以同理心来培育；教育方法可以由斯宾塞教育法、乐观教养 ABC 法、积极归因法、客观评价法、试错教育法以及言传身教法等替换。总之，积极家庭教

第十五章　积极家庭教育

育是一个助人成人、育人至上的系统工程，需要从正确观念、平衡评价、有效方法以及良好的亲子关系等方面出发，构建一个良性循环体系，以期为孩子带来幸福美好、积极阳光的未来。

（本章作者　王志贤　江苏理工学院）

第十六章

积极职业教育

我国经济社会发展进入转型升级、结构调整的新阶段,理性认识和科学引领经济社会发展的"新常态",成为现代职业教育科学发展的新逻辑、新起点、新使命。积极适应和迎接经济社会发展的新挑战,现代职业教育该做怎样的战略选择和积极应对?面临教育改革创新的新机遇、新跨越,现代职业教育应当从哪里出发?走到哪里去?又该如何走?这些问题需要认真思考和回答。加快发展现代职业教育要有新思想、新范式,追寻积极的改革创新必将成为现代职业教育发展的新抉择、新征程。我们要自觉探寻现代职业教育发展的逻辑起点和时代内涵,深刻理解和全面把握现代职业教育的积极理念、实践内涵和建构路径。

第一节 积极职业教育的时代意蕴

积极是加快发展现代职业教育的重要取向,现代职业教育致力于追求积极和谐的发展变化。积极作为一种全新的发展理念和前行方向,为深化现代职业教育改革提供了一个广阔的创新视角与研究取向。加快发展现代职业教育,我们要理性认识和充分把握追寻积极的价值意蕴。

第十六章　积极职业教育

一、积极是现代职业教育的价值根基

积极心理学是当今社会转型发展的必然要求。积极心理学对人性有着更科学的理解与认识，它关注人们幸福的获得、潜能的发挥，致力于建构积极和谐的组织与社会，体现出对人类未来命运的理性思考，流露出浓厚的人文关怀，散发出强烈的时代气息。❶ 积极心理学充分体现了以人为本、与人为善的思想，提倡积极人性论，它消解了传统主流心理学过于偏重问题的片面性，真正恢复了心理学本来应有的功能和使命，体现了一种社会意义上的博爱和人性。❷ 积极心理学的诞生与兴起，不仅丰富发展心理学的理论基础，而且更加关注人类社会的发展；不仅关注个体的幸福，而且更关注广泛意义的人类福祉。❸

积极心理学的出现，必然对现有的职业教育产生影响。只有塑造积极的生活、生命与生存状态，才能夯实现代职业教育实践的基础。建设和谐社会、家庭和校园，需要培育自尊自信、理性平和、积极向上的心态，需要创新变革现代职业教育。这种思想必将拓宽现代职业教育工作者的发展视野，促使他们把积极心理学的思想、理论与自身的教育教学实践紧密结合，从而努力建构更加科学的、人性的现代职业教育范式——积极职业教育。如果现代职业教育能应用积极心理学的思想与技术，集中力量发现和挖掘人的积极本性，而人又能在社会转型和教育改革中表现出充分的积极，那么现代职业教育在推动社会和谐发展方面就能做出更大的贡献。因此，在追求社会和谐和教育幸福的当今时代，追寻积极意蕴的现代职业教育就具有特别重要的现实意义。

1. 积极是现代职业教育的心理意蕴

中国社会正在进入"心理人"的时代，更加呼唤培养积极乐观的现代

---

❶ 崔丽娟，张高产. 积极心理学研究综述：心理学研究的一个新思潮［J］. 心理科学，2005，28（2）：402-405.

❷ 宁娟，陈虎强. 积极心理学的心理学意义与教育学价值［J］. 当代教育论坛（综合研究），2010（7）：46-47.

❸ 苗元江，余嘉元. 积极心理学：理念与行动［J］. 南京师大学报（社会科学版），2003（2）：81-87.

"心理人"。现代职业教育是建构与重构职校生心理资本的实践过程,是引导与促进职校生心理发展的服务过程,是优化与提升职校生心理状态的创新过程。❶ 现代职业教育要把握积极的心理视角,努力发现职校生的心理优势,挖掘心理潜能,增创心理资本,促进心理和谐,引导心理成长,优化心理发展。追寻积极的现代职业教育,主张一切从"心"出发,回到学生的心理世界,促进其积极和谐发展,把积极心理品质的养成,如诚实、习惯、责任、感恩、爱心、自尊、成就等,作为现代职业教育的核心内容,提高职校学生心理免疫力和抵抗力,使职校学生富有乐观希望感、拥有坚韧自信心。

2. 积极是现代职业教育的教育意蕴

积极是职业教育的一种发展目标和理想信念,是职业教育的一种价值取向和意义追求,是职业教育的一种智慧实践和工作路径。现代职业教育主张用积极的心态对人的心理现象(包括心理问题)进行解读,诠释和解决当前职业教育的危机、矛盾、冲突和困惑,从而激发职校师生自身内在的积极品质。可以说,现代职业教育的出发点与着力点均指向职校生的心理潜能与积极优势,更多关注积极的人性;倡导现代职业教育教学过程的积极情绪情感体验;对职业院校教育教学出现的问题现象和职校生存在的问题行为进行积极的专业解释,予以积极的认知与评价,实现积极有效的教育目标。

3. 积极是现代职业教育的职业意蕴

追寻积极的现代职业教育,要注重突出职业精神和职业素养教育,推动产业文化进职教、企业文化进校园、职业文化进课堂,实现职业教育生源与资源的合理配置,为学生多样化选择、多路径成才搭建"立交桥"。通过科学规范的职业倾向测试引导学生充分开发职业心理资源,将学生潜在的职业心理能力纳入职业院校招生与职业资格选拔范畴,在职业教育中注重激发、培养学生的职业兴趣、职业动机、职业情感、职业意志,增强

---

❶ 崔景贵. 培育技术技能人才:加快发展现代职业教育的理念与战略[J]. 中国职业技术教育,2014(21):180-183.

第十六章 积极职业教育

学生的职业学习认知能力和职业实践能力,加强敬业守信、精益求精等职业精神教育,着力把学生培养成为有职业专长、具有职业信念、职业人格完善的高素质技术技能人才,这些是现代职业教育改革发展的重要内容。❶

4. 积极是现代职业教育的幸福意蕴

现代职业教育可以解读为促进职校师生全面和谐发展的幸福教育。追求幸福、创造幸福、共享幸福,现代职业教育应当先行。幸福既是一种素养亦是一种能力,它与积极教育有关。基于积极心理学研究我们可以得出结论:幸福教育应该开展,而且必须在职业学校开展。当然,并不是说什么样的职业教育都可以培养出幸福的人,只有幸福的职业教育才可以培养出幸福的人,让人感受到职业教育带来的幸福。职校学生拥有幸福生活,职校教师收获职场幸福,职业学校教育才是幸福的现代教育。在幸福生活中开展职业教育,在职业教育中分享生活幸福;在幸福教育中创新职业教育,在职业教育中创造幸福教育。让幸福理念走进职业学校,让幸福教育浸润职业学校,让幸福能力造福职业学校,让每一个职校学生和教师能够和谐幸福地生活!

二、积极是现代职业教育的基本理念

尊重差异、开放包容、重视平等、推崇创新、倡导个性的教育理念,已成为现代职业教育的思想基础和基本主张;而人性化、人格化、人力化和人生化的价值取向,已成为现代职业教育发展的基本特征。积极职业教育主张以积极的态度重新解读职业教育,形成积极的职业教育理念,采取积极的职业教育行动,激发和引导职校学生积极求知并获得积极的情感体验,培养职校学生积极的人性品质、人格特征、人力资源与人生态度。

1. 现代职业教育是积极人性教育

积极心理学认为,人人都有积极的心理潜能,都有自我向上的成长动力,对人性要坚持积极的价值追求和评价取向,重视和加强人自身的积极

---

❶ 刘星期,郑艳,安东. 职业心理资源开发:现代职业教育发展的重要理念[J]. 教育发展研究,2013 (1):73-75,80.

因素和潜能的开发，以人固有的、实际的、潜在的和具有建设性的力量、美德和善端为出发点。❶ 因此，现代职业教育将任务重点放在培养学生内在积极心理品质和开发心理潜能上，努力实现由"补短补差教育"向"扬长扬优教育"、"听话服从教育"向"习惯责任教育"、"分数升学教育"向"能力人格教育"、"批评惩罚教育"向"赏识激励教育"的根本转变。毫无疑问，从"问题消解教育"变为"潜能优势教育"，是我国现代职业教育发展的范式转型和自我超越。

2. 现代职业教育是积极人格教育

现代职业教育致力于培养学生获得健康健全的积极人格，成为一个真正意义上的职场人，一个人格健全的现代人，不是作为一个只会读书或考试的"机器人"，不是只会动手操作的"技术动物"。反思当下的职业教育，恰恰在这些最重要的方面，走向了积极职业教育的反面。培养出来的学生，从教室、实验室到寝室，从课堂、课桌到课本，从对口升学考试、职业技能考试到求职入职考试，被"传道、授业、解惑"，被动地参与实地实践、实习实训、就业择业，不知不觉间，丢失的是健康快乐，迷失的是自信自尊，消失的是人心人品。如果职校生失去了积极乐观，失去了自主自立，能够指望他们走上工作岗位之后，成为充满自信而快乐工作的职场人，成为富有责任感而幸福生活的国家公民吗？

3. 现代职业教育是积极人力教育

人的资源体现就是人力。在人类一切资源中，人力资源最为宝贵。人力资源中的人力是指在社会经济活动中发挥主观能动性作用的人的各种具体力量的总称。人力的构成有体力、智力、知识与技能四大要素。❷ 现代职业教育是提高人力资本的主要手段，而人力资本的核心是提高人口素质，唯有教育才能使人成为符合企业或用人单位期待的职业人才。显而易见，现代职业教育是国民教育体系和人力资源开发的重要组成部分，是广大青少年打开通往成功成才大门的重要途径，肩负着积极培养多样化人

---

❶ 苗元江，余嘉元. 积极心理学：理念与行动 [J]. 南京师大学报（社会科学版），2003（2）：81-87.

❷ 有关"人力"的概念解释，参见百度百科 [EB/OL]. http：//baike. baidu. com.

才、积极传承技术技能、积极促进就业创业的重要职责。

4. 现代职业教育是积极人生教育

现代职业教育要培养高素质劳动者和技术技能型人才，就要注重培养积极的心态、智慧的心智、和谐的心灵，让每个职校学生成为最好的自我，让每个职校学生拥有阳光的个性，让每个职校学生享有幸福的人生。❶现代职业教育旨在让每个人都有人生出彩的机会，让每个职校学生都能找到适合自己的成才道路，让每个职校学生都能成为为社会服务的有用之才，让每个职校学生都能把握成就人生的发展机会。每个人都应学会创造幸福、分享快乐，最大程度地挖掘自身潜能和发挥智能优势，保持最佳的生命与生活状态，追求精神充实、卓越精彩的积极人生。

目前，我国现代职业教育正处于加快发展、创新实践的关键阶段，前景广阔，大有可为。我们相信，在积极职业教育这一新兴的领域，中国职业教育工作者将站在科学研究与实践应用的前沿，发出现代职业教育创新发展的最强音，大力推动现代职业教育走向积极、走进积极。

第二节 积极职业教育的实践转向

追寻积极是现代职业教育实践的"新常态"和新姿态。"积极"已成为我国现代职业教育教学改革中使用最广泛的词汇之一；但人们对积极职业教育内涵的认识和理解众说纷纭、莫衷一是。笔者认为，积极职业教育就是一切从"积极"出发，即用积极的视角发现和解读各种教育现象，用积极的内容和途径培养积极乐观的心态，用积极的管理服务激发积极的情感过程体验，用积极的反馈强化积极的教育效果，用积极的态度塑造积极向上的人生，从而为和谐社会、校园和家庭奠定积极的心理基础和精神状态。❷在职业教育探索历程中，"积极"开始从职业教育思想的"边缘"进入现代职业教育实践行动的"中心"，这必将成为我国职业教育具有里

---

❶ 崔景贵. 职校生心理教育论纲 [M]. 北京：科学出版社，2013：297-313.

❷ 陈振华. 积极教育论纲 [J]. 华东师范大学学报（教育科学版），2009（3）：27-39，68；任俊. 西方积极教育思想探析 [J]. 外国教育研究，2006（5）：1-5.

程碑意义的重要变革之一。

一、积极职业教育是现代职业教育的创新发展

积极职业教育倡导职业教育要深入系统地研究如何科学促进现代人的心理发展，关注人性的积极方面。现实的职业教育犹如"灭火器"，针对的是职校生的个性弱点或发展问题，而不是挖掘和激励职校生的潜能、优点和特长。职校老师心中的学生、家长眼里的儿女，似乎永远都不够努力上进、不够勤奋刻苦、不够坚定坚持，没有目标、没有方向、没有志向。许多职校老师关心的是班级里的"问题学生"或问题现象，而不是有特色的班级文化、有兴趣特长或特殊才能的学生；关注的是帮助学生恶补考试成绩最差的一科，而不是最擅长的科目。几乎所有职业教育工作者都在集中力量、想方设法解决问题，而不是去发现优点、挖掘潜能、发挥优势。人人都有这样的想法，那就是：只要能改正职校学生的缺点，他们就会变得更优秀、更可爱；只要能改正学校的缺点，这所职业学校就会更优质、更受欢迎。遗憾的是，这种主观臆断和简单推断是难以立足的。只注意改正一个人或一所学校的缺点或缺陷，而不注重发挥它的优点与优势，只能造就四平八稳的平庸之人或者毫无特色的职业学校。因此，现代职业教育管理应改变这种偏向问题解决的价值取向，把工作重心放在挖掘培养学生固有的积极潜能与力量上，通过培育或扩大职校学生的积极优势而引导学生成为健康快乐、幸福生活的现代人。

积极职业教育是对前期集中于问题研究的病理式传统职业教育的反思和变革。从20世纪80年代起，中国现代职业教育至今已有三四十年的发展历史。遗憾的是，职业教育管理学的教材、职业院校开设的德育课程，大多是以"问题"为导向，罗列出职校生在学习生活、交往娱乐或就业创业中出现的诸多"问题"，对这些问题现象及症结进行全面深入探讨，尽力找出彻底消除解决这些问题的建议、对策与实用技巧。这种问题取向的职业教育陷入了一个深层误区，即把没有问题简单等同于健康发展，把问题解决当成实现职业教育的育人目标。事实上，解决问题只是职业教育的基础目标之一。更需要反思的是，这种"问题诊断式"或"障碍治疗式"

职业教育关注的基本是人性和社会的消极因素，渲染和传播的是消极的人生体验。当今职业教育最缺乏的就是精神振奋、充满活力、体验幸福的价值取向和与之相应的内容形式。而这正是积极职业教育的实践优势和理想追求所在。

积极职业教育是对现实职业教育和消极职业教育的扬弃与反思。消极与积极是两种不同目标指向的职业教育实践路径与工作范式。现实职业教育最大的实践误区就是消极的价值取向。消极取向的职业教育管理秉持问题心理视角，认为教育是对职校学生存在问题的惩罚、干预、补救、矫正与治疗，将职业教育工作的重心指向关注心理缺陷、解决心理冲突、诊断心理矛盾、治疗心理障碍、干预心理危机、应对心理变态。消极职业教育表现为消极的教育人性观、消极的教育目标观、消极的教育管理方式、消极的课堂教学形式、消极的沟通交流语言、消极的职校师生关系、消极的学生评价方式。其实，消极现象的消除并不意味着职业教育问题的有效解决和彻底根除，更不是积极品质的自然显现或悄然出现。积极职业教育强调，要用积极理性的方式对职业教育或职业院校存在的问题做出适当的解释，并从中获得积极的意义与启示。❶

需要特别指出的是，借鉴积极心理学与积极教育思想，推进我国现代职业教育的积极转型，绝不是搬用套用西方职业教育的专业人才培养模式而取代现有的职业学校教育，而是超越陈旧的传统职业教育与消极的现实职业教育，建构符合时代要求与社会期盼的新型现代职业教育。

二、积极职业教育是现代职业教育的主导形式

一种职业教育范式富有引导力和影响力，不仅在于它的理论阐释深刻精辟，更在于它能推动现代职业教育教学实践的变革。积极职业教育主张从积极的优势视角入手，以积极的教育价值取向，用积极的内容、过程和方式，以积极的理念和行动，激发和引导学生积极主动获取从事职业或生

---

❶ 崔景贵. 职校问题学生心理与积极职业教育管理[J]. 中国职业技术教育，2012（33）：53-59，68. 人大复印资料《职业技术教育》2013年第3期全文转载。

产劳动所需要的知识和技能，培养和塑造富有职业道德操守、坚韧精神、充满希望感和自信心的现代人。那么，积极职业教育如何成为当今职业教育教学的主流思想与主导形式？

第一，树立现代化教育思想。现代职业教育要以服务发展与促进就业创业为导向，实现由"消极教育"向"积极教育"的转型，建构高素质技术技能型人才大量涌现的积极职业教育，就必须超越传统的"三中心"（以教材为中心、以教师为中心、以课堂为中心）教育思想的羁绊，实现现代职业教育思想观念的再建与重构。为此，现代职业教育应推动思想的三个切实转变：在职教主体观上，从"教师中心地位"转向"学生主体地位"；在职教价值观上，从"获得知识技能证书"转向"追求幸福人生"；在职教过程观上，从"课堂讲授灌输"转向"行动导向建构"。如此，职业教育改革创新的活力不断迸发，人人皆能成才、个个尽展其才的现代职业教育梦想将不再遥远。

第二，实现整合化教育目标。现代职业教育的目标是努力让每个人都有人生出彩的机会。掌握知识技能不是职业教育的唯一目的，现代职业教育的最高目的是通过系统的教育过程来培养学生的核心职业能力，健全学生的现代人格，获得有意义的幸福人生。立足于当今社会对高素质劳动者和技术技能型人才的新期待，积极职业教育提出在未来社会生存与发展所需的"核心能力观"，要求培养的高技术技能型人才必须具备五种能力，即终身学习能力、实践创新能力、团队合作能力、就业创业能力和幸福生活能力。

第三，注重生命化教育内容。现代职业教育应该承担起拯救生命、唤醒生命意识的教育责任和使命，努力引导和促进职校生夯实生命、丰富生命、灿烂生命。积极职业教育以"基于生命，为了生命，促进生命"为理念，更加重视积极的幸福教育、人格教育、生活教育、实践教育和心理教育，重点是激发职校生的生命活力、提高生命质量，即具备积极的生命态度、积极的生命体验、积极的生命价值、积极的生命潜能，突出培养职校生强烈的社会责任感、精湛的专业实践技能、优良的职业文明习惯与高尚的职业道德精神。

第十六章 积极职业教育

第四，建构活动化教学方式。积极职业教育以建构主义教学论为指导，对传统课堂教学形式进行改造，主张建构具有活动性的课堂文化与环境，建立民主平等的师生关系；追求学生心理、教学内容、思维空间、教学结果的开放；创设由生活化课程、情境化教学、个性化作业等组成的行动性教学环境和条件。❶ 积极职业教育的教学过程，要把作为职场工作任务转化为学生学习情境的目标任务，形成以合作学习、情境体验、问题探究、实践活动为形式的四类教学范型，❷ 力争使课堂教学丰富多彩，课堂互动形式多样，使学生的学习过程主体地位更加彰显。

第五，倡导心本化教育管理。积极职业教育要秉承以人为本、与人为善、助人自助、育人为上等理念，实现从"严格管理"到"热心服务"、从"全程控制"到"平等沟通"、从"要求人工作用心"到"全员用心育人"的转变，将职业学校管理从过去主要服务于学校就业率提高的竞争转向服务于学生发展核心竞争力的提升，建立以心本与人本和谐管理为核心的现代学校管理制度。与此相适应，职业教育管理方式应从标准化科学管理走向心本化人性管理，从人治式制度管理走向法治化校园治理，从计划性行政管理走向市场化自主管理。

第六，实施多元化教育评价。基于积极的视角，积极职业教育的评价策略是倡导多元、尊重差异，注重挖掘发现学生的学业潜能，激励学生形成专业智能和职业技能的优势。传统职业教育评价的弊端集中表现在用"一把尺子"来评价所有的学生。多元评价就是要改变过去扼杀学生个性的标准化教育评价模式，促进和保障学生多样化和个性化的发展。为此，积极职业教育要建立包括教师发展性评价，教师和学生课堂表现评价，由自主设计作业、开放式作业、实践性作业组成的学生学科评价，由档案袋

---

❶ 崔景贵，杨治菁. 职校生专业学习心理与职校积极课堂教学的建构［J］. 职教论坛，2015（7）：15-19.
❷ 孟万金，王新波，张冲. 中国学校积极心理健康教育实验与推广［J］. 中国特殊教育，2011（9）：8-15；孟万金. 和谐社会呼唤特殊儿童积极心理健康教育：学习领会十七大报告精神促进心理健康教育创新［J］. 中国特殊教育，2008（4）：7-10.

评价、反思日记评价、成果展示评价等组成的学生综合素质评价模式等。❶

作为现代职业教育发展的一种新范式，积极职业教育由以上六个方面构成了完整体系的基本框架，对传统或现实的消极职业教育具有变革性的意义。加快发展现代职业教育，就要在探索培养现代技术技能人才的进程中反思理论基础，审视科学依据，着力为中国职业教育改革创新实践资鉴，为职校学生幸福人生奠基，科学建构职业教育现代化进程中的积极范式。

第三节 积极职业教育的行动策略

在某种意义上说，"转型"是概括21世纪我国现代教育改革价值诉求的最恰当的词汇之一。❷ 加快发展现代职业教育，要在育人的认识转向、过程转换、路径转轨和角色转换等方面追寻积极取向，着力从消极的教育误区走向积极职业教育范式。推动现代职业教育快速转型、积极建构，就要正确认识新常态，牢牢把握新常态，顺势而为、乘势而上，以积极的新状态、新姿态主动适应新常态，以积极的新作为、新举措推动引领现代职业教育的创新发展。

一、认识转向：坚信现代职业教育价值的积极取向

现代职业教育工作者要坚持专业学习导向，加快职业教育思想观念与知识技能更新，从而防止职业教育本领荒废，全面提高职业教育教学管理服务能力；要善于把握专业视窗，深化专业实践，充分展示现代职教课程教学的专业特质、职校教师的专业素质、职教实践的专业气质和职教活动文化的专业品质，追求积极卓越，实现专业出彩。把心思心智放在自我专业发展上，把精力用在职业教育改革创新上，自觉把服务职校生心理和谐

---

❶ 朱小蔓. 创新教育研究的奠基之作：读张志勇主编的《创新教育书系》[J]. 中国教育学刊，2006（9）：9-12.

❷ 田慧生. 范式转型：当代中国教育的主题词：《创新教育书系》为中国教育范式转型提供了什么[N]. 中国教育报，2005-04-28.

发展作为最大担当，始终把职校生人生幸福的期盼放在最高位置；坚持行动发展导向，积极关注职业教育改革创新的发展目标、师生反映迫切的心理需求，着力创造职教最优化的"最近发展区"；面向就业创业市场，面向全体学生发展前景，面向企业行业实践需求，加强职业院校基层教学组织、基础管理系统与基本功建设，贯通畅通开展积极职业教育服务的"最后一公里"。

二、过程转换：坚持现代职业教育体系的积极变革

面对积极实践的"新常态"，现代职业教育工作者必须科学判断形势，把握变化规律，打破传统思想和常规观念，与时俱进、创新思维，充分发挥主观能动性，以变应变、以新求变，决不能谨守常规、墨守成规、一切按部就班。现代职业教育要赢得更大的发展空间，要坚持产教融合、校企合作，坚持工学结合、知行合一，重要的着眼点是四个方面：创新人才培养模式是关键、校企有效合作要进入"深水区"、对现行教学内容和方法进行范式变革、提高职业院校教师素质。[1] 职业院校要在经济建设发展大局和新常态格局中理性定位、积极定位，善于把握新视野、寻求新突破，勇于建构新理念、扮演新角色，主动创造新优势、做出新贡献，积极谋求新作为、谱写新篇章，着力建设富有特色的职业技术学校，努力建设让人民满意的现代职业教育。

三、路径转轨：坚固现代职业教育内涵的积极行动

加快发展现代职业教育，必定更加强调体系建设、育人为本、特色办学、内涵提升和质量提高。[2] 培养高素质技术技能人才、建立职业教育国家制度、创新现代技术技能人才培养模式、配置现代职业教育优质资源、重塑现代职业教育运行机制、构建现代职业教育评价体系，是现代职业教

---

[1] 崔景贵，尹伟. 江苏现代职业教育体系构建的历程、路径与策略 [J]. 中国职业技术教育，2015（6）：21-27.

[2] 崔景贵. 着力构建质量导向的江苏现代职业教育范式 [J]. 江苏教育（职业教育版），2013（4）：16-18.

育的六个"新内涵"。现代职业教育要真正走向积极，我们必须重视坚持积极的职业教育价值取向，自觉实现职业教育思想观念的重要转变，重点变革职业教育发展范式，优化职教人才培养模式重心，自觉担负培养高素质技术技能人才重任，注重立足校本行动研究的实践创新。职业院校校长要立志做追求卓越、名副其实的现代职业教育家，用积极的心态、认知和情感面对困难、困境和困惑，自主把握人生出彩的机会和跨越挑战的机遇，真正走好适合自己的专业发展道路，用心学做人格大写、专业卓越的积极职教引路人、领航人。

四、角色转变：坚定现代职业教育教师的积极作为

现代职业教育的新常态需要新心态，当有新作为。职业学校教师要按照习近平总书记"有理想信念、有道德情操""有扎实学识、有仁爱之心"的要求完善自身职业素养，切实增强职业认同感、职教成就感和职场幸福感。一是职业信念要有新提升。职校教师要科学理解现代职业教育的实质，构建与时俱进的职业教育理想信念，创建适合自己的职教教学风格，努力做学生需要、社会满意、专业卓越的职校好教师。二是职业角色要有新转换。职校教师要着力扮演积极实践的专业角色，实现"经师""技师"和"人师"的和谐统一，能够进企业下车间、进课堂上讲台，善于和学生有效交流沟通，尤其要做职校生心灵成长的"导师""导演"和"导游"，引导和促进每个职校生实现专业出彩、人生精彩，帮助每个职校生"筑梦、追梦、圆梦"。三是职业实践达到新境界。职校教师要不断增强奉献精神、实践精神和创新精神，做学生精神生命的关怀者，培养学生自尊自信、自强自立的时代精神。要会用、善用"放大镜"，独具慧眼般挖掘职校生潜在的闪光点与优势点；善用"反光镜"，摘掉对职校生群体存在缺陷与缺点的消极"标签"抛弃否定评价，促进职校生自主积极发展；善用"显微镜"，充分彰显职校生发展的个性特征与爱好特长，引导职校生成为最好、最优的自我。

概言之，积极职业教育是现代职业教育的一种模式创新和范式变革。当然，一个新范式的确立并不是一蹴而就的，需要科学共同体的协力建构

第十六章　积极职业教育

与协同实践。与其说积极职业教育是一个日趋完善的科学体系，不如说是一个有待继续开拓的新天地。可以预见，积极职业教育必定会成为加快发展现代职业教育的研究方向和改革趋向，但完善积极职业教育的原创思想，建构积极职业教育的行动体系，发展积极职业教育的实践技术，推进积极职业教育的科学应用，显然还有很长的一段路要走。我们一直奋力前行在追寻积极职业教育范式的大路上，自觉行走在加快发展现代职业教育的大道上。在路上我们探索前进的脚步不会停歇。或许应该承认，我们对积极职业教育范式的未知无知比对它的有知先知要多得多，然而正是这种对待教育范式认知的坦然与坦率，我们才能寻找到现代职业教育走向美好未来的"通行证"。可以相信，现代职业教育发展转型变革、积极职业教育范式创新建构之路，必定会越来越宽广、越来越充满希望。

我们正行走在通往积极职业教育的大路上，路在我们坚实的脚步下不断拓展、延伸。建构和推广积极职业教育范式必定会成为加快发展我国现代职业教育的主要趋势，也必将对职业教育改革创新与科学实践产生极为深刻而广泛的影响。我们有理由坚信，积极职业教育这棵现代职业教育科学之林中的大树定会茁壮生长、昌盛不衰！我们更有责任为之自觉付出努力并用心执着地去追求！

本章小结

积极是现代职业教育发展的价值取向和基本理念，积极职业教育是现代职业教育创新的必然选择和主导形式。追寻积极是现代职业教育实践的"新常态"和新姿态，走向积极是现代职业教育转型升级的希望之路和必由之路。加快发展现代职业教育，要着力为中国职教改革创新践行，为职校学生幸福人生奠基，在育人的认识转向、过程转换、路径转轨和角色转变等方面把握积极价值取向，科学建构中国职业教育现代化进程中的积极范式。积极职业教育是现代职业教育的一种模式创新和范式变革。

（本章作者　崔景贵　江苏理工学院）

主要参考文献

一、著作类

[1] 刘翔平. 积极心理学［M］. 2版. 北京：中国人民大学出版社，2018.

[2] 曾光，赵昱鲲，等. 幸福的科学：积极心理学在教育中的应用［M］. 北京：人民邮电出版社，2018.

[3] 王滟明. 在哈佛听积极心理学［M］. 北京：中国华侨出版社，2012.

[4] 秦喆. 积极心理学视野下大学生心理危机干预构想［M］. 北京：航空工业出版社，2019.

[5] 王佩亨，李国强，等. 海外智库：世界主要国家智库考察报告［M］. 北京：中国财政经济出版社，2014.

[6] 任俊. 积极心理学［M］. 上海：上海教育出版社，2006.

[7] 阳志平，彭华军. 积极心理学团体活动课操作指南［M］. 2版. 北京：机械工业出版社，2015.

[8] 阳志平. 积极心理学：团体活动课操作指南［M］. 北京：机械工业出版社，2013.

[9] 俞国良. 社会心理学［M］. 北京：北京师范大学出版社，2006.

[10] 崔景贵. 职校生心理教育论纲［M］. 北京：科学出版社，2013.

[11] 崔景贵. 学校心理辅导新论［M］. 南京：南京大学出版社，2015.

[12] 崔景贵. 解读心理教育：多学科的视野［M］. 北京：高等教育出版社，2004.

[13] 崔景贵. 心理教育范式论纲［M］. 北京：社会科学文献出版社，2005.

[14] 崔景贵. 职校生心理健康教育模式研究［M］. 北京：知识产权出版社，2013.

主要参考文献

[15] 崔景贵．现代职业教育心理学：积极范式的实证研究［M］．北京：知识产权出版社，2018．

[16] 樊富珉．团体咨询理论与实践［M］．北京：清华大学出版社，1996．

[17] 张弛，田宝伟，郑日昌．团体心理训练［M］．北京：开明出版社，2012．

[18] 郑小东，陈虹，叶一舵．中小学生团体心理辅导［M］．福州：福建教育出版社，2008．

[19] 任俊．写给教育者的积极心理学［M］．北京：中国轻工业出版社，2010．

[20] 胡守棻．德育原理［M］．北京：北京师范大学出版社，1989．

[21] 孟万金．积极心理健康教育［M］．北京：中国轻工业出版社，2008．

[22] 檀传宝．学校道德教育原理［M］．2版．北京：教育科学出版社，2003．

[23] 陈丽云，樊富珉，官锐园．身心灵互动健康模式：小组辅导理论与应用［M］．北京：民族出版社，2003．

[24] 朱翠英，胡义秋．大学生积极心理素质教育研究［M］．北京：人民出版社，2015．

[25] 鲁洁．王逢贤．德育新论［M］．南京：江苏教育出版社，2002．

[26] 朱小蔓．道德教育论丛：第1辑［M］．南京：南京师范大学出版社，2000．

[27] 朱小蔓．道德教育论丛：第2辑［M］．南京：南京师范大学出版社，2002．

[28] 朱小蔓．情感教育论纲［M］．北京：人民出版社，2007．

[29] 刘次林．幸福教育论［M］．北京：人民教育出版社，2003．

[30] 詹万生．整体构建德育体系引论［M］．北京：教育科学出版社，2001．

[31] 陶行知．陶行知教育文选［M］．北京：教育科学出版社，1981．

[32] 韩燕．生命是创作：积极心理学与家庭教育［M］．北京：新华出版社，2015．

[33] 高德胜．知性德育及其超越：现代德育困境研究［M］．北京：北京教育科学出版社，2003．

[34] 韦志中，漆德安，林平光．社会心理服务的机遇与挑战［M］．台北：台湾出版社，2019．

[35] STERNBERG R J，FISKE S T，FOSS D J．心理学改变世界：当代心理学100杰［M］．张卫，陈琦，甄霜菊，译．上海：华东师范大学出版社，2019．

[36] 丹尼斯·格林伯格，克里斯提娜·A．帕蒂斯凯．理智胜过情感：如何改变你的抑郁、焦虑、愤怒和内疚情绪［M］．2版．宋一辰，李稔秋，译．北京：中国轻工业出版社，2018．

[37] C. R. 斯奈德, 沙恩·洛佩斯. 积极心理学: 探索人类优势的科学与实践 [M]. 王彦, 席居哲, 王艳梅, 译. 北京: 人民邮电出版社, 2013.

[38] 彼得·圣吉. 第五项修炼: 学习型组织的艺术与实务 [M]. 郭进隆, 译. 上海: 上海三联书店, 1998.

[39] 马丁·赛利格曼, 卡伦·莱维奇, 莉萨·杰科克斯, 等. 教出乐观的孩子 让孩子受用一生的幸福经典 [M]. 洪莉, 译. 杭州: 浙江人民出版社, 2013.

[40] 马丁·塞利格曼. 活出最乐观的自己 [M]. 洪兰, 译. 沈阳: 万卷出版公司, 2010.

[41] 马丁·塞利格曼. 持续的幸福 [M]. 赵昱鲲, 译. 杭州: 浙江人民出版社, 2012.

[42] 克里斯托弗·彼得森. 打开积极心理学之门 [M]. 侯玉波, 王非, 译. 北京: 机械工业出版社, 2016.

[43] 芭芭拉·弗雷德里克森. 积极情绪的力量 [M]. 王珺, 译. 北京: 中国人民大学出版社, 2010.

[44] 丹尼尔·戈尔曼. 情感智商 [M]. 耿文秀, 查波, 译. 上海: 上海科学技术出版社, 1997.

[45] 丹尼尔·戈尔曼. EQⅡ: 工作 EQ [M]. 耿文秀, 查波, 译. 上海: 上海科学技术出版社, 2000.

[46] 埃尔克·海拉特. 心智投资: 破解职业倦怠的内修法则 [M]. 刘婷, 译. 北京: 世界图书出版有限公司, 2019.

[47] 卢梭. 社会契约论 [M]. 何兆武, 译. 北京: 商务印书馆, 2010.

[48] 赫伯特·斯宾塞. 斯宾塞的快乐教育 [M]. 颜真, 译. 福州: 海峡文艺出版社, 2010.

[49] 马克思恩格斯全集: 第38卷 [M]. 北京: 人民出版社, 1972.

[50] 卡罗尔·德韦克. 终身成长 [M]. 楚祎楠, 译. 南昌: 江西人民出版社, 2017.

[51] 迈克尔·J. 弗朗, 里奇·吉尔曼, E. 斯科特·休布纳. 学校积极心理学手册 [M]. 2版. 张大均, 张骞, 王金良, 译. 重庆: 西南师范大学出版社, 2017.

[52] 郭锦珠. 习惯心理学 [M]. 千太阳, 译. 北京: 科学出版社, 2011.

[53] B. A. 苏霍姆林斯基. 给教师的建议 [M]. 修订版. 杜殿坤, 译. 北京: 教育科学出版社, 1984.

主要参考文献

二、期刊论文类

[1] 杨莹,寇彧.亲社会自主动机对青少年幸福感及亲社会行为的影响:基本心理需要满足的中介作用[J].心理发展与教育,2017,33(2):163-171.

[2] 丛晓波,颜宏赫,张向葵.自我和谐:从自尊本质看幸福感的提升[J].北京交通大学学报(社会科学版),2016,15(1):128-132.

[3] 郭丁荣,任俊,张振新,等.品味:主动用心地感受积极体验[J].心理科学进展,2013,21(7):1262-1271.

[4] 肖盛兰.积极人格理论评述[J].西南交通大学学报(社会科学版),2012,13(2):95-98.

[5] 李玲.大学生自尊与主观幸福感的关系:应对方式的中介作用[J].中国健康心理学杂志,2014,22(2):261-264.

[6] 刘蕾,孙五俊,姜媛,等.幸福感测量指标体系的评价与展望[J].中国特殊教育,2019(2):66-73.

[7] 方彩萍,叶志弘,秦建芬."心理日志法"在提升护士主观幸福感方面的作用[J].中华护理杂志,2010,45(7):615-618.

[8] 耿晓伟,王惠萍,张峰.主观幸福感测量研究[J].心理学探新,2013,33(3):266-270.

[9] 阙洁琼,鞠嘉祎.主观幸福感的影响因素及幸福值提升[J].社会心理科学,2012,27(12):7-10.

[10] 苗元江.幸福感:指标与测量[J].广东社会科学,2007(3):63-68.

[11] 苗元江,朱晓红,陈浩彬.从理论到测量:幸福感心理结构研究发展[J].徐州师范大学学报(哲学社会科学版),2009,35(2):128-133.

[12] 彭凯平,窦东徽,刘肖岑.幸福科学:问题、探索、意义及展望[J].清华大学学报(哲学社会科学版),2011,26(6):116-124,158-159.

[13] 蒲德祥.幸福测量研究综述[J].中国统计,2009(8):50-52.

[14] 蒲德祥.幸福感的基础理论、测量及展望[J].理论与现代化,2010(1):62-69.

[15] 徐晓波,孙超,汪凤炎.精神幸福感:概念、测量、相关变量及干预[J].心理科学进展,2017,25(2):275-289.

[16] 徐慰,刘兴华.正念训练提升幸福感的研究综述[J].中国心理卫生杂志,

2013，27（3）：197-202.

[17] 严标宾，郑雪. 大学生社会支持、自尊和主观幸福感的关系研究［J］. 心理发展与教育，2006（3）：60-64.

[18] 严标宾，郑雪，邱林. 主观幸福感研究综述［J］. 自然辩证法通讯，2004（2）：96-100，109-112.

[19] 俞国良，王诗如. 幸福感：测量、影响因素及其进展［J］. 黑龙江社会科学，2015（3）：81-86，2.

[20] 臧凯，李英. 心理健康教育之幸福干预研究综述［J］. 黑龙江高教研究，2015（2）：67-70.

[21] 伍麟，刘天元. 社会心理服务体系建设的现实困境与推进路径［J］. 中州学刊，2019（7）：75-81.

[22] 陈雪峰. 社会心理服务体系建设的研究与实践［J］. 中国科学院院刊，2018，33（3）：308-317.

[23] 张侃. 心理科学与社会发展［J］. 中国科学院院刊，2007（3）：230-234.

[24] 吕小康，汪新建. 中国社会心理服务体系的建设构想［J］. 心理科学，2018，41（5）：1026-1030.

[25] 于红军. 汶川地震后幸存人员心理危机干预方法研究［J］. 灾害学，2019，34（4）：176-180.

[26] 王颖，倪超，刘秋燕. 中国公务员职业倦怠的产生过程：社会支持与应对方式的调节效应［J］. 中国行政管理，2015（4）：118-122.

[27] 王亚华，舒全峰. 脱贫攻坚中的基层干部职业倦怠：现象、成因与对策［J］. 国家行政学院学报，2018（3）：129-135.

[28] 卿素兰. 用积极心理学破解教师职业倦怠［J］. 人民教育，2017（17）：60-63.

[29] 班华. 心育再议［J］. 教育研究，2001（12）：28-33.

[30] 崔景贵. 学校心理教师专业化发展的心理问题与角色定位［J］. 中小学心理健康教育，2008（24）：4-7.

[31] 崔景贵. 积极心理学视野中的学校心理教师专业化发展［J］. 中小学心理健康教育，2009（17）：8-11.

[32] 崔景贵. 班华教授心理教育思想及贡献初探［J］. 中小学德育，2014（8）：16-20.

[33] 崔景贵. 积极型心理教育：21世纪心理教育的主导范式［J］. 江苏教育学院学

报（社会科学版），2006，22（5）：17-23.

[34] 崔景贵．我国学校心理教育的误区及其匡正［J］．思想理论教育，2002（6）：25-28.

[35] 崔景贵．转型与建构：心理教育范式的发展趋向［J］．上海教育科研，2005（7）：22,33-35.

[36] 崔景贵，黄亮．职校生心理健康教育的理性反思与模式建构［J］．职教通讯，2013（16）：26-31.

[37] 崔景贵．德国积极心理治疗范式述要［J］．江苏教育学院学报社会科学版，2009，25（5）：1-5,9.

[38] 王宏方．论"督导见习"在学校心理教师专业发展中的作用［J］．教师教育研究，2009（5）：56-60.

[39] 梁毅，陈红，王泉川，等．中国心理健康服务从业者的督导现状及相关因素［J］．中国心理卫生杂志，2009，23（10）：685-689.

[40] 徐增杰．学校心理健康教育课程建设与衔接［J］．江苏教育，2018（24）：60-62.

[41] 林静．学校心理健康教育课程发展现状调查研究：以江苏省南京市为例［J］．中小学心理健康教育，2013（22）：7-10.

[42] 郝琦，乐国安．积极心理治疗的理论与方法述评［J］．赣南师范学院学报，2000（1）：28-34.

[43] 任俊，叶浩生．积极心理治疗思想概要［J］．心理科学，2004，27（3）：746-749.

[44] 刁宁．［德］N.佩塞斯基安心理学思想述评［J］．中小学心理健康教育，2004（8）：7-9.

[45] 秦彧．积极心理治疗模式的特色及启示［J］．医学与哲学，2006，27（23）：55-57.

[46] 安岭．"两条腿的治疗"：积极心理治疗［J］．心理与健康，2007（4）：22-23.

[47] 贺斌．积极心理治疗的基本理论与主要实施过程［J］．临床心身疾病杂志，2007，13（6）：558-559.

[48] 刘昭雯．积极心理治疗的解析［J］．当代医学，2007（9）：147-149.

[49] 李小光，徐娅霞．积极心理治疗述评［J］．长江大学学报（社会科学版），2007，30（6）：111-113.

[50] Nossrat Peseschkian．跨文化视角下的积极心理治疗［J］．现代护理，2003

（1）：88.

[51] 段兴华，张星杰，侯再芳．理性情绪疗法的理论及应用［J］．内蒙古农业大学学报（社会科学版），2003（3）：105－107.

[52] 王晓钧，廖国彬，张玮．22年情绪智力研究的现状、特点及趋势［J］．心理科学，2013，36（3）：753－760.

[53] 梁宏宇，陈石，熊红星，等．人际感恩：社会交往中重要的积极情绪［J］．心理科学进展，2015，23（3）：479－488.

[54] 付伟，张绍波，李欣，等．宽恕与心理健康关系的mate分析［J］．中国心理卫生杂志，2016，30（5）：395－400.

[55] 乔虹，黄俊．核心素养视域下的青少年宽恕教育建构［J］．教育科学研究，2019（2）：68－73.

[56] 梁芹生．积极心理学视角下青少年的网络利他行为研究［J］．教育理论与实践，2017（23）：24－26.

[57] 齐海静，蔡颖．亲密关系综述［J］．社会心理科学，2013（9）：26－30.

[58] 郭永玉．超个人心理学的基本理念［J］．华中师范大学学报（人文社会科学版），2000（5）：123－126.

[59] 梅萍．生命教育旨在生命意义的教育［J］．心理辅导，2011（11）：69－70.

[60] 梁书玲．灵性及其与心理健康的关系研究述评［J］．山东青年，2015（12）：65－66.

[61] 陆树程，朱晨静．敬畏生命与生命价值观［J］．社会科学，2008（2）：141.

[62] 于彩霞．大学生成长型思维模式的培养探究［J］．吉林工商学院学报，2017，33（6）：122－124.

[63] 张怡芳．渐进式"Web前端设计"与成长型思维模式［J］．计算机教育，2017（3）：84－87.

[64] 黄爱云，李霓．成长型思维：改善数学学习的新路径［J］．教育现代化，2019（6）：22－24.

[65] 宋淑娟，许秀萍．思维模式对留守经历大学生心理韧性的影响［J］．中国特殊教育，2019（11）：64－68.

[66] 宫黎明．从消极到积极：心理健康教育模式的转换［J］．教书育人（高教论坛），2018（18）：73－75.

[67] 李笑燃，陈中永，段兴华．论高校积极心理健康教育体系的构建［J］．内蒙古师

范大学学报（教育科学版），2014（9）：9－12.

[68] 吕春艳．青少年学生心理健康教育中的心理互助［J］．教学与管理，2012（3）：58－59.

[69] 孟万金．积极心理教育的任务和功能［J］．中小学心理健康教育，2016（24）：26－27.

[70] 孟万金，官群．积极心理健康教育的成效与评价［J］．中小学心理健康教育，2017（29）：62－65.

[71] 齐杰玉，崔淑芳．积极心理教育的价值及实施策略［J］．学校党建与思想教育，2009（21）：83－84.

[72] 任俊，叶浩生．积极：当代心理学研究的价值核心［J］．陕西师范大学学报（哲学社会科学版），2004，33（4）：106－111.

[73] 王希永．论心理健康教育中的心理互助［J］．中国青年政治学院学报，2003，22（5）：134－138.

[74] 王希永．实施积极心理教育的思考［J］．中国教育学刊，2006（4）：52－55.

[75] 翁维玲．积极心理教育：军校心理健康教育的新取向［J］．江苏社会科学，2011（1）：195－198.

[76] 许南阳．中国传统思想对于积极心理与教育的价值研究［J］．教育现代化，2018（14）：319－339.

[77] 郑家青，马士力．从"知行合一"到"事上磨练：阳明心学的积极心理健康教育内涵［J］．中小学心理健康教育，2017（7）：12－15.

[78] 张承安．道德教育的人性关怀探析［J］．黑龙江高教研究，2008（6）：98－100.

[79] 刘惊铎．道德体验引论［J］．陕西师范大学学报（哲学社会科学版），2003（1）：85－93.

[80] 任俊．西方积极教育思想探析［J］．外国教育研究，2006（5）：1－5.

[81] 朱琳，叶松庆．当代青少年道德教育的现状与对策研究［J］．教育科学，2016（1）：20－26.

[82] 曹新美，刘翔平．从习得无助、习得乐观到积极心理学：Seligman 对心理学发展的贡献［J］．心理科学进展，2008，16（4）：562－566.

[83] 贺文洁，李琼，李小红．中学生学习力：结构、类型与影响因素研究［J］．教育学报，2017，13（4）：79－88.

[84] 贺武华．"以学习者为中心"理念下的大学生学习力培养［J］．教育研究，

2013, 34 (3): 106 – 111.

[85] 胡爽, 陈秉初. 学习力 "六要素" 的解析与分层 [J]. 教育现代化, 2015 (1): 55 – 59.

[86] 胡小勇, 朱龙. 智慧学习环境中的创造力培养实证研究 [J]. 中国电化教育, 2017 (6): 11 – 16.

[87] 金雪, 熊敏, 高敏. 中职生学业自我与学业韧性的关系 [J]. 中国健康心理学杂志, 2016, 24 (9): 1389 – 1392.

[88] 景娟娟. 国外沉浸体验研究述评 [J]. 心理技术与应用, 2015 (3): 54 – 58.

[89] 李海燕, 仲彦鹏, 孙玉丽. 核心素养视角下学生学习力的培养 [J]. 教学与管理, 2019 (3): 17 – 19.

[90] 李润洲. 学生学习力提升的知识论透视 [J]. 教育科学研究, 2015 (11): 5 – 11.

[91] 林莺. 论学习共同体学习力实现及其提升策略 [J]. 福建基础教育研究, 2018 (12): 14 – 17.

[92] 刘正喜, 吴千惠. 翻转课堂视角下大学生自主学习能力的培养 [J]. 现代教育技术, 2015, 25 (11): 67 – 72.

[93] 吕晓娟. 基于学生学习力的翻转课堂教学设计 [J]. 电化教育研究, 2015 (12): 98 – 102.

[94] 毛春梅. 福流体验: 成就学生高效率学习 [J]. 江苏教育研究, 2017 (1): 33 – 36.

[95] 毛菊. 教师学习力: 核心要义、受限表征及培育路径 [J]. 课程·教材·教法, 2018, 38 (7): 106 – 111.

[96] 门洪瀑. 基于学校项目学习的学习创造力模型研究 [J]. 中国校外教育, 2019 (35): 58 – 59.

[97] 裴娣娜. 学习力: 诠释学生学习与发展的新视野 [J]. 课程·教材·教法, 2016 (7): 3 – 9.

[98] 汪雅霜, 汪霞. 高职院校学生学习投入度及其影响因素的实证研究 [J]. 教育研究, 2017, 38 (1): 77 – 84.

[99] 王春梅, 吕勇. 情绪的动机性对认知加工作用研究评述 [J]. 心理研究, 2016 (1): 15 – 21.

[100] 王洪席. 学习文化观转换与学生学习力提升 [J]. 教育发展研究, 2015 (8):

16－20．

[101] 殷铭泽，郭成．学业韧性研究综述［J］．心理技术与应用，2016，4（1）：53－59．

[102] 殷世东．学科基本素养与学科学习力：相依与迁移［J］．贵州师范大学学报（社会科学版），2015（4）：137－142．

[103] 尹睿，徐欢云．国外在线学习投入的研究进展与前瞻［J］．开放教育研究，2016，22（3）：89－97．

[104] 赵呈领，徐晶晶．翻转课堂中学习适应性与学习能力发展研究：基于学习活动设计视角［J］．中国电化教育，2015（6）：92－98．

[105] 朱宏博，张淑丽．心理动力团体治疗的临床应用［J］．中国医药科学，2012，2（24）：197－199．

[106] 杨雄．当前我国家庭教育面临的挑战、问题与对策［J］．探索与争鸣，2007（2）：68－71．

[107] 卢丽含．提升幸福感　释放正能量：积极心理学在家庭教育中的运用［J］．教育论坛，2016（7）：79－80．

[108] 励骅．心理资本视域中的大学生就业心理辅导［J］．中国高教研究，2010（3）：73－74．

[109] 王志贤，靳婷婷，宋丽娜．心理资本增长法则对大学毕业生就业心理困境的预防研究［J］．中国成人教育，2013（7）：60－62．

[110] 王梅．积极家庭教育理念下提升青少年心理健康的路径初探［J］．现代交际，2018（15）：125－126．

[111] 李慧慧．我国当前家庭教育的问题及应对策略探析［J］．青春岁月，2019（2）：290．

[112] 张冲．初中生积极心理品质培养研究［J］．中国特殊教育，2010（11）：29－34，69．

[113] 刘志军，王娟娟．论家庭教育中青少年积极心理品质的培养［J］．云梦学刊，2015（2）：120－123．

三、学位论文类

[1] 许远理．情绪智力组合理论的建构与实证研究［D］．北京：首都师范大学，2004．

[2] 顾瑛琦．正念的去自动化心理机制及临床干预效果研究［D］．上海：华东师范大

学，2018.

［3］翟乡平．成长型思维与坚毅的关系：未来时间洞察力、成就动机的多重中介作用［D］．烟台：鲁东大学，2018．

［4］何海江．初中开设积极心理健康教育课程的有效性研究［D］．石家庄：河北师范大学，2017．

［5］孙伟．积极德育价值取向初探：基于中学德育教师角度的思考［D］．北京：首都师范大学，2008．

［6］董君武．构建个性化学习系统的研究［D］．上海：华东师范大学，2016．

［7］叶金辉．青少年学习沉浸体验研究［D］．南昌：江西师范大学，2013．

［8］牛亏环．大学生学习过程评价研究［D］．上海：上海师范大学，2015．

后　　记

本书是国家社会科学基金"十三五"规划教育学一般课题"新时代积极职业教育范式的行动研究"（批准号 BJA200094）的代表性研究成果，也是常州市社会科学院积极教育学研究中心和常州市青少年心理研究与指导中心的工作成果。

对积极心理学，我有一种一见钟情、一往情深的专业信念与教育情怀，一直在学习、探索、思考、研究、实践。二十多年来，我做的最多的工作，就是努力将积极心理学的理念和技术，在心理教育、职业教育和家庭教育等领域加以应用，让更多的人分享共享积极心理教育、积极职业教育和积极家庭教育等思想、智慧和艺术。从 2003 年出版南京师范大学博士学位论文《解读心理教育：多学科的视野》，2006 年出版浙江大学博士后出站研究报告《心理教育范式论纲》，到后来出版《职校生心理教育论纲》《职校生心理健康教育模式研究》《学校心理辅导新论》，再到 2015 年出版《积极职业教育范式导论》，2017 年出版《职校生心理与积极职业教育策略》，2018 年出版《现代职业教育心理学：积极范式的实证研究》，2019 年出版《为积极而教——职教范式的实践建构》，"积极"始终是这些项目研究的主题、著作教材写作的主线和教育行动的主导。作为一名教育工作者，我一直将"教育就是助人自助、阳光心灵"作为自己秉承的实践信念，将"为积极而教、与积极同行""育积极之人、更积极育人"作为自己坚定的教育信仰。

积极心理学：教育范式的行动研究

近年来，我国积极心理学的理论建构和实践应用正在蓬勃开展，部分高校已经开设"积极心理学"课程。希望本书的出版，能够推动积极心理学应用的本土化高质量发展，助力助推积极心理学课程建设的内涵式提升。本书的编写工作，正值最为严峻的新冠肺炎疫情防控期间，我们编写组更多的是相互勉励、协同协作，知难而进、务实行动，坚定信心、同心战疫。我们同样在应用积极心理学的理念指导工作，多次召开专题编写会议，研讨商定编写框架、写作提纲和基本内容。本书的顺利出版，正是我们课题研究团队积极行动、校本创新的智慧结晶，正是我们团队真心做研究、用心做教育、走心助成长的专业成果。我们更加坚信，立足积极心理学的应用立场和发展理念，心理科学能够赋能促进更加适合、更为优质的中国教育创新，并实践建构中国特色积极教育范式。

本书主要是江苏理工学院心理教育研究所和心理健康教育中心专业团队集体合作的重要成果。各章编写人员和工作分工如下：第一章、第五章、第十一章、第十六章、后记，崔景贵；第二章，刘斌；第三章，胡洁琼；第四章，曾永青；第六章，赵晓川；第七章，刘娴；第八章，许惠芳；第九章，孙崇；第十章，黄铖煜；第十二章，姚莹；第十三章，蒋兴梅；第十四章，陈璇；第十五章，王志贤。崔景贵教授担任主编，拟定本书编写提纲，负责统稿、定稿；赵晓川副教授担任副主编，协助主编承担本书编写的一些组织协调工作，并汇总整理参考文献。感谢江苏理工学院教育学院心理学系诸位同人对本书修改定稿提出的建议。同时要特别感谢知识产权出版社编辑冯彤女士一如既往的专业工作和支持指导。

2020年，适逢从教30年，我时常在静心思考追寻积极教育的理想，潜心实践建构理想的积极教育，如何坚定执着书写追求专业卓越的大学教育人生篇章。1990年8月，我大学本科毕业来到当时的常州技术师范学院工作。其间，我自费学习中国科学院心理研究所的心理咨询与治疗专业，获得函授毕业证书。1994年到学校团委工作，倡导组建成立大学生心理咨询中心，定期编辑《常技师心理咨询》，编印《学校心理咨询》讲义，开设心理健康校本课程。2004年，策划举办首届江苏心理教育高层论坛，成立江苏技术师范学院心理教育研究所，举办全省首期职校心理健康教育

后 记

"四新"培训班、首期学校心理教师专业化发展培训班。并且组织编写出版江苏省《中小学生心理健康教育丛书》、江苏省《未成年人心理健康教育丛书》《积极职业教育研究丛书》，连续举办积极职业教育论坛、积极家庭教育论坛、积极教育公开课，一路坚持探索积极教育，一直努力行动研究至今。对于积极心理学的学术探究和教育追寻，今后我还会接续前行、开拓先行，真做积极教育范式的思想者和研究者，争做新时代中国积极教育的"行动派"和实践者。

让我们同向同行、奋楫笃行，聚力推动新时代中国心理科学发展的积极转向和范式变革。让我们一道见证有中国特色、中国风格与中国气派的积极心理学、积极教育学的茁壮成长！

崔景贵

2020年9月10日于龙城体育花苑品心斋